知書

知書 M

窥视职场中的冷暴力

MALAISE DANS LE TRAVAIL
HARCÈLEMENT MORAL:
DÉMÊLER LE VRAI DU FAUX

Marie-France Hirigoyen

[法] 玛丽—弗朗斯·伊里戈扬 著 祝华 译

生活·讀書·新知 三联书店 生活書店出版有限公司

图书在版编目（CIP）数据

窥视职场中的冷暴力 /（法）玛丽－弗朗斯·伊里戈扬著；祝华译 .— 北京 ：生活书店出版有限公司，2018.5（2019.8 重印）
ISBN 978-7-80768-200-4

I. ①窥… II. ①玛… ②祝… III. ①人际关系－通俗读物 IV. ① C912.11-49

中国版本图书馆 CIP 数据核字 (2017) 第 154152 号

策　　划　李　娟
责任编辑　李方晴　叶敏娟
封面设计　视觉共振设计工作室
版式设计　申亚文化
责任印制　常宁强
出版发行　**生活書店**出版有限公司
　　　　　（北京市东城区美术馆东街22号）
图　　字　01-2016-3532
邮　　编　100010
经　　销　新华书店
印　　刷　捷鹰印刷（天津）有限公司
版　　次　2018年5月北京第1版
　　　　　2019年8月北京第2次印刷
开　　本　880毫米 × 1230毫米　1/32　印张12.5
字　　数　250千字
印　　数　8, 001-11, 000册
定　　价　58. 00元
（印装查询：010-64052612；邮购查询：010-84010542）

前 言

既然暴力在每个时代都以新的形式重现，我们就应该永不放弃与之抗争。

——斯蒂芬·茨威格，《良知对抗暴力》

在我的上一本书[1]出版之前，职场精神骚扰在法国一直被熟视无睹，最近两年来却变成了一个深受社会关注的问题。一些此前一直忍气吞声的被骚扰者重燃了希望；现在，他们敢于表达自己的想法，揭露他们遭受的虐待行为。一些新的讨还公道的要求引发了多次大规模的社会运动，职员们从今往后不再接受侮辱和侵犯他们尊严的行为，他们要求得到尊重。

1 指作者的《骚扰，无法回避的痛》(*Le harcèlement moral, la violence perverse au quotidien*)，Syros出版社，1998年。

专业人士们（职业保健医生、法学家、工会干部、精神科医生、心理学家和社会心理学家）纷纷自发地采取行动，一些旨在帮助受害者的协会也相继创立。国会议员们开始严肃看待这一问题，因为精神骚扰的概念最近已被纳入劳动法。

而且，现在对这一主题的关注已不局限于法国，尽管有时叫法不同，但其他欧洲国家的政府已经被要求对此采取措施。可以肯定的是，今后不久，将会出台若干惩罚职场精神骚扰的欧盟法规。

这种意识的觉醒是非常积极的。这就是为何我认为有必要非常严格地定义“精神骚扰”一词，以避免混淆。在日常用语中，这个词组已经涵盖了其他痛苦，当然这些痛苦可能并不代表“精神骚扰”这一词组的临床意义，而是表示企业中更普遍存在的一种不适感，而这也是一个重要的分析对象。应该将这一问题重新归于其他形式的职场痛苦中，尤其是对职员尊严的侵犯造成的痛苦。还应将职场暴力重新置于广义的社会环境中，因为无论是在城市还是乡村、学校还是家庭中，所有暴力行为都是相互作用的。

关于职场精神骚扰，曾有旁观者提出尖锐的问题：

受害者为什么没有自我保护意识？他们为什么没有反抗？正是通过分析环境因素，我们才能够理解一个问题，而这个问题始终是从个体扩展到集体的——玷污受害者们的名誉并声称他们患有精神病，是逃避复杂的社会问题的一种方式。

在本书中，我试图根据上一本书出版后我所了解到的一切，进行更细致的分析。我有机会约见了一些专家和专业人士，特别是，我收到了许多患者和读者的证词。对于那些给我写信而我无法亲自回复的人，我给他们寄去了一份调查问卷，以便更好地了解他们的处境。在本书中，我给出了这次调查的结果。

收集到的这些新信息和随后进行的深入研究工作，使我能够对精神骚扰的各个方面进行研究，并因此超越了骚扰者和受害者这一辩证关系过于狭窄的界限，把环境因素也考虑在内。我也尝试着明辨真伪，区分什么是精神骚扰、什么不是，并辨别那些言过其实的指控。因为只有通过更细致的分析，我们才能及时做出反应，帮助受害者，而更重要的是，预见和防止新案件的出现。

如果最初我认为重要的是高声呐喊出这些现状，使人们意识到个人的痛苦，现在既然没有人再怀疑这一问题的客观存在，那就应该进入具体的行动阶段了。行动，当然是要帮助受害者自我疗伤并弥补他们遭受的损害，同时也要采取措施来制止骚扰行为，尤其是改变促使它们滋生的环境因素。只从司法方面处理这一问题，意味着我们已经对这些状况放任自流太久了。在坐等太多的受害者出现之前，我们应迫使企业和公共权力机关实施预防政策。

因此在本书中，我首先重新定义了“精神骚扰”一词，说明了什么是精神骚扰、什么不是，并明确指出了它与其他形式的职场痛苦之间的区别。随后我对我的调查结果进行了论述。透过一些数字化的结果，我们可以看到，这些具有破坏力的行为会给职员的健康带来严重的损害，会导致受害者长时间停止工作，有时甚至导致他们退出职场，最终对企业的生产力造成不可忽视的负面影响。最后，我将更详细地分析精神骚扰的起因、促使这种行为出现的环境，以及这一关系模式的特征。

在最末一章中，我将建议一些可行的措施。即使我们需要一项法律来提醒人们哪些行为是被禁止的，并使每个人为自己对待他人的行为负责，但法律并不能解决所有问题。因此应从上游入手，迫使企业和公共权力机关制定并实施有效的预防政策。在引导每个人，无论是领导还是职员，对自己的行为承担更大的责任的同时，我还建议了一项适用于所有企业或行政管理机关的预防计划。

感谢为使我能够继续研究而提供证词的所有读者。为了防止泄露我的患者和读者的姓名，每次我都尽量采用两个相似的案例，将他们的故事整合在一起，然后改变当事人的姓名和背景。但是，对于那些我认为其性质具有普遍性的案例，我会完整地引述。另外，我还引用了几封读者来信。

目 录

第二部分 调查结果

第三部分　精神骚扰对健康造成的后果

第五部分 该做什么？

第一部分

职场中的精神骚扰

定 义

正如我在前言中所强调的，有必要非常严格地定义“精神骚扰”一词，以避免混淆。当人们被紧迫的时间驱赶时，他们倾向于称其为骚扰，由此把它等同于压力。每次当我们感觉遭受了上级的侮辱时，也会称之为骚扰，即使这种侵犯只是偶尔发生。然而，根据《罗贝尔词典》的定义，骚扰是指“无休止地遭受一些反复的小攻击”。这很清楚地说明，这一行为只有持续存在才符合定义。

如果说在我的上一本书《骚扰，无法回避的痛》中，许多人感觉“精神骚扰”这个概念是如此贴切，那可能是因为选用了“精神”一词。过去，这个被定性为“心理学”范畴的概念对专业人士而言，仅仅是一种对某些心理学机制的研究。选择

“精神”一词意味着采取了一种立场。它实际上针对的是善和恶、什么该做和什么不该做、我们的社会能够接受什么和拒绝接受什么。在研究这一现象时，不可能不从伦理或道德角度来考虑，因为对于精神骚扰的受害者而言，令他们痛苦的主要是那种被虐待、被轻视、被侮辱和被抛弃的感觉。而对骚扰者而言，基于这种暴力的严重性，我们只能设法搞清他们是否确实曾有伤害他人的意图。

我之所以认为有必要明确这一定义，是因为除了立即理解这个词语外，还应该明确采取行动的范围，要么是在惩罚事实方面，要么是在实施有效的预防措施方面。迄今为止，研究这一主题的人们还难以就一个足够贴切的定义达成一致，因为这一现象可能因所处角度不同而有不同的表现形式，并且涉及不同的专业人士（医生、社会学家、法学家等），他们使用的语言和思维方式也不同。

作为精神科医生，我始终关注着这种行为对受害者的健康和人格所产生的影响。我的上一本书获得的良好反响使我能够收集到多方证词，并深入了解这一主题。很少有其他侵犯行为能够在短期内给人造成如此严重的身心障碍和破坏性如此之大的长期后果。目前，普通科医生和精神科医生很少能分辨出这种暴力的特征及其引发的症状。职业保健医生长期以来观察着这种状况，却并不一定知道如何保护受害者。

至于法学家们，他们尝试找到一个尽可能摆脱任何主观性的定义，从而能够从刑法上定性这些暴力行为。正因如此，法国共产党在1999年12月14日向国民议会提交的法律提案中，选择以行为的意图性为基础来讨论“任何蓄意恶化工作条件的行为”。乔治·阿热（Georges Hage）议员——这一法律提案的捍卫者——认为，正是骚扰的目的损害了道德。他认为，精神骚扰是指恶意侵犯他人、使他人不安和捉弄他人的行为。然而，在关于骚扰者的一章中，我们将看到，有一种极具破坏性的骚扰可能并不是出于邪恶的意图而实施的。这种情况还能称之为骚扰吗？

国民议会社会事务委员会目前在劳动法中提到精神骚扰时，选用了一种宽泛的定义：“任何职员不得遭受来自雇主、雇主代表或滥用职权的任何人的反复的精神骚扰行为，而这一行为的目的或影响是侵害其尊严和导致侮辱性的或恶化的工作条件。”

而我本人更倾向于考虑这一行为对人所产生的后果的定义。因此，我向我参与的几个工作小组建议了以下定义（后文我会对其进行论证）：职场精神骚扰是指因其反复性或系统化而对某人的尊严或心理、生理完整性造成侵害，并危及此人的工作或恶化其工作环境的任何过度行为（动作、语言、态度等）。

无论采用哪种定义，精神骚扰都是一种水滴石穿式的暴力，它不易察觉，却极具破坏性。每次单独发起的攻击其实并不严重，但这些频繁的、反复性的轻伤累积起来，就构成了侵犯。这一现象开始时会引起骚扰对象的些许不安全感，被形容为无礼行为。但长此以往，所有骚扰对象都会深受其害。

我在上一本书中已对精神骚扰过程做了充分的描述，在此不再赘述。在这本书中，我将用一个章节来具体区分各种敌意行为，从而证明这一过程演变的渐进性。

这一特定的侵犯方式在不同的社会文化阶层和职业领域中都可能发生变化。在各个生产部门中，暴力更加直接——往往是口头的或肢体的。在等级体系和社会文化阶层的上游，侵犯更加复杂、邪恶并难以察觉。这一点可以从我的调查中看到。

第一章

什么不是精神骚扰？

CE QUI N'EST PAS DU HARCÈLEMENT

不是所有自称被骚扰的人都确实被骚扰了，因此应谨慎处之。认识到这一点，才能切实有效地予以防范。在这一章中，我建议将精神骚扰与精神压力或工作压力区分开来，或者与公开冲突、关系不和区分开来。

精神压力

骚扰应与人们了解最多的职场精神压力划清界限。海因茨·雷曼在《围攻——职场迫害》一书中提醒我们，精神压力首先是一种生物状态，社会状况和社会心理状况产生于精神压力。[1]的确，如果我们认可这一概念的提出者汉斯·塞利

1 参见海因茨·雷曼（Heinz Leymann），《围攻——职场迫害》（*Mobbing, la persécution au travail*），Seuil出版社，1996年。后文所涉海因茨·雷曼的观点，如无特别说明，则均出自该书，不再重复注释。

（Hans Selye）对精神压力的定义，那么精神压力则同时由施压因素和承受该施压因素作用的组织的反应构成。但是，在日常用语中，人们把精神压力理解为不堪重负和恶劣的工作条件。

然而，精神骚扰比精神压力严重得多，尽管它也经过了一个精神压力阶段：

◎ 在第一个阶段中，孤立是有节制的，被侵犯的也只是工作条件。当某人因别人给他分配了某些任务但没有提供完成这些任务的手段而感到无能为力时，他需要一段时间来判断这是不是专门针对他的一种待遇。这种侵犯对其健康产生的后果与超负荷的工作或不良组织带来的后果没什么不同，因为即使他的身体反应强烈，但他还意识不到自己遭遇了什么。如果这种侵犯不那么强烈，或者此人对自己所遭受的特殊待遇视而不见，那么这一阶段可能会延长。

◎ 真正意义上的精神骚扰阶段，被骚扰者能察觉到针对自己的敌意，也就是说，拒绝沟通是显而易见且具有侮辱性的，对工作的批评变成恶意攻击，态度和语气也都变成侮辱性的。一旦人们意识到存在“蓄意伤害”时，心理后果要严重得多。首先人们难以相信竟会有这种敌意，随后会急切地自问：“我做了什么，让他们这样怨恨我？”并痴心妄想改变现状。这就造成了一种伤害，这种伤害不再与精神压力有任何关系。这是一种对自尊心的伤害、对尊严的侵犯，也是一种因在企业中、在上级或同事中建立起的信任突然消失而导致的突然的失望。一个人投入工作的精力越多，这种创伤也就越严重。

精神压力只有在过度时才具有破坏性，而骚扰在本质上就具有破坏性。

当然，因压力和多项重复性任务的包围而造成的职场精神压力，会消耗一个人，甚至将其“榨干”，即导致“过劳抑郁”：

克里斯蒂安在一家行政机关工作了6年，通过竞争上岗被调到另一个部门。那里的工作节奏比她原先的部门要紧张很多，办公室主任也给她施加压力，让她提高工作效率。她总有处理不完的卷宗，同时还要电话答复其他部门的咨询。她不得不忍受这一状况，因为她的主任非常苛刻。当她指责主任给她施压时，主任回答说他的上级也给他施加了压力，而工作总要有人做。

克里斯蒂安不知所措。她很疲惫，工作效果也越来越差。最后，她在一份重要的卷宗中犯了一个严重的错误。主任找她谈话。当她告诉主任她感到无能为力、无法忍受时，主任暗示也许她并不适合这个岗位。主任建议她换个更清闲的岗位，因为在这个部门里，她肯定会一直超负荷地工作。

在克里斯蒂安的案例中，我们看到，她所承受的和她的主任所承认的这种精神压力与以侮辱为主的精神骚扰有很大的差别。我意识到，在日常用语中，人们在遭到某人斥责时，有时会用到“骚扰”一词，因此我认为，要用“精神”一词来强调第二种情况下侮辱和缺乏尊重的严重性，就应区分“职场骚扰”与“精神骚扰”。

在以下例子中，我们将看到，精神压力往往是精神骚扰的温床，从前者发展到后者的情况并不罕见。一旦发展到精神骚扰，对健康造成的后果将严重得多：

迪迪埃在一家美国大型银行的法务部工作了20年。部门重组和随之而来的裁员浪潮使工作条件逐步恶化。员工们由于某些人离职以及频繁变更程序和软件而导致的超负荷工作，承受精神压力成为常态。员工们晚上被迫留下开会，频繁地更换办公室。被怀疑不够敬业的老员工们沦为一批野心勃勃的年轻工作狂的下属。

迪迪埃既疲惫又紧张，他开始不停地抽烟喝酒。他的妻子抱怨他在家发脾气。尽管如此，他仍在坚持，下定决心要挺过难关。

但当他因锻炼时伤了手腕而不得不在最忙的时候请病假时，事情变糟了。他的上司明显不高兴了。等他销假返岗后，上司问都没问他的健康状况，就开始斥责他，全盘否定他的工作，而且他一犯错误，上司就讽刺挖苦他。为了更好地监督他，上司把迪迪埃的办公桌安置在自己办公室旁边的走廊里。迪迪埃非常不安，以至于无法集中精力，工作效率也降低了，而这又加剧了上司的挑衅。他时刻保持警惕，睡眠很差，常做一些奇怪的梦，梦里不停地争吵、打架。一天晚上，在一次吵吵闹闹的会议上，他的上司公开羞辱了他，会议结束后，迪迪埃感觉不适，他的同事们不得不送他回家。

从此之后，他再也无法回去上班了。每天早上一准备起床，他就开始恶心，被迫回去睡觉。

当迪迪埃承受压榨性的工作节奏时，他只是感到疲惫，但当某人一直针对他并公开羞辱他时，他患上了重病。我们可以看出，这根本不是同一级别的严重程度。

当然，现实中，从一个阶段发展到另一个阶段是很难察觉的，但跟踪研究这一类型的受害者，我能够观察到，他们所表现出的临床症状是不同的。承受压力的患者，通过休息可以恢复，改善工作条件会使其重拾信心。而受到骚扰的受害者，尽管因性格不同，临床表现有轻微差异，但他们的羞愧和耻辱感都会持续很长时间。尊严受到侵犯是一个主观因素，只能逐个案例分析。他们的家庭背景或先前的经历表明，这些受害者或多或少都曾遭受冒犯性的批评。一旦跨过了侵犯的界限，任何人都会受到影响。

工作条件必然变得越来越严峻：要始终做得更多、更好。紧急任务、战略转变……所有这些都会引起精神压力，然而管理层施加压力的本意并非要搞垮员工，相反，是要提高他们的业绩，最终目的是提高效率或加快速度完成一项任务。如果精神压力管理造成了对健康的破坏性后果，那是由于执行偏差或尺度把握得不好（即使领导层试图通过精神压力管理研讨会使干部们更好地承受压力），但是，与精神骚扰不同，在精神压力中不存在敌对的意图。

相反，在精神骚扰中，个体本身成了进攻对象。这不是为了改进生产效率或优化工作绩效，而是为了清除一个人，因为他以这样或那样的方式“碍事”。这种暴力无论对组织还是对企业的健康运营都是无益的。

冲突的效用

我认为还有必要区分精神骚扰与冲突。尽管海因茨·雷曼认为围攻总是由未能妥善解决的职业冲突引发的，但我个人认为，如果存在精神骚扰，那恰恰是因为任何冲突都未能爆发出来。在冲突中，责难是指名道姓的（战争在某种程度上是公开的）。相反，在每个骚扰过程的背后，总是存在缄默与隐瞒。即使冲突局面会使企业付出高昂和痛苦的代价，但所有人都一致承认它的效用。需要从根本上改变：应该打破旧的运行机制，建立新的运行机制。冲突是更新和重组的源头，它迫使企业自我质疑，并以新的形式运行。它能够调动积极性、凝聚人心、改变结党营私的局面、摆脱复杂性，尤其是给那些过于墨守成规的职业环境带来些许活力和新气象。

杰西卡是一家行政机关的职员。她的困境开始于她想请一个培训假，以便获得高级秘书专业文凭。她的上司要求她服从部门利益，推迟她的计划。但她还是在上级不同意的情况下休假了。等杰西卡回来工作时，考虑到因她休假而给部门工作造成的混乱，上司专制地降低了对她的评分。她提出了抗议。上司试图向杰西卡解释他这样做的动机从而反驳她，但杰西卡不想听任何解释，并要求更高级别的领导重审她的评分。她得到的只是一个人事调动建议。于是调解人被请来寻找进一步的解决方案。

在这个案例中，有一个公开的冲突，当事双方从理论上可以为他们各自的立场辩护，尽管从部门的角度可能判定杰西卡的上司有理。

因此，一次冲突的特点就是“对称升级”，即当事双方在理论上是平等的。在接受冲突的同时，一方承认另一方作为对话者的存在，承认他属于同一个参考系。这是冲突积极的一面。然而，冲突的利害关系并不因此有丝毫减弱，它还包含着本质上的阴暗面。在一场纠纷中，人们往往寻求被另一方接受和承认，而结局总是互相肯定或互相对立。在职业范畴内，这种关系可能导致形成敌对的小集团或团体，并可能因此引发竞争和对抗的态度。每个当事人或每个团体都试图掌握对局势的控制权，斗争是残酷的：用敌意来回应敌意，用背叛来回应背叛。所有的打击都被默许。然而，前提是必须有一些规则和一个调解权威。每一方都有要坚持的立场，我们可以把这种情况称为“由冲突达成一致”。

一旦冲突未能解决，它将趋向扩大化，各方将寻找新的联盟。冲突可能自动结束或通过仲裁、调解等方式结束，这总好过放任局势自行恶化。推迟解决的冲突会被隐藏起来或以秘密的方式继续。在这种情况下，它就有可能发展成精神骚扰行为。

尽管冲突可能带来改变，但它在企业中仍臭名昭著。企业害怕引起动荡，这会损害它们的品牌形象，它们更愿意采用一种不正当的沟通方式，加上由此引起的操纵行为。企业需要给人们留下一切顺利的印象。它们避免真实的辩论和直接的交流，担心出现过于明显的分歧。企业往往不会健康地谈判并指出问题所在。

冲突进一步扩展并变质，始终得不到解决，因为我们的教育体制教给我们的是害怕冲突。人们不惜一切代价来沟通，即使这是一场虚假的对话，目的是避免出现公开暴力——人们为之害怕，不知道如何遏制它。人们不表明他们的立场，以假装接受的方式逃避，最终以狡诈的方式使其观点被采纳。偶尔在企业中实施的众所周知的冲突管理根本解决不了任何问题，而是回避事实，掩盖了持续中的局势（有时甚至是一触即发的局势）：“这是溶解冲突——我们所说的解决冲突是指使它们变得可解决，而此时看似最合适的方式是采取怀柔政策；重要的是解决办法，或可解决性。”[1]企业，或者从个体角度更确切地说，企业中的每一个成员，都害怕被发现自己无能为力，不懂得如何解决分歧。

普遍来说，在职场中，领导和干部们并未对人际关系纠纷给予足够的重视，除非这些纠纷可能给企业带来明显的损害。尽管干部们被建议召开冲突管理研讨会，但最常见的态度仍然是逃避和回避。他们任由事态发展，之后要求人力资源部来收拾因领导层未及时处理问题而恶化了的局面。

在某些大型企业中，调节性的真正冲突完全不可能发生，因为没有真正的对话者。那些能起作用的人并不在现场，而是在“总部的某个地方”，他们不知道生产现场平日里发生了什么。于是，累积的怒气和失望情绪或者在员工之间的一次次小冲突中爆发出来，或者被员工默默忍受，直至某些人病倒。

当然，当今，公司冲突减少了，因为人们把冲突扼杀在了摇篮中，但个人的痛苦增加了：精神压力、疲惫、焦虑、抑郁、精神骚扰……每个人都在自己的角落里舔舐伤口，却无法向一个团结的集体诉说他们的难处。职员们不再感觉自己属于

1　让-弗朗索瓦·希克斯（J.-F. Six），《调解的动力》（*Dynamique de la médiation*），Desclée de Brouwer出版社，1995年。

一个可以共同寻求认同感的职业集体。作为变革载体的公司冲突逐步消失，取而代之的是公司管理技术无法察觉的微型冲突或个体侵犯，而工会很难介入这些无法仅以集体方式解决的个人痛苦的处境。

另外，人们甚至不再提起包含两个平等对话方的冲突，而改称危机：干部危机、官员危机等，这暗示着某一职业集团出了问题。于是出现了一些危机管理实例，也就是说，被派来的干预者不再是一位能够重建领导层与相关群体之间对话的调解员，而是一位“治疗”“患病”群体的专家。这是当一个人遭遇精神骚扰时领导层惯用的伎俩，甚至更邪恶：领导层不再请一位调解员介入，不再尝试了解发生了什么，而是选择给当事人扣上污名，并让他去看病。

在精神骚扰中，像冲突中的那种对称关系不复存在，而是存在一种控制者与受控者的关系，在这种关系中，操纵游戏的人企图制服另一方，并使其丧失认同感。如果这发生在一种从属关系的范围内，即为滥用职权——对一名下属的合法权利变成了对一个人的控制。

即使骚扰发生在同事之间或自下而上的关系中，在此之前也总是存在侵犯者的心理控制和受害者的被迫服从。另一方因为其性别、能力或职位等原因遭到轻视。在任何情况下，一方都不把另一方视为有资格的对话方，这就更容易摧毁他的自我定位。

不惜一切代价回避冲突是一个错误，因为在经历冲突时，我们能够有所改变并考虑到对方，也就是说，使自己更完善。与冲突相反，精神骚扰是阻止一切改变的一种方式。

粗暴管理

我所谓的粗暴管理，是指某些性格有缺陷的领导的专横行为，他们迫使员工忍受可怕的压力，或用暴力对待他们，谩骂、侮辱他们，毫无尊重可言。

这种事就发生在位于蒙托邦市的宝雅公司中，该公司的总经理不仅谩骂和侮辱自己的员工，还这样对待供应商和客户。这事尽人皆知，所有人都希望总经理能被股东们辞退，因为企业正面临困境。但他们未能如愿：可能是因为无所谓，股东们让总经理继续任职。看来只有发动一场强硬的罢工，才能使股东们倾听员工们的呼声。

精神骚扰行为是隐秘的，而这种性格有缺陷的暴君的暴力倾向却是众所周知的，包括员工代表（如果有的话）。或许少数见风使舵的人能设法逃脱，但其他员工却无一能幸免于难。

无论这些领导是否意识到他们的粗暴行径，他们的行为都是卑鄙可耻、不可容忍的。只有通过集体行动才能战胜这一暴行。因此，员工们应尽早做出反应，共同揭露这些奴役行为。

然而，之所以难以区分精神骚扰与粗暴管理，是因为这些专横的领导有时也要阴险的手段，如调唆一伙人反对另一伙人。

在这家大商场中，一位年轻的财务主管被现场任命管理30人，这些人都有一定的资历和各自的工作习惯。

首先，他宣布他不会讲人情，也不会把自己关在办公室里。在此之前，这个部门内部的人际关系一直比较融洽，但他现在禁止在咖啡机旁逗留，连去洗手间都要计时。他本人早晚都不跟大家打招呼。他只从监控计算机上认识员工，永远在检查他们在做什么，并总是指责他们的工作。他定期召见一名员工，挑剔他前几天所做的工作。他要求员工随叫随到，如果一项任务没有完成，则晚上要留下加班。稍有延迟，他就会发邮件催促。

错误不会被讨论，而犯错误的员工会被叫到部长办公室，劈头盖脸地遭到大声呵斥。如果某个员工表现出疲惫，他就会攻击其弱点："您还是做有益健康的半天工吧！我知道，以前您就有过这种情况，您只要说您旧病复发就行了！"

如果一名员工在学校放假期间提出休假申请，他就会讽刺道："作为单身，您的生活过得这么滋润啊！您怎么不多生几个孩子呢！"

在忍受了几个月这种待遇后，这些员工受不了了：

最年轻的那个二话不说辞职了；

另一个由于抑郁症延长了病假；

还有一个在上司对他进行不公正的责难时，完全失控，差点儿打了这个上司；

大部分员工如此不安，以至于他们始终保持警惕，甚至不再敢互相交谈。

当一位部门领导单独“骚扰”每个人时，如上例所述，针对某人的具体弱点时，我们可以说，他的行为已经从粗暴管理发展为精神骚扰。这也是Maryflo公司里发生的情况，位于莫尔比昂省的这家制衣企业里有一个专横而变态的领导，他折磨每个员工，甚至用伤人的语言攻击员工非常个人的细节。

偶发性侵犯

精神骚扰的特征首先是重复性。这种态度、话语和行为，单独来看可能无关痛痒，但其重复性和一贯性就具备了破坏性。海因茨·雷曼曾经制定了一份包含45种敌意行为的清单，并且认为，如果其中一种或多种行为至少每周重复一次，并持续至少6个月，就会发展到“围攻”的地步。我认为如此界定一个限制阈有些极端，因为一次骚扰的严重性不只取决于持续时间，还取决于侵犯的剧烈程度。某些特别具有侮辱性的行为可能用不了6个月就可以打垮某个人！

一般而言，“精神骚扰”一词不适用于定义雇主的一次偶发性侵犯态度，即使这一侵犯已经对受害者造成了特别严重的后果。

2000年3月20日，凡尔赛上诉法院判定一通谴责电话是导致法兰西岛大区医疗保险公司的一名职员患上严重心理障碍的原因，并因此构成一起劳动事故。这些谴责给这名职员造成了“一种反应性情感打击……并导致了焦虑抑郁综合征，需要抗抑郁治疗”。如果此人感受到的心理障碍仅仅来自这些电话谴责，那么这些电话谴责无疑是一种暴力侵犯，但这不构成精神骚扰，因为这一行为仅发生了一次。

除非此前有过多次小侵犯，否则偶发性口头侵犯仅是一次暴力行为，而非精神骚扰，而重复性谴责则属于精神骚扰，尤其是当它们伴随着其他贬低此人的行为时。法官们没有搞错，为了确定岗位职责变更是否存在伤害意图，他们要求在某一段时间内都能见证这一行为，然而，对于直接加诸受害者的侵犯行为，如刁难或侮辱，他们只需参考这一攻击的重复性特征即可。[1]

偶发性侵犯可能只是一种反应和冲动的表现。法学家认为，在这种情况下，没有“预谋”。相反，骚扰，尤其是当这仅是一个自恋变态狂的行为时，则是一种“终身”侵犯。

然而，一种表面上仅发生了一次但特别具有侮辱性的侵犯，正如某些粗暴的解雇行为（办公室被封、个人物品装入纸箱并被放在楼梯平台上、回避态度等），可以被视为精神骚扰。有时，在详细分析这些状况时，我们发现在被排挤之前已经出现了一些受害者并未意识到的微小的排斥或敌意的迹象。被解雇的职员事后意识到别人使他承受的侮辱实际在他被解雇之前早已出现过。我们可以称之为精神骚扰，因为这实际是以清除某人、侮辱他并纯粹因为施虐癖而贬低他为目的的一种蓄意侵犯。

杰罗姆在同一部门工作了6年，其间未被指出有任何专业问题或任何表面人际关系障碍。一天早上，他无法再进入自己的办公室，因为办公室的钥匙已经换了。他的秘书尴尬地告知他已接到领导层的命令，不让他再进入办公室，而且他的个人物品已经装箱放在了门口。

---

1 参见碧雅翠丝·拉贝鲁（Béatrice Lapérou），《工作关系中的精神骚扰的概念》（*La notion de harcèlement moral dans les relations de travail*），《社会法学》（*RJS*）6/00，Francis Lefebvre出版社。

杰罗姆根本不知道发生了什么。他要求与他的上司谈话，但上司本周不能见他。

受到震惊的杰罗姆甚至想到了自杀，但这一阶段过后，他意识到，其实一段时间以来，人们已不再把重要的文件交给他处理，而且有关本部门的某些决定也不再通知他。他终于领悟到，这些排斥的态度和令人不快的小意见可能已经预示着他的上级不再信任他了。

在这类案例中，如果当事人试图自我保护，精神骚扰就会变得更加明显：

任职一年后，在没有出现任何专业性问题和与我的工作相关的问题的情况下，我的老板突然通知我因为专业能力不足而被辞退了。我此前没有收到过任何警告。因为我想维护自己的权益并威胁说要去找劳资纠纷调解委员会，他便使我过上了地狱般的生活，并想方设法从心理上打击我。

其他形式的暴力

我将简要介绍其他形式的暴力。无论它们的破坏性有多大，都不能被视为精神骚扰。

◎ 外部暴力：无论是来自客户的粗鲁行为、持械侵犯还是肢体语言侵犯，其本质都不是精神骚扰。然而，有时候某些客户的行为类似于精神暴力。在此情况下，由于暴力来自外部，采取措施保护自己的员工应是一个企业应尽的职责。

◎ 肢体暴力：其本质不是精神骚扰，即使有时候会由此产生骚扰的状况，而且人们因此遭受了精神打击。在此情况下，重要的是报案。根据BIT（国际劳工办公室）的统计，服务行业的肢体暴力发生率最高（行政部门占6%，商业部门占5%）。

◎ 性暴力：已经定性为刑事犯罪，不属于精神骚扰的范畴。我从理论上区分了精神骚扰和性骚扰，尽管两者经常互相越界。根据BIT的统计，性骚扰涉及2%的劳动者；女性是最容易受到侵害的，尤其是25岁以下的女性和临时身份的女性。

恶劣的工作条件

精神骚扰与恶劣的工作条件往往很难区分。正是在这种情况下，意图的概念才显示出其重要性。在逼仄的办公室中工作，加之昏暗的照明和不舒服的座椅，这不能构成一种骚扰行为，除非只有一位员工受到如此特殊的待遇，或者这种工作条件是专门用于打击员工积极性的。工作超负荷也一样，只有当它失去控制，而且目的是有意无意地折磨某位职员时，其性质才变为骚扰。

排查恶劣的工作条件属于工作督查的范畴，应去现场判断并处罚。而在精神骚扰的情况下，难就难在这种工作条件的恶化是循序渐进的，当事员工不能确定地判断出他的工作条件是从什么时候开始变得不正常的。如果同一企业内的一群员工都看到他们的工作条件恶化了，他们可能会采取集体行动。相反，一个小组织中的某一个人自己没有胆量仅凭主观感觉去投诉。精神骚扰往往非常微妙，以至于某个人工作条件的恶化只有在与同事们的工作条件相比较的情况下，才能显现出来。

如何判断某些工作条件恶化的情况是否存在恶意呢？让我们以超市收银员的情况作为案例。收银员的工作时间表每天都不同。她们基本是在客流的高峰时段工作，也就是中午、傍晚和周六。如果她们住得远，那么她们的工休时间则不允许她们回家享受家庭生活。即使得到的只是有限工作时间的报酬，但其实她们一整天都在外面。当工作不稳定时（这是一个主观概念），组织内部就会出现失控局面：稍微调整某人的工作时间可能被视为一种偏袒行为；不考虑另一个人的特殊情况则可能让人感觉是一种精神骚扰。

可以看出，工作条件越艰苦，越应该关注人的感受。

职业约束

精神骚扰是一种滥用职权的行为，不应与劳动组织的相关合法决定相混淆，比如符合劳动合同的调动或岗位变更。同样，关于所做工作的建设性批评和评价，如果是明确表达的，而不是出于报复目的，则不构成骚扰。可以肯定的是，任何工作都有一定程度的约束和从属性。

在行政机关中，评分体系是一个非常敏感的话题。在某些部门，常常尽可能地给员工打高分。因此，0.5分之差就会相差千里。一个非常微妙的举动可能就会使下属感到被侵犯，即使在评分时并不一定存在恶意。然而，有时候，分数降低也正是更加隐蔽的精神骚扰的唯一可见因素。在这种情况下，该如何判断其属性呢？

另外，许多劳动合同包含一些目标达成性条款，在员工完成义务方面始终保持一种压力，而不顾及这对他们的健康有何影响。多个案例已说明，需要达成的目标是不现实的，它们使员工始终处于被压制的状态，构成了被阿兰·西雷（Alain Chirez）定义为“条款性”的一种骚扰形式。[1]雇主应向员工提供完成任务的标准方法，而且具体任务应符合员工的能力、身份和薪酬。

1 相关文章刊载于1999年9月20日的《自由报·就业版》（*Libération emploi*）。

当我们谈论职业约束这一问题时，应该意识到，一旦上司为了激励而责备某些缺乏工作积极性的人时，这类人就会感到自己被骚扰了。一位上司试图激励其下属是很正常的，但他不应混淆激励与剥削。许多管理者不懂得如何处理个人情感，而是简单地用“大棒”代替“胡萝卜”。在这种情况下，下属反而会止步不前。

许多以更好地理解员工激励标准为目的的研究工作得出结论，激励一个人的最好方式便是给他一份令他感兴趣的工作和一个舒适的工作环境……

有人可能反驳我说，来自上司的以激励员工为目的的合理压力与滥用职权行为的区别并不总是显而易见的。对此，我的答复是，管理者们应学习以尊重他人的方式传达命令，同时要考虑到员工的个性。

第二章

什么是精神骚扰？

CE QU'EST LE HARCÈLEMENT MORAL

让我们看一下一个人是如何骚扰另一个人，并以怎样的方式达到使之不安的目的的。

怎样做会骚扰到某个人？

在骚扰行为之初，我们找不到明显的、可解释的事实，取而代之的是一系列难以言表的感觉。

排斥差异性

精神骚扰往往始于排斥差异性。它表现为一种接近歧视的行为——使一位女性在以男性为主的部门中丧失信心的性别歧视性言论，关于同性恋者的粗鲁玩笑……无疑，人们从歧视过渡到更加微妙并难以察觉的精神骚扰，是为了躲开受罚的风险。当这种排斥来自一个团体时，是因为他们难以接受想法或做法与他们不同的或具有批判精神的某个人："他们之所以讨厌想法不同的人，并不是因为他所宣扬的不同见解，而是他想自主判断的自负——他们自己当然永远不会这么做，但他们内心是有这种意识的。"[1]

许多受害者不会搞错状况，他们这样表明自己的遭遇："我和别人不一样！"他们意识到自己不具备周围人的那种"风格"或精神状态。

除了工作方式之外，还有一种着装、谈吐和举止的方式，使得一个团体承认某个人是"可以接受的"。这往往会联系到教育或社会阶层的概念。有时候，感觉到被排斥的危险后，受害者会克制自己的差异性或独特性，如变色龙一般，最后融入这一团体中。

团体强加的这种平均化最终会抹杀它所不能接受的成员之间那些非常微妙的差异，正如以下例子中的情况：

布里吉特做过一段时间的秘书后，又经历了不少生活的坎坷，38岁的她获得了一个教师文凭。在少儿娱乐中心的第一个

1　亚瑟·叔本华（Arthur Schopenhauer），《辩论艺术》（*L'art d'avoir toujours raison*），Mille et une nuits出版社，1998年。

岗位上，她刚去时遭到了同事们和上司的排斥，这些同事都在20—25岁之间，而上司也比她年轻一些。因为不知该把她归入哪一类，大家觉得她碍事。根据她的个人阅历、对孩子们的亲和力以及组织能力，她非常适合这个岗位，但她不善运动，衣着风格不同，因此与周围的同事们格格不入。布里吉特决定不再因此自寻烦恼，她对自己说，她们最终会接受自己，到那时她们就不会再对自己评头论足了。

一个表现欠佳的人会遭到团体的排斥，因为他拖了后腿或有损服务形象。但过于敬业的人在一个不需要太多努力即可良好运转的团体中也会遭遇这种情况。

正如我们将在另一章中看到的，企业自身很难支持那些与众不同的或非典型的员工。骚扰行为的首要目的是打击或清除那些不符合这一体制的个人。在全球化的时代，大家力求制造一致性，制造克隆的、跨文化的、可互换的机器人。为了使团体均一化，人们打压与众不同的人，消灭任何特异性，无论是关于性格，还是关于行为、性别、种族……对个人进行格式化是控制他们的一种方式。他们应服从于改进绩效和盈利能力。

这种格式化往往由同事来传递，因为与任何社会团体一样，企业内部会产生一些自治力量，负责调整不协调者的步伐。不协调者们无论自愿还是被迫，都应接受该团体的逻辑。精神骚扰是强加团体逻辑的方法之一。

嫉妒、对抗

嫉妒是一种自然的感情，一旦两个人可能互相比较或处于竞争位置时，它就不可避免地产生了。它会造成巨大的破坏，同时把人变成破坏者，但社会科学一直忽略这个概念，就像它并不存在一样。的确，这是人们不轻易承认的一种感情。如何对别人说，并对自己说“我不能忍受他比我更聪明、更漂亮、更富有；不能忍受他比我更受欢迎”？不能说，但人们这样做了，并试图打压对方，从而抬高自己。人们通过诽谤别人来缩小自己与想象中别人的优点之间的差距。

毕业于巴黎政治学院的年轻人乔西安进入了一家大型行政机关，听命于一位在实践中自学成才的较年长的同事，他原则上应对乔西安进行培训。但从一开始，他就未给乔西安提供有关文件和关于本部门内部组织结构的任何信息。乔西安不得不自己想办法。然而，不管乔西安做什么，这位同事总是批评她，却从不告诉她该怎么做。

当乔西安为获得某个信息而提出具体的问题时，这位同事就顾左右而言他，或者讽刺她：

“你从巴黎政治学院毕业，连这个都不知道！”

“你在学校里都学了什么？”

在别人面前，他还拿下属的文凭来抬高自己：“她是巴黎政治学院毕业的，但什么都不知道。什么都得靠我教她！”

很快，乔西安就对自己失去了信心，感觉自己一无是处。她认为这位同事说得对，学习对她毫无用处。乔西安变得顺从，最终凡事都征求他的意见。

嫉妒并不与被嫉妒对象的价值成正比，而往往聚焦于细枝末节。人们嫉妒某人有一个靠窗的办公桌或有一把更漂亮的扶手椅，但人们也嫉妒某人受到领导的器重或者虽与自己资历相同，却拿更高的薪水。

莫妮卡，50岁，是一家大型企业的大区经理。因公司兼并，她被迫接受了一位来自另一家公司的比她年轻的上司。莫妮卡生活小康，丈夫职位高，孩子也很成功，而她的上司却正经历着第三次婚姻危机，孩子在学校也不省心。有一次开会时，总经理当着所有经理的面表扬了莫妮卡。他称赞莫妮卡富有创造性、智慧，管理细致。自此以后，莫妮卡就感觉上司每天都在折磨自己：挑剔她的费用报表，话中带刺儿，在客户面前质疑她的工作，不接她的电话……对莫妮卡而言，毫无疑问，她的上司在不熟悉的新岗位上感到担忧，需要摆脱自己嫉妒的并可能与自己竞争的人。

嫉妒的感情可能出现在同级的同事之间或者上下级之间。

如果一个人本已对自己不自信，又如何能忍受下属比自己学历更高或业绩更好？在组织的各个级别上，嫉妒都会转化为行动。

在一次异常艰难的重组中，总经理表现得游刃有余，获得了股东和员工双方的赞扬。他的错误是变得比总裁更受欢迎，导致后者孤立他，不再向他传达信息，使他失信于下属。从那以后，总经理已无法工作，因此当总裁召他去告知他已不属于这个集团时，他并不感到惊讶。他们找了一个更加平庸的人来替代他，此人不会像他一样抢总裁的风头。

对抗是企业不留情面地用来摆脱某人的一根杠杆。他们操纵一个人对抗另一个人，目的是使他们中的某一个人自行离开。有时候，他们明目张胆地怂恿年轻人对抗年长者，抬高新团队而令人认为老团队已被超越。有时候，排斥表现得更加微妙：

新的领导层带来了他们的新理念，他们试图更新团队。他们的理由是老员工的方法已经落后而且不懂得适应。由于解雇一名资历很深的老员工费用很高，因此，他们首先不会想要强制性地、有意识地催促其离职，而是从远处观察他。他们找出老员工的失误，同时声称年轻人会把此事办得更好。他们刺激他，小题大做。随后，他们开始窥伺他的错误，看能否利用这个错误解雇他。逐渐地，他们开始对他进行精神骚扰，然后促使他犯错误。于是，意图逐渐明显起来。

团队和集体的消失可能导致人与人之间的对抗。现在的管理层倾向于借口刺激竞争而让团体之间互相超越，实则为达到击垮一方的目的。例如，公司看中有文凭的职员而轻视无文凭的雇员。在学习和培训过程中，人们通常会向名校的毕业生灌输观念——他们是最好的；这使他们内心养成一种优越感，从而阻碍了沟通。他们自我感觉与众不同，因此可能自以为拥有所有权利。作为国家精英中的一分子，他们只能与精英沟通。他们失去了与他人交流的好奇心，因为他们先入为主地认为这不会给他们带来任何好处。这也大大减少了接触机会！要想进行对话，两个人之间需要有一种自认在某个层面上同等重要的关系，即使他们处于不同的等级。只有具有不同观点的人之间的对话，才能使事情有所进展。

领导层的蓄意操纵可能导致背信弃义，比如某些企业兼并案例中的情况，在承诺不会解雇员工的同时，领导层让两个人竞争同一岗位。即使什么也不说，每个人也都会意识到，无论对错，业绩最差的或最不符合要求的人将被淘汰。这时候，一个人产生除掉对方的邪念，也不是什么奇怪的事。

恐　惧

恐惧是精神骚扰的基本动因，因为人们通常会因为恐惧而变得暴力：先发制人。人们侵犯对方是为了保护自己免受危险。

尽管经济复苏了，但失业的恐惧仍然存在，新的管理方法导致心理压力上升，恐惧变成了职场的一个重要组成部分。它潜伏在众多职员的心底，即使他们不敢明说。他们害怕达不到要求，害怕不能取悦领导，害怕不受同事赏识，害怕变革，害怕受罚，害怕工作中出错，这些都可能导致他们丢掉饭碗。

现在，这种恐惧的表现比过去间接得多。人们越来越少地看到老板公开要求员工顺从他，但在宣扬员工自我管理和主动精神的同时，老板却力图使他们有负罪感。老板向他们灌输：你们的困难都来自你们自己，你们要对自己因不符合制度而可能遇到的麻烦负责。因此，恐惧有助于均一化，是一种狡诈的统一步伐的形式。

樊尚，贸易主管，手下有20多名业务员。老板认为樊尚对业务员们不够严格，并要求樊尚解雇他们中的两人，理由是一个业绩差，另一个太过自由，而且对企业的战略多有指摘。

樊尚抵挡了一段时间，但当老板指出樊尚对企业的业绩负有责任时，迫于老板的压力，他最终“牺牲”了这两名碍事的业务员。

在某些企业中，人事管理战略完全建立在恐惧之上。员工始终处于防守位置，这自上而下地反映在等级体系中。这是难言之隐，因为人们耻于像孩子一样承认自己感到害怕。那些最软弱的人于是企图将自己遭受的暴力转嫁给自己的下属。人们就这样鼓励了那些不正之风。

当马克以干部身份进入这家研究集团时，他相信自己没有问题，因为这个职位恰好能使他学以致用。

同事们的欢迎有点儿冷淡，而且很快，他就明白自己需要独立克服困难。然而，他挺过来了。直到有一天，他提交的一份报告的结论里有几处错误，主任当众对他处以“私刑”。主任强调他的错误，讽刺他的弱点，挖苦他。当然，没有人替马克辩护。相反，马克感觉到同事们因为挨批的是他而不是别人而狂喜。

从这一天起，马克上班就战战兢兢的。每天早上，他都腹泻。白天，他精神紧张，草木皆兵，总是害怕完不成任务。夜里，他感觉很难受，必须喝酒来使自己平静，而他的夫妻生活也因此每况愈下。

当部门里来了一个明显没有经验的年轻同事后，马克很开心。他对自己说，新同事的错误会掩盖自己的错误。他不但不帮助新同事，反而故意不向他提供可能有助于他进步的信息。

人们对他人的恐惧也会导致不信任任何人：要隐藏自己恐惧的弱点，以免被他人利用；要先发制人，总之，要把他人视为危险的竞争对手或潜在敌人。正如在正当防卫的情况下，人们试图摆脱对方而自救。那些自恋狂比其他人更加害怕他人。对他们而言，他们没能诱惑或制服的所有人都具有潜在危险性。

恐惧使人们将他人恶魔化，人们之所以生出咄咄逼人的感觉，是因为自以为处于不稳定的地位，并自我感觉受到威胁。人们可能因此受到驱使去骚扰某个人，但实际情况并非如人们想象的那样。

几个月以来，奥黛尔一直被孤立，无法正常工作，公开遭到嘲笑和贬低，她尽力保护自己，同时每次遭到侵犯时，她都会寄挂号信给上司，终于她被上司召见讨论辞退问题。这位平日虐待、威胁她，并用伤人的话语攻击她的上司接见了她。上司表现得极有风度，甚至有诱惑力：

“您指责我不见您，今天我见了您，您应该高兴了吧！”

“是的，但这是为了辞退我！”

“请您不要误解，我知道您是一位优秀的专业人士，我很高兴能与您一起工作！”

奥黛尔感到莫名其妙，甚至开始怀疑她过去的感觉。如何解释这位上司既能对她如此暴力，又能保持风度呢?

显然，这个男人害怕奥黛尔，只有在使她缴械投降后才能与她友好相处。他意识到奥黛尔的专业素养，害怕奥黛尔抢了自己的风头，从奥黛尔以挂号信的方式来反击他的侵犯时开始，他又担心失去自己的职位。现在奥黛尔要走了，他如释重负，然而，他不但没有承认这一点，反而把责任推给奥黛尔：

“您要理解，我不能继续忍受每两天收到一封挂号信了！”

恐惧有时也会导致怯懦：我们把那些自恋狂的无礼行为理解为害怕自己被骚扰。

恐惧不一定来自上下级的压力，它常常表现为一些幼稚的行为：害怕自己被训斥，害怕自己做出应受斥责的行为，害怕违法行为暴露在光天化日之下。当人们害怕自己的错误或违规之事被发现时，可能就会产生除掉证人的邪念：

迪迪埃多年来一直与他的助理保持婚外情。他们只在办公室见面，在他确认不会有人来打扰的时候迅速地亲热一下。从一开始，迪迪埃就禁止她给自己打电话、写信，也不在外面约会，因为他很害怕被别人知道。当妻子表示出某种怀疑时，迪迪埃决定罢手。从此，迪迪埃对助理变得面目可憎：给她安排了一大堆工作，使她没有机会与同事们交谈，进而不会泄露婚外情；监控她发出的信函和电子邮件，偷听她的谈话。当她过来和迪迪埃说话时，迪迪埃厉声打发走了她，因为迪迪埃害怕她用“你”称呼自己或以私人的方式与自己交谈。他的过分行为最终导致助理爆发了，与他大闹了一场。这使迪迪埃确信，自己不信任她是有道理的，她只配得到粗鲁的对待。

不可言明

能说出来的职场纠纷很少会导致精神骚扰，精神骚扰更多地来自不可言明的秘密，因此应该寻找冲突中隐藏的原因。

在任何企业中，除了明文规定外，还有一些组织特有的潜规则。无视潜规则，就等于使自己置身于团体之外。一个团体可能善意地隐瞒或纵容某种渎职，包括宽容每个人的小失误，以免引起冲突。不言明，就不存在。敢于说“不”或只是睁开了双眼的人，将遭到团体的排斥。在此，有一种共识，一种潜规则，如果人们想要表示自己已融入了这个团体，就要遵守这种潜规则。

刚加入这个商务部门时，伊夫不知天高地厚地向同事们指出自己不赞同他们的行为（偷拿为客户专设的礼物、“借用”部门的办公用品等）。伊夫发现自己被孤立并遭到粗暴对待，甚至每天都遭到羞辱。他决定跟上司谈谈。上司向伊夫解释，这些小偷小摸行为并不严重，保证整个部门运转良好、没有麻烦才是首要任务。

企业为了提高效率，会接受不拘小节的行为和一些“小动作”。另外，没有这些“小动作”，企业将无法运转（我们很清楚照章办事是如何使整个行业瘫痪的）。然而，当人们超出了某个限度，“小动作”就会变成违规行为。

正是领导层在收买某种程度的公司和平，拒绝指出某些偏差行为，因为这会使自己与工会发生冲突。于是，迫于挥舞着社会运动大棒的工会的压力，领导层无视干部们的权力，让他们对某些员工的违规行为睁一只眼闭一只眼。这些干部们即使自身没有同流合污，也丧失了作为干部的公信力。

在这家企业中，所有工人都习惯于从自己的工作岗位上顺手牵羊。没有人揭发此事，但所有人都心知肚明，包括工会和领导层。新来的米歇尔刚刚摆脱了长期失业的困扰，非常高兴最终找到了工作。车间最老的员工试图说服他接受这一潜规则。但米歇尔拒绝拿任何东西，因为这违反了他的原则。于是同事们建议他时不时出去抽根烟或喝杯咖啡，以便在他的岗位上动手脚。米歇尔也拒绝了，他很不高兴，并威胁说要告诉领导层。于是大家合伙排挤米歇尔。没有人再同他讲话，大家在背后嘲笑他，谈到他时带着威胁的口气，在他经过时故意掉落东西……

米歇尔最后被击垮了，中止了工作。抑郁了两个月后，重新返岗前，他必须去职业保健医生那里复查。医生接到了领导层的暗示，让他认定米歇尔不能胜任此项工作。

这是怎么回事？在米歇尔到来之前，领导层一直默许工人们的小偷小摸行为。所有人都知道，但没有一个干部敢于制止这些行为，因为工会是工人们的同谋，干部们害怕引发冲突，这对他们的职业生涯将是灾难性的打击。在“我抓住你，你抓住我的山羊胡子……”的曲调声中，每个人都“抓住”了对方的把柄，而制度也就因此形同虚设了。

为了米歇尔的安全着想，职业保健医生决定宣布他不适合这个岗位，以便使他远离这个团体。工人们从此以后也可以心安理得地继续顺手牵羊了。

规避规则、虚报费用、偷拿低价值的办公用品、用公家电话打国际长途，都是一种利用企业“纵容主义”的方式。“反正没有人会发现！”但对某些员工而言，这也是对他们认为企业使之蒙受不公待遇的一种报复和补偿。有时这也是对企业自身规避制度的一种简单的响应。这种陋习存在于两个方面：员工在工作时间和费用报表上作弊；企业则在环境污染和隐性佣金上作假。在某些企业中，这是大家都心知肚明的“秘密”，但却不可言明。这也许是老板与他的一个秘书的私通行为，也许是招标中排名提前泄露后的舞弊行为。

当隐瞒的事情直接关系到企业自身的运转时，事情越严重，消息就封锁得越紧。所有人都保持缄默，因为每个人都在想，任何可能损害“本企业”的事情都可能间接地损害每个员工的利益，这会串联波及各个层面。

玛丽－雷讷在一家企业担任护士十多年了。由于企业重组后这一全职岗位的工作量不足了，而企业又必须设立这样一个岗位，于是领导层要求她承担其他小任务作为工作量的补充，如给接线员替班、分拣信件等。她接受了安排，什么也没说，大家也似乎相安无事了。

因职责所在，玛丽－雷讷需要登记工伤事故，但领导们企图作假，不报告任何工伤事故。领导层也希望她闭嘴，不说出去其实并非每个合同制员工都接受体检。当她尝试推行一项预防酗酒的制度时，非但没有人帮她，反而使她失信于相关员工。

在记录了一起工伤事故后不久，玛丽－雷讷发现她的药箱乱七八糟，而且明显有过期药品混杂其中。开始，她不明白是怎么回事，甚至怀疑自己精神出了问题：“老家伙，你完全变傻了！”幸运的是，不久前与她一起检查过药箱的职业保健医生消除了她的疑虑。她也幡然醒悟：有人可能想为她“制造”一次工作失误。

她要求与经理谈话，可经理不听她申辩，反而任凭她的部门主管喋喋不休地诉苦，说她缺乏护士的职业严谨性。

玛丽－雷讷感到灰心丧气。有人试图恐吓她，不让她工作，却没有人支持她。甚至连工会代表也不想掀起风波，他们担心丢掉自己的饭碗。她感到一个人的战斗力不从心，最终崩溃，并因抑郁而住院。

领导层经常使用一些带有破坏性的伎俩，而当受害的员工被抓住时，他们却不会包庇他。例如，领导层给员工制定绩效目标，然后冒险看着他们偏离目标，却丝毫不想知道他们达到目标所需的条件："你自己想办法吧，我只要结果，否则你就没有达到我们的要求。"

在这些陋习中，人们钻了法律的空子：凡是法律没有严格禁止的，都是可以做的，无论它对别人会产生什么后果。另一方面，人们通过沉默自保：不言明，即不存在。

我们在后面可以看到，"言明"不正确行为的重要性就在于此。

如何伤害别人？

孤立

骚扰是孤独惹的祸。它会优先盯上那些被孤立的人，而那些有盟友或朋友的人则远离骚扰。

独自抚养孩子的单身母亲、临时身份的劳动者往往比别人更害怕丢掉工作，但却没有一个可以互助的人际关系网，因此他们更容易成为受害者。

在基本社会权利行动计划框架内，欧洲议会已经指出，某些特定群体更容易遭受精神骚扰：离异或分居的女性、职场新人和劳动合同不符合规定或临时身份的劳动者、从事非传统工作的女性、残疾女性、女同性恋者和少数种族的女性面临的风险明显偏高；男同性恋者和年轻男性在某种程度上也容易受到骚扰。

为了顺利进入一家大型企业集团或一家大型行政机关，应在合适的时间建立起合适的同盟关系。在一个员工个人主义倾向越来越严重、劳动集体逐渐分裂的时代，我们反而看到人际关系网日益凸显的重要性。这意味着人们不应与自己所处的等级制度产生麻烦，不应制造风波，也不应与团体格格不入。

罗兰工作的团队有一位具有领导力和决断力的主管。他无疑有点儿专横，但他懂得如何调动他的团队，而所有人都满怀热忱地跟随他。由于此人平步青云、过于成功，招致了一些人的嫉妒。借口这位主管想要实施的一个略带风险的项目，董事会的某些成员联合起来排挤他，并接管了他的部门。从那以后，罗兰的团队完全丧失了凝聚力。命令不再来自同一个人，而是来自一群匿名的董事，对他们而言，成本就是一切。从此，各人自扫门前雪，员工的主动性消失殆尽。

罗兰从前与他的上司关系很近，现在却因此被同事们孤立。当他抱怨管理层和墨守成规的人时，大家都说他性格不好。当他筹划一个项目时，还没等介绍就被中断了。由于他的反抗，这次他沦为了待宰的羔羊。

如果某人在工作中保持友谊，人们就会想方设法孤立他，使他处于某种内部流放的状态。正是侵犯者自己来确定沟通规则，尤其当他是一位上司时：人们不得与目标员工讲话，应想方设法防止目标员工得到信息，等等。在等级制度十分严明的体制中，这一情况会变本加厉，因为受害者根本无法找更高一级的经理投诉。

侵犯者孤立受害对象，使其无法向其他人抱怨并得到可能的支持。另外，经受了一段时间的骚扰后，受害者因为害怕被拒绝，也不敢再接近其他人。

安娜-玛丽在一家公司工作了25年。她与同事们一直关系融洽，并与另一个部门的负责人是朋友。

当她的直接上司换人后，新上司看不惯他的下属与另一个部门主管走得太近。但新上司不敢动安娜-玛丽，因为她在公司里有一个盟友。当这个盟友退休之后，安娜-玛丽变成了她上司的目标，上司报复她，羞辱她，指摘她的工作，嘲笑她的外貌，并让部门的其他人孤立她。

这种情况持续了10年。安娜－玛丽没有对任何人讲，因为她感到羞耻，并且害怕情况恶化，甚至丢掉工作。

自恋狂们诱导团体中最顺从的成员——那些“羔羊们”——反对被孤立的人。同事们即使不愿同流合污，也会保持沉默。对他们来说，这种沉默最初并不是敌意的，而是尴尬的。而受害者会把这视为敌意的沉默并对此做出反应，于是就形成了恶性循环，因为受害者的反应引起了最初可能处于中立立场的旁观者的敌意。

其他人可能以不同的方式解释他们的沉默：或者敌意的信息没有发给他们，所以没有察觉；又或者他们否认这种赤裸裸的暴力，因为这完全只是想象出来的。而且，正如我们所见，因为害怕或不讲情面，人们可能有意识地更倾向于“隔岸观火”。

新的管理方法把每个人的工作划分得越来越细。在这种背景下，更容易孤立你想要摆脱的某个人。由于孤立行为是循序渐进的，因此更难以察觉：阻止某人获取计算机上的某些数据，不给某人转接电话……沉默和空虚逐渐包围了受害对象。团结的机制消失了，从今往后大家都自扫门前雪了。

工作——人身攻击的一个借口

我们有时会面临卡夫卡式的状况：一方面上司对需要完成的任务要求非常苛刻，另一方面上司又剥夺了员工完成任务的手段，两者完全是自相矛盾……

上司要求玛丽恩提交无可指摘的报告，并事先提醒她任何不完美的工作都要受到处罚，但上司却拿走了她的电脑，给她换了另一台带英文键盘的电脑。当她抱怨无法输入重音符时，上司答复她："您自己想办法吧！"

由此可见，上司想攻击的是这个人本身：工作只是摆脱她的一个借口，要么使她离开岗位，要么从心理上摧毁并驯服她，使她不再找麻烦。但是，由于过于明显的人身攻击在职场上是不合法的，人们便改为以隐蔽的方式攻击。可能正因如此，在那些任务难以定义并需要某种弹性的职业中，精神骚扰出现最多。如果目标明确，受害对象总可以反驳说他的工作没有失误。因此，在生产部门中，骚扰较少，直接暴力更多；而在管理部门中，暴力更加隐蔽。

精神暴力的最初行为往往是侵犯工作条件。这些细小的迹象很难与不可避免的岗位变更区分开来：

◎ 如果工作太多，上司可以通过本部门的规章来证明其合理性；

◎ 当别人忙得不可开交，而上司却突然不再给某人分配任何工作时，他们往往可以解释说，每项任务都是特定的，因此不具有可互换性。

要想动摇一个人，只需要将他的失误公之于众，给他规定不可能实现的目标，或给他分配荒唐的或无用的任务。

不给认真自觉的人提供工作手段，又做得不动声色，这是证明这个人无用和无能的一种有效方式。他最终会相信这一点，因为他的确不再能正确地完成工作了。

隐私的领地

在骚扰一个人时，人们不会去批评他的工作做得好还是不好，而是本着有意无意伤害他的愿望，对他进行人身攻击。因此，即使有多个当事人，攻击也往往是针对个人的。

骚扰的目的是不惜任何代价控制对方。为此，人们从打击对方的弱点开始，使他失去自信。人们竭力责备他无法改变的隐私，使他陷入绝境。人们不是具体地批评他“你工作中有哪些事情没有做好”，而是以笼统的方式攻击他“你一无是处”。其目的不是找到解决问题或调解冲突的方法，而是建立一种恃强凌弱的关系。当对方顺从了，目的也就达到了。

在《辩论艺术》一书中，叔本华指出，人身攻击是当一个人在讨论中处于困境时最后的计谋："当一个人发现对手占了上风，自己赢不了他时，就不得不使用冒犯性的、伤人的、粗鲁的语言。冒犯对手，实际是为了离开争论的对象（因为你已经输了这一局）而转向对手本身，并以这样或那样的方式攻击他的弱点……一个人因此变得烦人、邪恶、伤人和粗鲁。"

骚扰的目的是使对方不安，从而摆脱一个在自己面前能够还嘴的对话者。为此，人们建立起一种不平等关系，或者通过从属关系加强已经存在的不平等关系，从而使对手在开战前就缴械投降。侵犯者有意无意地回避纯职业性的责备，而是针对隐私发难，因为这会使对方受到伤害。

贝尼蒂克特在一家新经济企业中担任公共关系总监，企业的员工数量在几个月内增加了4倍。起初，除了她自己的工作外，贝尼蒂克特还担当了所有的角色。当企业规模扩大后，她的老板担心她功高盖主，于是开始刁难她："我不想让您担任一个小头目的职位，像您的军人父亲一样！"此后，她一说什么事，老板就立正，向她行军礼。贝尼蒂克特感到非常不安，因为她一直很小心地不暴露自己的私生活以及与性格专横的父亲之间的冲突关系。这种事发生多次之后，贝尼蒂克特试图与老板谈话，想让他理解他的行为伤害了自己，但老板仍然我行我素。此后，贝尼蒂克特不断自我检讨，在与下属相处时压制着自己的情绪。

这一事件如果仅发生一次，随后立即道歉了，则只能说明贝尼蒂克特的老板不善于处理人际关系，但恰恰相反，老板感觉到自己触碰了员工的弱点，并看到自己的评论已经令员工不安，反而变本加厉地将这种伤害性行为常态化。

还有什么比性更加隐私的！

针对女性的大男子主义或性别歧视性的攻击主要表现为对她们的女性性别的攻击：提到女性生殖器的辱骂、描绘凌辱女性的行为、虚伪的性恭维、对女性诱惑力的攻击等尤其粗鲁。

对男性精神骚扰受害者的辱骂常常包括对其性别和男性生殖器的攻击。只要他不参与团体中的那些淫秽玩笑或表现出某种不同，就会被骂“木槌、同性恋、娘娘腔儿……”。举个最近调解过的例子：

阿涅丝·卡斯帕是法国电力公司安省布热发电厂劳工民主联合会的代表。作为该电厂任命的专家，她收到了匿名的强奸威胁信，在公开场合遭到辱骂和嘲笑，还收到了一张用词下流的传单。最后竟然出现了一幅漫画，漫画上的她穿着超短裙，踩着高跟鞋，屁股上还画着经理的一双手。

即使人们是借由她来讽刺劳工民主联合会，但是她作为女性受到了攻击，而且不得不承受侮辱。如果是男性，攻击可能会更直接。

在政治迫害中，人们企图通过某个人来打击他所属的团体，[1]与此相反，在精神骚扰中，人们通过团体或工作来打击个人。

通过这个例子和其他许多例子，我们可以清楚地看到，即使是企业方面为了以最小成本减少员工数量而处心积虑采取的策略，对象员工的选择也是根据他们的个人特征，而非职业特征。

迷失方向

在精神骚扰中，正如我们将在其对健康造成的后果一章中所述，具有破坏性的、使人发疯的，是使受害者迷失方向。一个人被他的同事或某个上司孤立、虐待或侮辱，却无法理解这是为什么，也没有人告诉他为什么被责难。他只能根据自己掌

1　参见弗朗索瓦兹·西罗尼（Françoise Sironi），《施虐者与受害者——折磨心理学》（*Bourreaux et victimes, psychologie de la torture*），Odile Jacob出版社，1999年。

握的数据进行推测，并一次次地回想和质疑自己是从什么时候开始不受欢迎的。

玛丽－克莱尔，56岁，单身，20年来一直在一家小型家族企业中工作。这家企业的规模逐渐扩大。她是由老板雇用的，从事会计工作。严厉、审慎、严谨的她自豪地说，人们永远没有什么可批评她的。性格好强的她成功地确立了自己的地位，成为唯一几位能给老板提意见的员工之一。当老板的儿子来与父亲一同工作并准备接班时，他经常问玛丽－克莱尔的意见："您比我更了解业务！"

休假回来后，玛丽－克莱尔要求公司再雇用一个人来帮助她，但领导层却指出她的会计工作延误了。她无缘无故受到了许多指责，但领导层却拒绝听她的解释。他们说对她不满意，但又不具体指出哪里不满意。他们是不是想赶她回家？此外，一些鸡毛蒜皮的小事也会招致纷纷的指责。玛丽－克莱尔病倒了。休病假回来后，她收到了一封辞退信，老板们承认他们找不到可以指责她的任何错误。尽管如此，玛丽－克莱尔还是感到震惊，回不过神儿来。她寻求被辞退的解释，却徒劳无功，因为他们什么也不想对她讲……

◎ 是因为年轻的老板害怕她强势的个性，而想自己掌控他的所有员工吗？

◎ 是因为她对其他员工而言代表着一个无懈可击、遥不可及的典范，而这是为了使他们向她看齐而采取的高调行为，所谓杀鸡儆猴吗？

◎ 是因为他们没有给她指出的某个错误吗？

◎ 是为了使两个薪水明显低于她的小青年取代她的位置而采取的单纯的经济措施吗？

正是因为不理解，玛丽－克莱尔才无法接受和释怀。此后，她睡不着觉，一直苦恼，健康状况也每况愈下：低血压、糖尿病、胆固醇异常……她抽烟、酗酒。尽管她的内科医生对她进行了抗抑郁治疗，但她仍不停地追问，无法集中精力于其他任何事情，找工作也无功而返。她对什么都失去了欲望，不再相信任何事，甚至不再想努力地活下去。

大多数时候，刁难具有偶然性，方式也随时间而变化。因为试图理解它，受害者在没有答案的追问中迷失了方向。在玛丽－克莱尔的案例中，即使她询问同事们对她的处境的看法，她也不会明白，因为同事们通常也是貌合神离。即使她改掉侵犯者不喜欢的做法，侵犯行为仍然会继续下去，直至她被赶走。侵犯者，无论是个人还是体制，都会否认侵犯行为：“什么也没有发生，这个人的抱怨是无中生有！”或者会拒绝承担责任：“我们的确孤立了她，但这是因为她很难相处（或者有性格缺陷，或者是歇斯底里）！”甚至当恶行暴露，侵犯者仍然能找到方法来为自己辩护。人们如果从所有良知的逻辑出发，就无法理解这些行为的原因，而这使得受害者怀疑自己的精神健康。他们对她说她疯了，由于她找不到自己被孤立的解释，最终也相信自己疯了。准确地说，这就是一种逼疯对方的方法。

弗罗拉是一家经营亏损的私营企业中唯一一个运转良好的部门的开发经理。了解到企业之所以大规模裁员的难处后，她毛遂自荐要买下她的部门。谈判过程中，她从媒体了解到该企业已经卖给了另一个半公有制的股东。

弗罗拉接受了现状，决心继续发展她的部门。在一次集团大会上，总裁在讲话中威胁那些不认同企业创造利润的价值观的人，而弗罗拉在最高领导层面前做了精彩的发言。

从那以后，气氛就变得难以忍受。她的信件被擅自拆看。她发现咖啡被倒在她的文件上。她看到有关她的一些煽动性的电子邮件在传递，尤其是她的两个同事开始挑衅她：一个朝她摔门，踩了她的脚也不道歉，另一个严重地侮辱她。其他同事也和她一样遭到了不公待遇，他们感到震惊，并提出要辞职。保洁员们接到命令，不再打扫她所在部门的卫生。

她约见领导层，领导层告诉她，没有什么问题，大家都对她很满意。

随后，当她因预算问题约见二把手时，在赞扬了她的业绩之后，二把手冷淡地对她说："你太我行我素了，我得敲打敲打你了！企业合并时，就应该像这样往前冲！那两个和你一起工作的芭比娃娃，得让她们动动脑子，就算让她们和客户睡觉也行！”

之后，她收到一封电子邮件，禁止她分发带有开发经理头衔的名片，同时告知她的薪水和奖金被永久性冻结了。她被除名了。她的丈夫也接到一通匿名电话，说她是上司的情妇。

弗罗拉受到了精神打击。她没有大吵大闹，但她的身上出现了红斑，她血压骤降，失眠，身体不适。她的内科医生让她暂停工作。

弗罗拉不明白。总经理曾经说过创造利润的必要性。她的部门是唯一一个运转良好的部门，而他们不但没有表扬她、发挥她的才干，反而免了她的职，并企图恐吓她。她忘记了这是一家半公有制企业，资金流动是隐秘的，利润不应该太透明。在这里，不能以“合理”的方式处理职场上的人际关系，而是需要隐瞒一些事情。弗罗拉想知道她的工作或行为出了什么问题，但没有人搭理她。她只是一根应该跳闸的保险丝。徒劳无功的追问使她精疲力竭，她终于病倒了。她就像一只不停撞击玻璃寻找出口的蜜蜂。她意识到了，找不到答案的问题会把自己逼疯。

如何理解一个为工作殚精竭虑的人突然发现自己被晾在一边，领导们不再把工作托付给她，而是孤立她、羞辱她？这不是因为她不再胜任或者犯了这样那样的过错（那些都是可以明说的，进而可以证明辞退的合理性)，更多的时候是因为她不走运，没有合适的社会政治联盟或关系网，或者因为她与众不同，抑或因为她的职业素养使她刚好威胁到某个人。按照健全的逻辑，这种行为是荒谬的。这是职场的堕落，人们因此看不到工作的目的，只是一味地为权力而战，而不管长期的后果如何。

让的企业被一家大型分销集团收购了。人们很快发现，新的人力资源总监认为旧团队的成员都不能胜任工作。这位总监开始找他们的麻烦。他要求他们每天早上交一份报告，然后召开公开会议，他在会上用尖刻的批评和冒犯的评论对他们狂轰滥炸。其余时间，他不同他们讲话，也不搭理他们。

几个月内，让的大部分同事递交了辞呈或被辞退，而他因为资历比其他人多两年，成了唯一留下的干部。

虽然让多年来担任一个部门的负责人，但主管们向他建议了一个与他的才干毫不相干并且需要经常出差的新岗位。尽管如此，为了保住饭碗，让违心地接受了。他们对让说，之所以给他换岗位，是因为他们需要一个更年轻、薪水更低、更有能力的人来承担他原先的岗位，然而，让了解到，他的继任者恰恰与他年龄相同、职业背景相同，而且薪水也相同。

他感到不解。从此，他不再信任企业中的任何人，他变得苦恼、消极，很快就提交了辞呈。

什么是恶意？

意图性

当我们谈论精神侵犯时，不得不提到意图性的问题，因为精神侵犯的意图性会加重其影响。伤害人的，正是恶意：“他们想伤害我！”

因为没有野心或因为有其他选择而在事业中止步不前与因为某个同事或上司的侵犯行为而停止进步是两码事。

经验告诉我，从个人层面来看，骚扰者总是寻找一些借口，并用失误、木讷、玩笑来为他们的行为开脱：

“我没看出来这对他来说是个问题！”

“我只是奉命行事！”

“我没做什么，是他太敏感了！”

这些抵赖可能是一种狡猾的计谋（“没看出来”“没意识到”），有时也可能是一种无意识的行为。实际上，人们可能意识到自己伤害了别人，但不能忍受看到自己的丑恶嘴脸。在这种情况下，意识被立即压制住或淡化了：“这没什么大不了的，只是个玩笑！他太敏感了！”

对受害者来说，重要的是侵犯者承认其行为的暴力性，因为一种被否认的暴力行为比坦率可见的敌意行为更加使人混乱，前者导致受害者最终怀疑自己的感觉，而后者更容易引起反击。

通常，职员意识到针对他的恶意时已经太晚了，他已经离开了：

在每天被老板骚扰的那段时间里，杰罗姆一直在怀疑、自责并寻找这种暴力行为的原因。而当他在原公司的竞争对手那里找到了新的职位后，他的前老板给新老板打电话诽谤他："不要相信他，他很暴力，还从收银台偷钱！"此时，杰罗姆不必再怀疑了，但正处于试用期的他已经丢了工作。

人们有侵犯他人的意识吗?

当我们谈论意图性时，应该补充说明它是"有意识的"（"我想要伤害他"）还是"无意识的"（"我不想伤害他，但我不由自主，我无法阻止自己伤害他或找他的麻烦"）。在后一种情况下，应该称为恶意强迫。更准确地说，为了避免有意识/无意识的二分法，应该具体指出侵犯者对其行为的意识到了什么程度。一个企业可能自带邪恶的病毒，这种病毒以隐蔽的方式扩散，让人们看不到任何有形的东西；然而，只有当一个人付诸行动，并由此表现出大环境下的潜规则时，才能称为精神骚扰。那么此人的责任会因此而减轻吗？

说"我不是故意的！"或者"这不是我的错！"就能削弱事

实的严重性吗？是否应只看行为的后果，而不管肇事者的意图呢？或者是否可以认为完全意识到动机的行为会加强行为的严重性呢？如果我们认为意图导致了骚扰，正如欧盟法律中建议的情况，那如何证明这种意图呢？

如果涉及制度，我们就不能称之为意图性。意图性来自领导或利用这些邪恶制度的人。正如全球化本身无可厚非，即使它给了某些狂妄自大的领导自由发泄霸权主义欲望的机会，并且使他们有机会不择手段地增强他们的权力，掩盖他们在无法证实的数字背后的破坏行为。

我们也听说过，机构重组是引发精神骚扰的根源。其实，并非重组本身引发了破坏行为，但总是有些觊觎权力的人会利用任何行动或任何重组来谋求上位。他们依靠混乱或环境的动荡来掩盖他们的恶行。

一个职员能否以上级有令为借口自保，来证明其行为的合理性呢？

当被指控实施了精神骚扰时，某些干部说他们只是遵从了上司的命令。而仔细研究这一问题，我们会发现，上司们很少会如此明确地给出这类命令。口令往往含糊得多：“某人应该离开。你们自己想办法吧！”那么，就一定得使用邪恶的手段吗？答案并没有这么明显。在这一命令背后，那个将要执行命令的人可以在尊重相关员工的同时执行命令，也就是说让员工了解领导层对他的意图，并同他一起寻找协商离职的最佳途径。每个人都有自己的管理风格。没有什么可以强迫一名干部一直做一只驯服的羔羊。另外，在经济复苏时期，我们有时可以让自己承担起不服从的义务，拒绝执行可耻的命令。

我们还遇到了其他的问题，例如，对恶行视而不见或默许暴力的实施，这是否与下达命令折磨某个员工迫使其辞职同样严重呢？即使最邪恶的那个人很可能是精神骚扰的罪魁祸首，这也不能减轻听命于他或放纵他的其他人的责任。

我们应学会考虑他人。在所有恶行中，暴力都开始于否认他人的存在，不把他人视为对话者，对他人的感觉无动于衷。

不善于处理人际关系？

常有人反驳我说，骚扰可能只是那些不懂沟通或未受过良好教育的个人不善于处理人际关系的结果。在这种情况下，他们会承认错误，改变行为并道歉。如果他们这样做了，我们不能称之为骚扰。亚里士多德曾在《尼各马可伦理学》中论述，人总是看不见他正在制造的伤害，却总能清楚地看见他已经制造的伤害。因此他能够承认自己施加给他人的痛苦，为此后悔、道歉并可能试图弥补。事实上，对受害者而言，最重要的往往是要求承认错误并道歉，而非其他。

然而，在任何行为中，无论何种意图，都有一个界限、一个门槛，一旦越过，就进入了一种病态。这一界限可以是客观部分的，如在社会中什么该做、什么不该做；也包含主观部分，即他人感受到的侵犯。即使在对方没有伤害的意图的情况下，一个人也可能被伤害。每个人都有脆弱的一面，都有特别的反应。重要的是考虑到这种敏感性或易感性。

在领导方面，他们处理员工时也不总是抱着有意识的恶意，有时只是欠考虑，进而使由此造成的后果带有恶意，而这是本该预见到的。员工有理由感觉到遭受了不公待遇：“他们根本不在乎我的感受！”

而且，即使在没有伤害的意图时，每个人懂得考虑他人并对自己的行为负责也是很重要的。这要求有最低限度的防范意识：粗暴对待精神脆弱的人并使其消沉，比虐待具备反击和自卫精神的人更严重。我们应学会尊重他人，考虑他人的文化、差异性和可能的脆弱性。

操纵权力

无论来自个人还是来自组织体系，精神骚扰都是一种恶意行为，因为骚扰者会操纵某人而无视他的自由，其目的只在加强自己的权力并提高利润。

这就解释了为什么心存恶念的一个人要清除可能成为他前进道路上的障碍的那些人。

在企业中，权力和竞争的挑战已成为常态。人们听他人讲话不是对他的讲话内容感兴趣，而是自忖如何能让他垮台。这自然会引起一种普遍的戒心，换来的是同一性的行动，阻碍了一切创造性。任何不同的立场都会因同事们的讽刺、挖苦和上下级的阻挠而夭折。

当骚扰是一种为了以最低成本解雇员工而采取的处心积虑的策略时，或者当一个“成本杀手”介入时，操纵行为会表现得明显得多。对于雇主而言，这是为了不费钱地摆脱某个找麻烦的人或某个他再也忍受不了的人，但事实上，他没有任何可以指责此人的借口。雇主想让他离开，但又说不出为什么他应该离开，因为有时候，雇主自己也不知道原因。

第三章

偷换概念

LES DÉTOURNEMENTS DU MOT

自从“骚扰”一词成为日常用语之后，就经常被滥用，有时甚至被恶意使用，即它的本义被偷换了。我觉得完全有必要保护这个词，使其不至于令人恼火地偏离本义。

受害者地位

应该考虑到某些人可能乐于以受害者自居。在这种情况下，他们不试图找到摆脱困境的出口，因为受害者的地位使他们获得了一种可以抱怨的身份和机会。这种受害者地位赋予他们一种意义，为了维持这种生存状态，他们必须无止境地纠缠侵犯者，以便获得补偿，而这种补偿可能总是不够的。我有时会在诊所接待一些得胜的受害者，他们来见我不是为了解决问题、找到摆脱现状的办法，而是为了从我这里获得医疗证明，借此对他们认为不公的行为进行报复。某些人因此结算了个人账户或者找到了一个获得物质利益的机会。有时候，某人乐在其中的受害者地位来自另一个尚未愈合的创伤。例如，某个在童年时被虐待的人可能无意识地寻求与处于权威地位的任何人发生冲突，从而“重温”彼时的痛苦处境。为了摆脱这种重复，如果他接受治疗，则需要在这两种处境之间建立起联系，以便使他能够看到维持受害者地位只是为了寻找摆脱第一次创伤的出口。

以受害者自居可以赢得很多。当人们遇到困难时，它可以让人逃避责任，或者当人们犯错误时，它可以让人抱怨。无论现实因素如何，都是他人的错：“这不是我的错，这是某人的错，他给我使坏！”它还能使人避免扪心自问或自责，有时还可以使人获得同情，甚至免受处罚。这种把责任推卸给他人的方法趋向于减轻自己的责任。让我们看一看，当一次政治操纵被揭露时发生了什么吧：还没等掌握所有证据，受牵连的人物及其党派就开始揭露一个阴谋和一次恐吓企图。不久，如果出现一些证据，被质疑的人就会招认，但同时会推卸自己的责任（“这没什么大不了，钱也没进个人腰包”或者“当然，我这么做了，但其他人比我做得更过分”……）。他们的首要原则是避免承担自己那部分的责任，并继续以权牟利。

这种受害者地位和精神骚扰的虚假指控之间并无大的差异。

被骚扰的骚扰者

当多名员工成为同一上司的虐待行为的受害者，而且他们得以向媒体和工会揭露了这一事实时，在事实尚未确认之前，责任人就会被公开指称为“骚扰者”。此人的各级主管们也会因此陷入绝境，无法客观公正地行事，有时甚至无法保护这个假定骚扰者。

这一侵犯的逆转又因信息的间接性而加强。我们只能建议记者们在向群情激愤的公众指称其人时应谨慎行事。因为总是涉及证据不全的复杂情况，所以很难在描述这些情况时做到不歪曲事实。

杰拉德被任命为一家大型行政机关的部门主管，取代了一位经常因病缺席的同事。上级的命令非常清楚：他应使这个管理不善的部门恢复秩序。

杰拉德是一个焦虑的人，很难在呆板的外表下掩饰他的羞涩。他一上任，就告知大家，从今往后，事情将有所改变，他不会容许偷懒装病者。回报他的是公务员们的敌意，尤其是罗茜的不满。确切地说，罗茜习惯于上班迟到、在咖啡机旁逗留很久、与同事们闲聊。

在试图与公务员们对话未果后，杰拉德与罗茜闹翻了，他认为她应对部门的放任自流状况负责。杰拉德开始监督罗茜的出勤，给她的工间休息计时，并指摘她工作中最小的错误。显然，这丝毫没有改变罗茜的工作节奏。她甚至在咖啡机旁停留更长时间，抱怨主管使她承受的一切。同事们同情罗茜，更何况杰拉德不是一位平易近人的主管。由于罗茜是大家的伙伴，她的情况很快就变成需要捍卫的“那个”理由。一名工会的同事承担起这些事：“别担心，我们帮你！”

不久之后，有人散发一些要求“骚扰者”离开的传单。当领导层收到这份传单时，他们明白是杰拉德的原因。在事实还没搞清楚之前，他们就下令调离了他。

如果所有人都了解事实，而领导层推迟介入，事态的发展将完全相反。在这种情况下，媒体扮演了拯救相关员工、预判其他人，同时揭露某些企业“野蛮管理”现象的角色。受损的是企业的品牌形象，为了重新树立声誉，企业将被迫确保这一状况迅速结束，并且不再发生。

精神骚扰的虚假指控

应当心的是，不要让目前出现的某些精神骚扰的虚假指控的情况使人们不再相信真正的受害者所遭受的现实。

妄想狂

精神骚扰的虚假指控的重大风险首先来自妄想狂患者，他们从中找到了自己的被迫害感的可靠支持。在多数情况下，症状很明显。某人非常戏剧化地抱怨另外一个人对他造成了损害，随后这种被迫害感扩展到假想侵犯者身边的人，最终扩展到所有对骚扰事实表示怀疑的人身上。与此同时，妄想狂患者会无节制地给各位负责人发邮件，控诉迫害者，用下划线或非常粗重的字体强调暴力的字眼。面谈开始时，妄想狂患者往往是比较含蓄的，只有当提及自己所遭受的迫害时，才兴奋起来。如果我们对他们的某些话持保留意见，这些人可能变得粗暴。因此，每个人都害怕面对他们中的任何一员。

阿莱特，49岁，在一家大型行政机关担任编辑已10年之久。她中规中矩，但与同事们的关系相当疏远。在一次病假销假后，她给领导层发了一封邮件，声称她的部门主管有不恰当的行为：主管在同她讲话时公然摸她的私密部位；主管在电脑前向她解释某事时，还靠在她的身上。她要求调换部门，拒绝以后再与这位主管一起工作。

起初，领导层进行了秘密调查，但没发现邮件中提到的任何迹象。于是，阿莱特又给领导层和职业保健医生寄了其他邮件。她使大家知道，她的上司的行为干扰了她，如果领导不惩罚这位主管先生，她将无法工作。接待她的职业保健医生发现她言辞特别激烈，抱怨所有事、所有人。他怀疑阿莱特精神失常了。于是，他想知道阿莱特精神紊乱的根源，会不会是某次侵犯造成的创伤。他询问了一位精神科医生的意见，后者将其诊断为一个旧的被迫害综合征在妄想狂精神病的范围内发展了。

症状明显的妄想狂患者比较容易诊断，但当此人更稳重且不易怒时，就比较成问题了。他的谈话会比较巧妙，根据对话者进行调适，从而变得可信。与真正的受害者不同，具有妄想狂性格的人不会尝试使处境变得更加和睦，相反，他试图维持他对其宣称的“骚扰者－受害者”关系的抱怨，这种情况如果无人介入，可能会持续一生。由于这是一种随着时间恶化的疾病，诊断也会逐渐明确，最终确诊。然而，这对被作为其目标的某个或某些人构成了一定程度的伤害。

妄想狂属于医学和精神病学的领域，应由职业保健医生做出诊断，如有疑问，他们可咨询精神科专家的意见，以便确定当事人性格缺陷的结构。

我认为需要重申的是，我们应该防止将其普遍化。当然，有一些受害者患有妄想症，这绝不是说所有受害者都是妄想狂。对被骚扰员工有顾虑往往是因为害怕与假受害者扯上关系，尤其是控诉型妄想狂。我们有理由怀疑那些人，因为面对一个妄想狂，我们无法讲道理，因此永远无法通过友好的方式解决争端。遇到一个妄想狂，就注定要进入一个无止境的控诉过程。

当两个人都自称受到别人的迫害时，要诊断这是一个妄想狂还是一个精神骚扰的真正受害者，需要通过投诉的整体语调来区分。精神骚扰的真正受害者会心存疑问，他们想知道应采取什么恰当行为，寻求结束自身痛苦的解决方案。另外，也正是因此，他们才任凭事态陷入困境，而没有及早反抗。他们首先想找到一个出口，重建自己的尊严。相反，妄想狂不会怀疑。他们确信并控诉。

恶意的逆转

精神骚扰的虚假指控也是心术不正者的专长，他们力图以隐蔽的方式使某人失信，同时博取团体的同情，使团体为他的遭遇流泪。

作为一名精神科医生，我有时会接待一些明显的控诉型病人，无论是否有理，他们总感觉被某人或某些人迫害，于是他们到我这里来寻求进一步伤害他的假想骚扰者及其身边的人的一些方法。他们完全没有意识到自己的问题。他们关心的只是如何报复和摧毁对方。当我向他们说明我什么也帮不了时，这些人会气哄哄地离开，有时甚至威胁要报复我。

雷诺是作为一名装卸工进入一家较小的企业的。老板欣赏他令人讨厌的咄咄逼人的性格，因为这对赢得市场很有用，因此不断提拔他。6年后，雷诺成为（规模很小的）商务部的负责人。他还是照样进步，直到有一次他遇到一个技术问题，感觉自己不再胜任这一岗位。他没有寻求帮助，而是隐瞒了难处，并把责任推卸给其他人。一天，老板因为他迟到而严厉批评了他，雷诺决定不再同老板讲话，除了教训老板以外。此后，气氛明显变得紧张起来，以致老板建议他离职。从这时起，雷诺开始采取让他的老板“落马”的策略，因为他从那以后视老板为自己的敌人。为此，他毫不犹豫地向税务部门寄了一封匿名信，并附上了由他复印的资料组成的一份档案。他来到我的咨询室，没有别的目的，只是为了从我这里获得报复他老板的方法。

通常，“恶意的假受害者”明显地比精神骚扰的真正受害者更易辨认，甚至更具表演性，因为他们会毫不犹豫地求助于媒体。他们没有任何寻求解决方法的意图，因为他们首先关注的是如何从自己的处境中获取利益。

动辄胡乱地、过度地提及精神骚扰，这个概念就会失去它的可信性。

第四章

各种周边现象

LES DIFFÉRENTES APPROCHES DU PHÉNOMÈNE

精神骚扰到处存在，根据其所处的文化背景不同而具有不同的色彩。尽管这并非一个新现象，但涉及它的科学研究还是近几年才出现的。为了说明精神骚扰的概念与这些研究中的若干现象，尤其是它们与“围攻”的区别，需要简单回顾一下各种周边现象。

围　攻

20世纪80年代，定居瑞典的德裔心理学家海因茨·雷曼介绍了“围攻”的概念，并用它来描述组织中的严重骚扰形式。

这个词似乎是由人种学家康拉德·洛伦兹（Konrad Lorenz）首先用来描述动物群体为了驱逐入侵者而采取的挑衅行为的，

在20世纪60年代，又被瑞典医生彼得－保尔·海涅曼（Peter-Paul Heinemann）用来描述学校中的某些儿童对其他儿童的敌意行为。1972年，海涅曼出版了第一本关于“围攻”的书，论述了儿童中的群体暴力。

“围攻”一词来自英语动词mob，《哈拉普英语学习词典》中将之解释为责骂、攻击、虐待、围攻。其名词释义“暴民”，则指人群、聚集。不应忽视的是，在英语中，mob首字母m大写时，是指“黑手党”（Mob）。这个词的词源显示它是一种群体现象，而它的附加含义，则是负面的、贬义的。最近，在英国，人们提到了mob一词，因为有一份报纸刊登了一份名单之后，一些愤怒的母亲合起伙来，骚扰了被怀疑是恋童癖或恋童癖同谋者的一些人。她们进攻了这些人的家，朝他们扔石头，以迫使他们搬离街区。后来他们中的一个人自杀了，其他身负污名的人提起了诉讼，至此警察才阻止了这些敌意的示威活动。

海因茨·雷曼认为，“围攻”是在工作场所频繁、反复进行的全部针对同一个人的敌意行为。据他所言，“围攻”源自变质的冲突。他将其分析为社会心理压力的一种特别严重的形式。

20世纪80年代，这一概念在致力于职场精神压力课题研究的学者中间传播，最初是在斯堪的纳维亚半岛的国家，随后在德语国家传播开来。20世纪90年代，海因茨·雷曼根据他的研究，出版了一本普及性著作——《围攻——职场迫害》。这本书后来被翻译成十几种语言，但在法国，它主要引起了专业人士的注意。

海因茨·雷曼继续在瑞典进行统计学调查，并参与了德语国家的研究者培训。1990年，他确认瑞典有3.5%的员工是骚扰的受害者。在同一时期，他预计有15%的自杀归因于“围攻”。海因茨·雷曼的研究使一项工作条件法将对个人心理的伤害因素考虑在内，1994年，一条专门针对职场受害者的补充法令得以颁布。法令中，这个词的定义如下：“围攻是指应受斥责的或明显消极的反复行为，这些行为以冒犯的方式指向职员，可能导致他们在工作场所被排挤出团体。”尽管法令原文指出受害者应得到帮助和治疗，但还应看到，既有的医疗体制并不适用，因此海因茨·雷曼创办了一家专科诊所，推行一项专门针对受害者的康复计划，后来在瑞典健康管理部门的压力下，他被迫关闭了这家诊所。海因茨·雷曼坚持不懈地致力于“围攻”方面的研究，直至1999年去世。

在北欧国家（瑞典、丹麦、芬兰）、瑞士和德国，“围攻”一词一直在应用，相关调查也一直在继续。

在德国，“围攻”方面研究团体的领头人是法兰克福大学的迪特尔·察普夫（Dieter Zapf）教授。在意大利，埃格（Ege）教授领导着以“围攻”为主题的社会心理压力研究中心。

正如它现在的用法，“围攻”一词首先对应的是集体迫害和与组织相关的暴力。这种暴力会一直发展，直至失控，其中包括肢体暴力。

霸　凌

“霸凌”的概念很久以前就在英国出现了。英语中，bully泛指虐待、粗暴对待；而其对应的“霸王”这一释义则指粗暴、专横、攻击弱小的人。

比“围攻”一词更明显的是，“霸凌”一词最初与职场无关。起初，人们提到“霸凌”，主要是为了描述某些儿童或儿童团伙侮辱、刁难或威胁其他儿童。后来，这个词衍用到军队、体育活动以及家庭生活中，尤其用它来表示对待老年人的恶劣态度，以及在职场中遭遇的侵犯。

在BBC网站上，一些名人被邀请讲述他们遭遇“霸凌”的经历。以下是企业家约翰·哈维·琼斯（John Harvey Jones）先生的讲述：

小时候，我是同学们的理想靶子。那时我对花和动物感兴趣，非常安静，喜欢温柔的东西，面对一群毛头小子，这样的性格可没给我多大帮助。我不停地想到自杀，这足以说明我当时多么痛苦和绝望。

这段经历使我绝对反感此类侮辱。现在，我把对这种行为的抵制作为我这个企业主的责任。

1992年，为了响应BBC的一部纪录片，记者安德里亚·亚当斯出版了一本书，解释了“霸凌”的现状并对其弥补途径提出了建议。[1]这使得一些国家的相关组织，如苏格兰教育研究理事会，开始对这一主题进行研究，并印发了一些宣传册。随后，该理事会创设了国家儿童保护服务热线，相当于法国的“受虐儿童，你好”热线的英语版，旨在倾听儿童受害者的举报。现在，英国的军队和武装警察规定对他们内部的“霸凌”受害者提供帮助。对“霸凌”严重性的考量并非基于这一行为本身，而是基于这一行为对受害者产生的影响，因为，由此引起的恐惧，可能对青年的心理成长产生悲剧性的影响。

1984年，这个词被拉扎勒斯引入职场心理学，他将社会压力与其他压力因素区分开来，并把“霸凌”的概念纳入社会压力的范畴。[2]

在英国和某些英语国家，人们继续使用“霸凌”一词。在加拿大魁北克，人们避免使用盎格鲁-撒克逊含义的词语，[3]

1 参见安德里亚·亚当斯（Andrea Adams），《职场霸凌》（*Bullying at Work*），Virago出版社，1992年。
2 参见理查德·拉扎勒斯（Richard Lazarus）、苏珊·福克曼（Susan Folkman），《压力、评价与应对》（*Stress, Appraisal, and Coping*），Springer出版社，1984年。
3 加拿大魁北克省超过80%的人口为法国后裔。该地区是北美一带的法国文化中心，官方语言为法语。——编者注因此用“心理骚扰”取而代之。

在BIT（国际劳工办公室）发布的一份关于职场暴力的报告中，维多利奥·迪·马蒂诺使用“霸凌”一词来描述职场中遭受的恐吓和刁难。这份报告指出，职场暴力的概念正在演变，从今往后，人们将与重视肢体行为一样重视心理行为，并将完全辨明未成年人暴力行为的范围。[1]

在我看来，“霸凌”一词比“围攻”一词的范围更广。“霸凌”涵盖从嘲笑、排挤直至包括性内涵的过分行为或肢体侵犯。它更多的是指个体的刁难或暴力，而不是指有组织的暴力。在一项对“霸凌”和“围攻”的比较研究中，迪特尔·察普夫认为，“霸凌”主要来自较高等级，而“围攻”更多的是一种群体现象。[2]

骚　扰

在美国，“围攻”一词是1990年由海因茨·雷曼发表在美国《暴力与受害者》杂志上的一篇文章引入的，[3]但早在1976

---

1 参见邓肯·夏贝尔（Duncan Chappell）、维多利奥·迪·马蒂诺（Vittorio Di Martino），《职场暴力》（*La violence au travail*），（日内瓦）国际劳工办公室，1988年。

2 参见迪特尔·察普夫（Dieter Zapf），《引起职场围攻/霸凌现象的组织原因、工作团体相关原因和个人原因》（“Organisational, work group related and personal causes of mobbing/bullying at work”），《国际劳动力日报》（*International Journal of Manpower*）第20卷，1999年。

3 参见海因茨·雷曼，《职场围攻与心理恐惧》（“Mobbing and psychological terror at workplaces”），《暴力与受害者》（*Violence and Victims*）第5期，1990年。

年，美国精神科医生卡罗尔·布罗茨基就在一本题为《被骚扰的劳动者》的书中研究了这一现象。他认为，骚扰是一个人对另一个人的一系列重复性的、顽固的攻击，目的是折磨、削弱对方，使对方失望和沮丧。他指出了这种行为对健康的破坏性影响，并准确地评论说，这可能只是冰山一角。[1]

检举者们

从字面理解，“检举者”是指拉响警铃的人或揭密的人。正因如此，他也成为报复行为的受害者。他自觉向公众揭露那些渎职行为、腐败行为或违反他所供职的组织的规章的行为，揭露那些对公共卫生或安全构成实质性危胁的行为。

实际上，揭露某个系统的运行问题，自然要承受来自这一系统的报复。这是一种特殊的精神骚扰形式，目的是让不按游戏规则行事的人闭嘴。奇怪的是，对他们的遭遇，人们从未称之为“围攻”或“霸凌”，然而，他们所承受的完全符合我们所说的精神骚扰。

1　参见卡罗尔·布罗茨基（Carroll M. Brodsky），《被骚扰的劳动者》（*The Harassed Worker*），D. C. Heath And Company，1976年。

瓜尔蒂耶里夫人，39岁，在位于渥太华的加拿大外交部工作了6年，目前控告她的上司和部长对她进行精神骚扰。

在一次考察工作中，她向上级指出管理问题和外部事务办公室的不动产浪费现象。尽管在1992年时，政府的总审计官已经指出了这一问题，但瓜尔蒂耶里夫人的上司们不想承认有任何问题。相反，他们开始了针对她的孤立与骚扰行为，这种行为持续了8年，致使她按医生的建议停薪留职休了病假。瓜尔蒂耶里夫人当时进行的所有申诉尝试都是徒劳的。1998年，她成立了FAIR（联邦问责诚信与解决协会），把像她一样曾经揭露问题并承受了后果的公务员们重新聚集在一起。

其他国家也存在一些类似的组织，其中以美国的GAP（政府问责项目）最为著名；同时，检举者们聚集在一起，创立了一些支持性团体，以便互相给予建议，但主要是为了获得司法保护。在大部分盎格鲁－撒克逊文化的国家（英国、美国、加拿大、澳大利亚、新西兰、南非），实际已经采取了一些措施来保护检举者。在英国，这一现象很古老，可追溯至中世纪。那时，由于警力不足，个人可以对违反法律者提起诉讼。在美国，很久以前就存在若干关于检举者的法律，并多次修订；1986年，国会投票通过了联邦反欺骗政府法，由此创建了强大的反欺诈权力机关。

欺 凌

在日本，精神骚扰是一种非常古老的现象。正如我们已经提到的其他词语，“欺凌”一词（日语中的“骚扰”）用于描述学校里的儿童遭受的刁难和侮辱，但也用于描述日本企业中，一个团体为教训新进员工或消除扰乱人心的因素而施加的压力。日本人不太喜欢个人主义，因此“欺凌”的目的在于使个人融入团体，使他们步伐一致。一句日本谚语清楚地概括了这一现象——“锤打冒头钉”。

日本的教育体制有永久性的评估制度，以确定尖子生，把他们引向最好的等级。这种评估制度在小学生心中埋下了远远超出学校范畴的竞争意识。教师们长期以来把“欺凌”现象视为一种青少年心理构建过程中必要的启蒙仪式。[1]大部分青少年迫害者本身就曾经是学长们的刁难对象，因此他们只是将自己曾经承受的刁难变本加厉地转嫁到一个更弱小的同学身上。这一体制伴随着儿童成长过程中承受的巨大心理压力，使得“欺凌”不断扩大，直至在20世纪80—90年代成为一个实际的社会问题。许多儿童自杀了，有的儿童辍学了，直至政府采取措施制止了这一灾难。1995年，根据日本教育部的统计，

1 参见埃蒂安·巴拉尔（Étienne Barral），《御宅族：虚拟世界里的孩子》（*Otaku. Les enfants du virtuel*），Denoël出版社，1999年。

“拒绝上学”的学生人数已达到8.2万，真正因病不上学的除外。“欺凌”，这不单纯是一些学生对另一些学生实施的暴力行为，也是某些教师动辄对学生使用的暴力行为。1980年左右，高中生们开始反抗他们的老师。实际上，自从媒体谴责了这一行为后，学校管理部门已经比以前警惕多了。

对日本学校状况的这一描述与职场并非毫无关系，因为“欺凌”首先是一种社会控制工具。山中惠子认为：“欺凌现象出现在1972年左右，当时日本工业正飞速发展。工业需要适应标准化工作环境的青年劳动者——不能有个人主义，不能有鲜明的个性，尤其不能有批判精神。”[1]工业界和金融界以促进国家繁荣昌盛的名义要求政府重组教育体制，以适应经济增长。因此，战后两代日本人都经过了限时耐力试验和永久自查试验的“校准”，以便符合强加的多项规定。

20世纪90年代，随着经济衰退的到来，职场又改变主意了，那些随时可以注入新思想的、具有创新精神的人成为职场的宠儿。这就需要改变管理方法。现在，不再有“铁饭碗”了，取而代之的是裁员和绩效管理。人们不再满足于使用太老的或无用的员工，而是想办法通过压力或心理刁难使他们离职。于是人们从以重整工作团体的结构为首要目标的“欺凌”转为更粗暴的

1　山中惠子（Keiko Yamanaka），《双面日本》（*Le Japon au double visage*），Denoël出版社，1997年。

精神骚扰，目前日语中还没有与此对应的词。不过，这种被称为“精神骚扰”的现象逐渐蔓延，眼下已被媒体揭露出来。

最近，一个在世嘉株式会社工作的干部，因领导层想逼其离职，把他安排到一个没有窗户、没有电话、与外界没有联系的办公室，他的故事被媒体曝光，成了丑闻。

我们看到，在因文化而不同的语境下，骚扰在许多国家已经构成了一个实际的社会问题。在英语的研究著作中，尽管“围攻”和“霸凌”两个词不一样，但常常被无区别地使用，然而，我们已经看到它们并不完全相同。为了简化，我总结如下：

◎“围攻”一词更多地对应集体迫害或与组织相关的暴力，包括失控行为，直至肢体暴力；

◎“霸凌”一词比“围攻”一词的范围更广。它涵盖从嘲笑到排挤，直至性内涵的过分行为或肢体侵犯。它更多地指个体刁难，而不是有组织的暴力行为；

◎“精神骚扰”一词涉及更微妙、更难以察觉和证明的侵犯。尽管很相近，但肢体暴力和歧视原则上不属于精神骚扰，因为它们是已被纳入法国法律的暴力行为。我们会在后面一整章中详细地讨论精神骚扰的特征。

我们看到了正确用词的重要性。不同的词语反映了不同国家的文化和组织差异，但根据已经采用的定义，研究数据，尤其是与受害者数量相关的数据，可能会发生变化，从而失去一切意义。

尽管词义不够精确，BIT（国际劳工办公室）还是于1996年进行了一次调查，对比了欧盟各成员国的职场暴力状况。调查指出："职场暴力的概念正在演变，因此从今往后，我们要像重视肢体行为一样重视心理行为，而且我们完全确认了未成年人暴力行为的范围。"[1]调查结果显示：

* 4%的劳动者曾遭受肢体暴力行为；

* 2%曾遭受性骚扰；

* 8%曾遭受恐吓。

按国别进行的更详细的研究显示出各成员国之间的巨大差异，但应考虑到，在某些国家，工作场所的刁难和侮辱如此平常，以至于人们并未把它们视为一种反常的暴力。受害者越能意识到性骚扰、刁难或精神骚扰的不可接受性，越倾向于揭发这些行为。在其他国家，如德国或北欧国家，对工作条件的警惕性由来已久，因此那里的人们对暴力的意识也比较早。在这些国家，工会普及率较高，问题通常会通过集体途径解决。这些国家被都柏林基金会的雷蒙－皮埃尔·博丁（Raymond-Pierre Bodin）称为"成熟"的国家。[2]

1　邓肯·夏贝尔、维多利奥·迪·马蒂诺，《职场暴力》。
2　参见"职场骚扰与公民权"（"Harcèlement et citoyenneté au travail"）研讨会报告，2000年11月30日。

在BIT的调查中，英语“霸凌”一词被翻译成“刁难”，而且列出的比例接近10%。但需要注意的是，这些标准都是主观的，没有考虑随时间的重复性概念，这就解释了为什么BIT的调查数据与海因茨·雷曼给出的“围攻”的比例数相差3.5%。

由欧洲生活与工作条件改善基金会于2000年春在15个成员国中进行的另一项调查显示，有9%的劳动者曾经在工作场所受到恐吓。

第二部分

调查结果

我的诊所的邮箱收到了几百封书信和留言，人们描述自己的处境，提供他们的见证。我实在无法一一回复，但我也不想让他们的努力白费，于是我向所有给我写信的人发出一份问卷[1]，问卷设计的问题便于他们描述他们认为自己曾遭受的骚扰，问卷也发给了前来向我咨询同一问题的人们。我的意图是更好地了解他们所经历的事实，以便更好地思考这一领域的预防措施。

在寄出的350份问卷中，我们收回了193份可用的答卷，即55%的回收率，这对于一次邮件调查来说已经超乎寻常得多了。应该说，其中大部分人在邮件中或咨询过程中都自觉表示，希望自己的证词能对其他人有用。在没有寄回问卷的人中，一部分人给我写信，告诉我这些问题似乎不适用于他们的

1 此问卷可在www.harcelementmoral.com上查到。

情况，例如，因为他们遭受的骚扰不是发生在职场中。在一个自下而上骚扰的案例中，我的通信者也认为这一问卷并不适用。有些人坚持解释说他们不回复是因为他们不想再回顾自己所遭受的骚扰，因为自己已经开始了新生活。

我亲自接待了这些受害者中的一些人，其中有50多位定期接受心理治疗。每一次，这些人描述自己所遭受的暴力时的平和心态都给我留下了深刻印象。他们没有仇恨。他们只是描述事实，试图理解他们该怎样改变自己的行为，才能找到解决办法。

在我看来，在个人精神骚扰的案例中，可能存在低估暴力的情况，而在集体冲突的案例中，则存在高估暴力的情况，在后一种情况下，人们因受到团体或工会的鼓励而反抗，他们的证词也许会被媒体转述。实际上，遭受暴力的人们较难独自发表意见，因为他们为自己的遭遇感到耻辱，并始终感到自己有罪。因此，让他们提供证词自然比较困难，而那些在团体支持下意识到自己受到了不公正攻击的人则更有信心维护自己的正当权利。

在193位自称被骚扰的人中，有多少人是真正被骚扰的呢？我将尝试回答这个问题。与此主题相关的各种国家研究数据相当不一致，因为发起者往往根据自己的定义高估或低估了研究主题。我们无法避开这一暗礁。重要的是使这一现象得到足够重视，从而迫使具有影响力的人（领导者、工会、政治家）做出反应。

我只研究了自认为被骚扰的人们的案例，这种调查因其招募方式而存在方法上的局限性。因此我只是从受害者的角度出发。我明白事情是极其微妙的，因为我曾有机会到某些企业中，现场分析骚扰者与被骚扰者之间的相互作用。任何问卷调查，由于其局限性，都不可能考虑到存在于侵犯者和被侵犯者之间的“相互”暴力或循环暴力的部分：谁是挑衅者？谁是反抗者？首先侵犯的那个人此前没有遭到对方的挑衅吗？我会借助我做过的个人咨询，尝试从侵犯者的角度出发，做更详细的分析。

其他的调查，如海因茨·雷曼在瑞典进行的调查、J.夏洛尼在法国PACA（普罗旺－阿尔卑斯－蓝色海岸）大区进行的调查，[1]或B.塞雷和“职场痛苦代言协会”在法国斯特拉斯堡进行的调查，[2]涉及了整个职员群体，因此提供了其他要素，其中包含一些关于普遍性的数据，即精神骚扰在整个职员群体中的发生频率。

---

1 参见J.夏洛尼（J. Chiaroni）、P.夏洛尼（P. Chiaroni），《根据对PACA大区劳动保健医生进行的调查得到的“围攻”状况的流行病学数据——被骚扰职员的典型画像？》（“Données épidémiologiques des situations de mobbing d'après une enquête effectuée auprès des médecins du travail en région PACA un profil type du salarié harcelé ?”），载《职业病档案》（*Archives des maladies professionnelles*），未出版。

2 参见B.塞雷（B. Seiler），《精神骚扰的评估》（*Évaluation du harcèlement moral*），医学博士论文，提交于斯特拉斯堡，2000年。

第五章

精神骚扰受害者的若干特征

QUELQUES CARACTÉRISTIQUES
DES VICTIMES DU HARCÈLEMENT MORAL

年龄的惩戒

调查在年龄分档方面得出了以下结果：

* 25岁以下：无；

* 26—35岁：8%；

* 36—45岁：29%；

* 46—55岁：43%（其中46—50岁占21%，51—55岁占24%）；

* 56岁以上：19%。

因此，我们得到的平均年龄为48岁，这使我们确信，精神骚扰主要发生在50岁以上的人群中，他们通常被认为绩效较差或适应性不足。

如果说25岁以下没有一例，我们倾向于认为这是由于研究的偏差，因为年轻人不那么容易回复邮件问卷。但是，一般情况下，似乎年轻人更多地承受着尽人皆知的直接的滥用职权的影响，而不是准确意义上的骚扰。青年学徒，尤其是那些在低薪行业中的人，面临的是困难的任务，而他们很少经过培训，又不总是能得到老同事们的支持和帮助。在普瓦图－夏朗德大区健康观察员的指导下进行的一项调查显示：

* 6%的学徒自称遭受过辱骂；

* 19%的学徒曾被激怒；

* 25%的学徒宣称同事跟他们讲话时态度生硬。

虽然这次调查没有公开揭发出任何骚扰的情况，但是在386名被询问的青年中有6起学徒被打的案例。

在斯特拉斯堡进行的研究显示，根据“职场痛苦代言协会”的标准，年轻人比其他年龄组的人更容易受到骚扰，比例为16.7%，但他们并未感觉到这一点。这很好地证明了精神骚扰是一个“主观”的概念。一位外部观察者不可以判断一个人的内心感受。

在对PACA大区的职业保健医生们进行的调查中，平均年龄也提高到41.73岁。[1]

在法国，存在真正的年龄隔离。尽管经济开始复苏，但企业总是试图用薪水较低的年轻人替换那些最年长的高薪职员。应该说经济复苏主要出现在新技术行业，根据某些顽固

1　参见C. 塞拉尔（C. Sailiard）、V. 索特若（V. Sautejeau），《维耶省18岁以下学徒的工作条件与健康》（“Conditions de travail et santé des apprentis de moins de 18 ans de la Vienne”）第66号报告，2000年7月，转引自《健康与工作》（*Santé et travail*）第33期，2000年10月。

的偏见，这些行业所要求的能力和灵活性是50岁以上的职员难以达到的。当然，能力消失得比过去更快，但是，在追求利润的借口下，企业不乐意为年纪较大的职员提供培训，他们因此被排除在外。在技术日新月异的时代，想要责备某人不会使用一个新软件是很容易的。即使在以经验为重的行业中，人们也更倾向于摆脱那些50岁以上的人，使他们让位于年轻人，因为人们认为年轻人更有活力，而且确信他们更便宜。尽管这是对能力和精力的可悲的浪费，老员工的经验仍不为人所珍惜。

纳丁，52岁，18岁参加工作。起初，她未受过任何培训，后来通过上夜校不断进步，直至升任商务主管。从这家企业创立之日起就在这里工作的她了解企业的所有机构，认识所有人。当她的企业与一家年轻的集团合并后，事情开始变糟。另一个团队的成员年纪都是30多岁。当她的前任上司选择离职后，纳丁成了资历最老、年纪最大的员工。领导给她安排的新上司是一个雄心勃勃的年轻人，刚从一所商业学院毕业。他对纳丁的经验不屑一顾，要求她证明一切，还查她的岗。上任后不久，他给纳丁发了一封信，指责纳丁在他还未上任的那一年中的业务。在给纳丁分配超负荷的行政工作的同时，他收回了纳丁的所有职责，将那些最出成绩的任务占为己有。逐渐地，他孤立纳丁，阻止她到子公司出差，不让她出席会议。他还多次截留纳丁的文件，使她在领导面前难堪。

当纳丁决定向领导层投诉时，她意识到根本没有人听自己的。领导们告诉纳丁，年轻的团队有现代的管理方法，并且暗示她可能不适合这一岗位。由于纳丁坚持己见，领导建议她做一次能力评估，纳丁认为这是一种侵犯。

于是，纳丁处于非常严重的沮丧状态，并请了病假。纳丁感到她曾经为进步所做出的一切努力都毫无用处，都是浪费时间。当纳丁返岗时，职业保健医生为了保护她，宣布她适合到另一个部门工作。领导层拒绝了这一建议，强迫职业保健医生修改证明。他们认为纳丁有病，一直在家休病假更合适。当纳丁回来工作时，他们把她分配到原先的部门，她这才知道自己的岗位已经被取消了。

尽管纳丁领到了解雇补偿金，但她受到了伤害，因为她感到自己遭到了不正当的驱逐。

在一家企业度过职业生涯的人不但会反映企业的过去和历史，还会反映企业所犯的错误或不断摸索的历程。一个新的经理或领导，在股东们的变革要求下，更倾向于摆脱老员工，以便显示表面上的“新气象”。

许多企业调唆年轻员工对抗老员工，他们通过暗示老员工不能胜任的讲话来抬高年轻员工。他们向年轻的新员工介绍老员工时会用上贬义词，因为领导层“将老员工的经验视为抵制多变性和灵活性目标的基石”[1]。于是，对老员工来说，年轻人代表着一种威胁，他们把优胜劣汰视为一种不公平和暴力，并因此失去了工作动力。

我们不应该忽视德拉朗德捐税[2]的不良影响，它一方面迫使雇主在辞退50岁以上员工时向国家缴纳捐税；另一方面又怂恿他们打击最老员工的信心，以使老员工自行离职。

精神骚扰存在性别差异吗？

我的研究显示了性别分布的明显差别：女性占70%，男性占30%。

以上数据与夏洛尼博士在PACA大区职业保健医生调查中呈现的数据（女性占73%）[3]相符。

这与B.塞雷和“职场痛苦代言协会”在斯特拉斯堡的调查结果不同，后者的调查表明有43.5%的女性和56.5%的男性受到骚扰；[4]与海因茨·雷曼在瑞典的调查结果也不同，他的调查显示有55%的女性和45%的男性被骚扰，从统计学角度

1　菲利普·达夫兹（Philippe Davezies），《职场中的年轻人：新伙伴》（“Jeunes au travail. Les nouveaux cobayes”），《健康与工作》（*Santé et travail*）第33期，2000年10月。

2　德拉朗德捐税是指法国企业应为解雇50岁以上员工而支付的一项捐税。它以保卫共和联盟前讲议员让－皮埃尔·德拉朗德的姓氏命名，他于1987年起草了创立这项捐税的法律。——译者注

3　参见J.夏洛尼、P.夏洛尼，《根据对PACA大区劳动保健医生进行的调查得到的“围攻”状况的流行病学数据——被骚扰职员的典型画像？》。

4　参见B.塞雷，《精神骚扰的评估》。

来看，这个差距不是很大。斯塔尔·艾纳森和安德斯·斯高斯达于1996年在挪威进行的研究也给出了差距不大的统计数据：女性占55.6%，男性占43.9%。[1]

然而，应该将这些性别差异归因于社会文化背景。斯堪的纳维亚半岛国家和德国在两性机会平等方面表现出真正的关注。在拉丁语国家，马赫主义[2]的气氛仍然盛行。在意大利、西班牙和拉丁美洲，许多男人认为一个女人就业会导致一个男人失业。[3]

不仅有更多的女性成为受害者，而且人们对女性的骚扰方式也不同于男性：往往带有马赫主义或性别歧视的含义。性骚扰只是在精神骚扰中又前进了一步。在这两种情况下，骚扰的目的都是侮辱对方，并把对方视为自己的支配对象。于是，人们盯上了隐私。还有什么比性更隐私呢？为了能持续侵犯，它必须难以察觉。还有什么比一种性别歧视或敌意的气氛更难以言明呢？另外，在法律方面，通过一些判例可以看到，性骚扰的确包含了职务勒索，同时也包含了职场中的“性别歧视的、敌意的、侵犯性的”气氛。

---

1 参见斯塔尔·艾纳森（Stale Einarsen）、安德斯·斯高斯达（Anders Skogstad），《公共与私营组织中的职场霸凌流行病学调查结果》（“Bullying at work epidemiological findings in public and private organizations”），《欧洲职业与组织心理学日报》（*European Journal of Work and Organizational Psychology*）第5卷第2期，1996年。

2 马赫主义（Machism），又名“经验批判主义”，是19世纪70年代至20世纪初产生并流行德国、奥地利及欧洲大陆其他国家的哲学流派，因其创始人E.马赫而得名。马赫主义强调经验的重要性，把感觉经验看作认识的界限和世界的基础，指出作为世界第一性的东西既不是物质也不是精神，而是感觉经验。——编者注

3 我们可能需要考虑到，我研究中的另一个偏差与女性比男性更容易在精神科医生面前表达她们的感觉有关。

法国自1992年起颁布了一条关于性骚扰的法律，它的实施产生了一个意义重大的判例。《劳动法》第L.122-46款规定：

任何职员不得因遭受或拒绝遭受来自雇主、雇主代表或任何人的骚扰行为而被惩罚或解雇，这种骚扰行为是指滥用职权下达命令、言语威胁、强加约束或对该职员施加任何性质的压力，以期为自己或第三方谋得性待遇。

任何职员不得因见证或陈述了上一段中定义的行为而被惩罚或解雇。

我们感到遗憾的是，立法者未能将同事之间的骚扰以及侵犯性的或堕落的职场气氛考虑在内。

1985—1990年，在劳动部和女权部门的共同要求下，法国有关组织进行了关于对职场女性性骚扰的首次研究。[1]我们从中了解到，性骚扰主要出现在私营企业，尤其是规模很小的企业。研究还显示，受害者往往是女性，而骚扰者往往是男性，即这位女性的上司。在现行性骚扰法被通过之前，对骚扰者的起诉在法律上特别棘手，尽管也曾宣判了一些案例。有好几次，判例认定某个人或某些人针对女性同事的令人不快的、下流的或侮辱性的性行为构成重大过错。[2]我们清楚地看到性

1 参见S. 克罗梅（S. Cromer），《法国的性骚扰：取消禁忌》（*Le harcèlement sexuel en France. La levée d'un tabou*），La Documentation Française出版社，1995年。
2 参见《工人权利》（*Le Droit ouvrier*）第580—581号，1997年2月。

骚扰与精神骚扰是多么相似。

关于针对女性的骚扰的特征，我们遇到了以下几种情况：

◎ 拒绝某位上司或同事主动接近的女性从那以后就遭到排挤、侮辱或粗暴对待。这种性骚扰和精神骚扰的混合体存在于所有职场和所有级别中。它往往难以证明，除非有证人，因为侵犯者会否认。另外，大部分情况下，侵犯者不认为自己的行为不正常，他只把这视为“男子气概”。有时候，企业中的其他男性也认为这种行为是正常的。性骚扰往往不被重视，因为比起指出精神暴力，指出性骚扰使受害者感到更尴尬，尤其是当她已经屈从之后。

在一家大型行政机关中，一位由政界靠山提拔的男性部门主管多年来统治着一个由十几位女性组成的部门。他通过引诱、威胁或要挟占她们的便宜。那些反抗的或那些激不起他性欲望的女职员，无论能力如何，都被打发去做一些次要的工作。他不停地斥责那些女职员，使她们承担他的宠儿们的工作，尽管这样，他还是会批评她们。她们中比较脆弱的一位员工精神崩溃并企图自杀。于是，部门的所有女职员们，除了最新得宠的那位以外，联合起来提起了刑事诉讼。

领导层在丑闻曝光之前撤了这位部门主管的职，并对他予以纪律处分，因为他的行为不配做一名领导干部。

需要注意的是，在这个案例中，所有其他部门，甚至可能连领导层都了解这个部门的性压力气氛，但没有人做出任何表态，也没有人来拯救这些女性。可能他们认为这很正常。女职员们也保持沉默，因为羞耻或害怕，也因为她们知道没有人会支持她们。

莱蒂西亚是一家大型通信企业的高管。总经理好几次叫她去办公室待到很晚。每次都是一样的情节：总经理坐在离她很近的一张扶手椅上，对她说："跟我说说你的私生活！我想了解所有细节。我无法想象一位像你一样漂亮的女人会没有很多情人！"然后，用训斥小姑娘一样的口吻说："如果你反抗我，我将不得不严惩你！"随后，由于她试图逃跑，他就用更具威胁性的语调说："如果你不想对我温柔的话，你的升职会受阻的！"

◎ 除了那些接近性骚扰的精神骚扰方式外，还有针对女性的歧视。一些女性或被直接晾在一边，或被骚扰并且工作受阻，只因为她们是女性。在企业中，领导们不提性别对等或平等，尤其是在管理级别晋升时，他们只是说，女性不该申请需要承担责任的岗位。

在这家半公有制企业中，有一个"大男子主义"的传统，女职员们要晋升到管理岗位非常困难。因此，刚从一所名校毕业的年轻经理劳尔经常在部门会议上被一位资格较老的同事称为"我的美人儿"或"我的小宝贝儿"，却没有人提出异议。

女性没有受过用暴力的方式肯定自我的教育。人们教她们要顺从、要温柔、要有女人味。暴力和控制行为符合男性气概的标准，却背离了女性化的准则。在她们所受的家庭教育的戏码重新上演时，她们更容易在控制关系中被征服。她们应学会反抗和说“不”。

来自私营企业的安妮进入了一家大型行政机关。作为这一管理层的唯一女性，她不理解为什么她一来就被一种敌意的气氛所包围。一位被她抢了职位的同事开始调唆她的助理反对她，并散布谣言，说她轻视下属。另一位同事借口帮助调唆者，企图对安妮实施性骚扰。安妮没有反击，反而错误地向总经理报告。而她的上司却剥夺了她的预算资源，过滤掉她的信息，约束她的团队，直至给她安排了一个闲差。现在，没有人听安妮的，她的上司也不再给她分配任何工作。安妮将她所遭受的待遇归咎于她是一个女性的事实。

歧视性骚扰

我们几乎可以说，所有的骚扰都是歧视性的，因为它表现出拒绝人的差异性和特殊性的特点。歧视习惯于伪装，因为它是被法律禁止的，所以，它往往转化为精神骚扰。

出于种族或宗教动机的骚扰

如果歧视没有在招聘时表现出来，那么在要撤销某个岗位、选择哪个员工离开时，它可能会显现。法国刑法惩罚那些建立在真正或被猜测源于或属于某个族群或某个确定的国家、种族或宗教基础上的歧视（《刑法》第225-2款）。正因为歧视是一种轻罪，要监禁两年，所以骚扰某个员工并使他灰心丧气，直至自行离职，似乎更容易些。

针对某种残疾或疾病的骚扰

针对患有某种身体或精神残疾的人的歧视性行为有时不易察觉，因为它们总是被否认。原则上，企业应雇用一定比例的残疾员工。实际上，很少有企业能达到这个比例。

针对残疾人的骚扰有时表现为冒犯性地攻击其缺陷，但更多的是更微妙的行为。例如，只分配给他因其残疾而无法执行的任务。

因此，他们要求患有听力障碍、需戴助听器的让-吕克在一次非常喧闹的会议上做记录。

因此，他们不给患有弱视、在屏幕前工作的乔治提供职业保健医生建议的软件："如果你弱视，只要去做别的事就好啦！"

因此，脊柱严重侧弯的穆里尔在一次岗位重组后，被派往地下室搬运档案！

原则上，职业保健医生会介入，要求岗位考虑残疾人的需求，但残疾人自己不敢抱怨，因为他们害怕被宣布不适合任何工作。

针对性取向的骚扰

针对同性恋者的骚扰首先是一种来自同事们的群体骚扰。最近一位副市长给我们提供了一个实例，他接到几通匿名骚扰电话和几封威胁信，因为他表明了自己是同性恋者。

针对员工代表和工会代表的歧视性骚扰

不可否认，骚扰是摆脱不能解雇某人的一种方法，因此，员工代表们首当其冲。究其原因，是由于平日里他们不但受到保护，只有在劳动监察部门同意的情况下才能被解雇，而且他们还享受在工作时间内从事专门活动的权利。某些老板难以忍受这种情况，他们感觉自己在付钱让别人与自己作对。当侵犯变得更加个人化，工会歧视就变成了精神骚扰，他们针对的不再是工会干部，而是个人：

在我被雇用时，这家企业没有任何工会组织或员工代表。在其他员工的帮助下，我从入职后，帮助企业建立了这些组织。

一年前，作为工会代表，我拒绝签署一份允许领导层篡改工作权利并否定工会组织作为领导层对话者角色的文件。

他们当时采用的方法是企图借助员工中的某些人来对我施加影响。一切都很好：寄给我的工会的诽谤检举信、工作检查，把我说成“不愿意签字的坏人，因为我，他们将丧失利益……”，我都挺过来了，甚至还有更糟的！

我坚持了几个月，我的工会，还有我亲近的人——家人、朋友和一些工作中的同事——非常坚定地支持我。

然而，在我工作的部门中，我变成了害群之马。各种斤斤计较和图谋不轨，试图让我无法进行日常工作。我再坚强、心态再平衡也是徒劳，几个月来形成并愈演愈烈的侵蚀行为最终导致了我的精神障碍和健康问题（失眠、易哭、焦虑、心悸、恶心……）。

为了给诽谤我的流言蜚语以爆炸性的回复，我的工会推举我参加了劳资调解员的选举，我当选了。正是从那时起，麻烦变本加厉了。一年时间，我收到了来自我的雇主的38封信，其中28封为挂号信。它们几乎全部轻描淡写地把我作为工会代表和劳资调解员所行使的职权与我因为担任这些职务而“未完成的工作”混为一谈，尽管他们已经雇用了一名新员工来弥补我的缺勤。

我发现这一切开始变得无法忍受了！尤其是经历了一年多的这种骚扰的打击后，我很难控告这种打击，我的健康问题也变得更严重了。

第六章

骚扰方法

LES MÉTHODES DE HARCÈLEMENT

敌意行为

不同文化背景的作者已经对敌意行为进行了诸多研究。需要注意的是，他们所用的方法十分老套。唯一变化的是不同作者对敌意行为进行了不同分类。

而我重新将敌意行为分为四类，从最难察觉的行为到最明显的行为。

◎ 侵犯工作条件（全面反对目标对象做出的所有决定，对他的工作给予过分的或不公正的批评，总是分配超出他能力的任务，用无法执行的命令为难他……）。在这种情况下，侵犯者的目的是使目标对象犯错误，从而使他显得无能；这样，他们就可以对他进行各种指责，并最终找到使他离开的理由。这些行为往往出现在来自上级的精神骚扰中。如果这些行为很微妙，就很难证明其邪恶的意图，因为侵犯者可以简单地拿部门利益当挡箭牌：“我总是批评他所做的事，那是因为他的工作从来没有令人满意！”“他抱怨我分配给他无法执行的任务，但是以他的教育背景，他应该能够完成！”“他觉得我给他安排了太多工作，但这是因为他效率不够高，把时间浪费在跟同事们聊天上！”诸如此类。如果您没有按时上交文件，您如何证明他们没有给您提供合适的信息呢？

◎ 孤立与拒绝沟通（把某人晾在一边、拒绝同他讲话、不邀请他参加部门聚餐……）是受害者痛苦地感觉到但却被侵犯者淡化或否认的一些行为：“我没有不跟他讲话啊！”“我们来这里是为了工作，而不是为了社交谈话！”“我们把他安排在靠边的办公桌，是因为没有其他空位子了！”等等。孤立行为可能同时来自同事和上级。不向某人问好、不搭理某人是看似微不足道的一些行为，但它们造成的伤害却与日俱增。

◎ 侵犯尊严（嘲笑、轻视的动作、摧毁信心的话语……）往往能被所有人察觉，但却被认为责任在受害者一方：“她太易怒了，没有幽默感！”“好像我们不能跟他开玩笑似的！”“他是妄想狂，看谁都有恶意！”“像他那样的人搞出点儿事来，我一点儿也不惊讶！”这些行为往往来自有嫉妒心理的同事，而不是上级。目标对象很少能揭露这些伤人的话语、嘲笑和侮辱性的批评，因为他们感到羞耻，而不敢反抗。

◎ 口头、肢体或性暴力（用肢体暴力加以威胁、故意冲撞、高声辱骂、性骚扰、下班后在夜里打电话或寄匿名信继续骚扰……)。这种暴力出现在骚扰已经坐实且所有人都能察觉的情况下。在这一阶段，要么是受害者在很大范围内被污蔑成妄想狂却投诉无门，要么是证人知道发生了什么事，却因自身遭到恐吓而不敢提供支持。没有外部的帮助，受害者很少能够反抗这种遭遇。

回复问卷的人所抱怨的这几类行为的分布比较均匀：

* 侵犯工作条件：53%；
* 孤立与拒绝沟通：58%；
* 侵犯尊严：56%；
* 口头、肢体或性暴力：31%。

然而，应该了解，这种分布因骚扰的来源不同而不同，来自上级的骚扰更多地涉及工作条件，而来自同事们的骚扰更多的是侵犯尊严。孤立是上级和同事们都会实施的一种报复手段。

敌意行为清单

(1)侵犯工作条件

剥夺受害者的自主权;

不给他提供完成某项任务所需的信息;

全面反对他的所有决定;

不公正地或过分地批评他的工作;

不允许他使用工作工具：电话、传真机、电脑等;

收回正常分配给他的工作;

总是给他安排新任务;

故意频繁分配给他低于他能力范围的任务;

故意频繁分配给他超出他能力范围的任务;

给他施加压力，使他无法享受他的权利（休假、调休、奖金）;

使他不能得到晋升;

分配给他违背他意愿的危险工作;

分配给他不适合他健康状况的任务;

在他的工作岗位上搞破坏;

故意给他下达无法执行的命令;

不考虑职业保健医生提出的医疗建议;

促使他犯错误。

（2）孤立与拒绝沟通

不停地打断受害者;

他的上级或同事不再跟他讲话;

只与他书面沟通;

拒绝与他的任何接触，包括眼神接触;

把他与其他人隔离开;

无视他的存在，只与其他人讲话；

禁止其他同事与他讲话；

不再让他与其他人讲话；

领导层拒绝他的任何约见要求。

（3）侵犯尊严

用轻蔑的话语给他定性；

对他使用轻蔑的动作（叹气、轻蔑的眼神、耸肩等）；

使他失信于同事、上级或下属；

散布关于他的流言蜚语；

污蔑他有心理问题（说他有精神病）；

嘲笑他的残疾或身体缺陷；模仿他或把他画成漫画；

批评他的私生活；

嘲笑他的出身或国籍；

攻击他的宗教信仰或政治信念；

分配给他侮辱性的任务；

用淫秽的或下流的词语辱骂他。

（4）口头、肢体或性暴力

使用肢体暴力威胁受害者；

对他实施肢体侵犯，即使是轻微的，挤撞他，朝他摔门；

朝他吼叫；

通过打电话或寄信来侵犯他的私生活;

在街上跟踪他，在他家门前监视他;

对他的车搞破坏;

对他实施性骚扰或性侵犯（动作上的或语言上的）;

不考虑他的健康问题。

骚扰的不同类型

调查结果显示（在回答这些问题的186人中）:

* 58%的情况下，骚扰来自上级；

* 29%的情况下，骚扰来自多人，包括上级和同事；

* 12%的情况下，骚扰来自同事；

* 1%的情况下，骚扰来自下属。

关于骚扰来源的数据研究因发起者不同，结果也大相径庭。[1]

因为，一次针对全民的邮件调查或一次由职业保健医生在年度体检中下发的问卷调查，其招募的调查对象是不同的。

但我们还是得到了许多意见。比如，应区分来自雇主的精神骚扰和来自上级的精神骚扰。尽管他们应对其员工的行为负

1 详见前文中引自海因茨·雷曼、斯塔尔·艾纳森和安德斯·斯高斯达的相关数据。

责，但并非所有雇主，尤其是在大型集团中，都是其下属员工遭受的骚扰行为的来源。

关于混合骚扰，应区分作为行为来源的主要侵犯者和受环境驱使采取了敌意行为的那些人（例如，当被骚扰人开始在工作中犯许多错误时，他的同事们会因此感到厌烦；当被骚扰人变得“难以相处”时，他的同事们会因此受到影响）。

自上而下的垂直骚扰（来自上级）

我们刚刚列举的关于骚扰来源的研究结果根据发起者的不同而各不相同。我们可以想见，被询问者的招募方式可能导致调查结果发生偏差。

经验表明，来自上司的精神骚扰对健康的后果要比来自同事的水平骚扰严重得多，因为受害者会感到更加孤立，更难找到帮手。

某些发起者将来自上级的骚扰细分成几组：

◎ 恶意骚扰，其实施目的是纯粹无理由地摧毁他人或增强自己的权力；

◎ 战略性骚扰，其目的是促使某个员工辞职，借此避开解雇程序；

◎ 制度性骚扰，这是一种针对全体员工的管理工具。

这些分类看上去过于刻板，我认为似乎应进行更加微妙的区分。并非所有骚扰下属的上司都是出于恶意，正如我们将在关于侵犯者的一章中所看到的。另外，我将尝试在专门讨论有利于骚扰滋生的职业背景的一章中论证这一点。

要识别上级滥用特权的行为总是很难的。隶属概念本身就反映了一种不平等的关系，某些不太自信的或醉心于权力的经理可能会借题发挥，滥用职权，以驯服他人为乐。

水平骚扰（来自同事）

当两个职员竞争某个岗位或晋升机会时，水平骚扰很常见。

安妮进入一家中小企业，担任商务秘书，与她邻桌的女同事妮可负责培训她。她们工作权限相当。当安妮提出关于某个软件的问题时，妮可发牢骚说自己没法做别的事了，然后，匆匆地给安妮解释了一下，以至于安妮根本没有时间记录她的话。如果安妮再提出同样的问题，妮可会做出惊愕的表情："我已经给你解释过了！"几个星期后，安妮无意中撞见妮可正向上级打她的小报告："她确实学得很慢！我想知道她以前学没学过计算机！"最终，妮可利用了一份文件中财务方面的错误，指责安妮不诚实、弄虚作假。

起初，安妮不理解她这位同事的敌意行为。安妮质疑自己，并试图对妮可更好一些，直到那天，她遇到了被妮可逼迫辞职的前秘书。安妮意识到这不是自己的错，而是这位同事很可恶。

混合骚扰

即使是非常私人的事情，水平骚扰持续一段时间之后，往往会因为上级的不作为和纵容，发展成自上而下的垂直骚扰。上级因此是帮凶或变成了帮凶。

当一个人发现自己变成上司或同事的替罪羊时，这一称号很快就会传遍整个工作集体。此人被认为应对发生的所有事情负责。很快，没有人再支持他，即使某些人不赞同集体的观点，但他们也不敢表露出来。

我们将看到集体影响的重要性，它促使你追随一个领头人，即使他是个破坏者。

此外，一段时间之后，被称为“替罪羊”的人会感觉不舒服，他的行为会因此改变。他的确会变得难以相处，这也是他之所以被所有人抛弃的原因。

自下而上的骚扰

一名上司遭受来自一名或多名下属的精神骚扰很少被关注，然而却是同样具有破坏性的。这种情况下，受害者不知道该找谁来保护自己，当然不能找工会，但也不能诉诸法庭，因为法庭不会重视此类控诉。

在我的调查中，共收到了6份来自被下属骚扰者的答卷（答卷总数为193份），但我还收到了更多向我报告此类情形的信件。以下是其中一封来信：

我是一个老板，在精神上和管理上遭到我的一名员工的骚扰！我的噩梦是从她因公然违反医疗保密法的轻罪而被抓后开始的，她偷看了我的文件柜，在自己家接诊我的患者，卖给他们自称能包治百病的“神药”。因为这一严重错误被30多位患者投诉，我才不得不解雇了她。为了替自己辩护，她指控我对她进行了性骚扰！这件事立案已经7年了，因为她的律师永远没有定论，不停地推迟开庭。不算她找来的与她同属一个教派的教友所做的假证词，她还编造我没有经历过的情节、我不认识的人、我没去过的地方！……

尽管我的卷宗非常可信，还有多名证人，但我还是在无任何可证明的法律动机的情况下，被劳资调解委员会两次判定临时执行……第一次上诉法院的院长随后撤销了劳资调解员的判决，认为其具有“偏见性”和“潜在的法律错误”。

为什么会出现这种不公和这些错误？因为只要人们继续在媒体上谈论那个被坏老板性骚扰的可怜职员，而从不关心被敲诈钱财的阴谋诡计陷害的诚实老板，像我一样的无辜者就会继续经历这些噩梦。

这种反复的精神骚扰或间接的性骚扰的可怕之处在于，即使我用力地高声宣称我的无辜，人们也已经习惯于认为“无风不起浪”！比起一个自称遭受了以精神骚扰为目的的恶意诽谤的老板，一个自称被骚扰的女人有更多的听众。

回顾一下，我们可以区分出多种精神骚扰：

◎ 性骚扰的虚假指控。这是电影《骚扰》（*Harcèlement*）中描述的情形，也是这封信中描述的情形。这是指侵害某人的名誉，使他完全失信。因为在此类指控中，很少有证据，因此也几乎无法辩护。一次性骚扰虚假指控的破坏效果又因为这一现象的间接性而加强，而且如果有法律规定，破坏性可能更甚，因为指控方可以把对方告上法庭。现在就估量精神骚扰现象的间接性对虚假指控的影响还为时过早，但不可否认，这是用来攻击上司的一种引人注意的有效的恶意行为。

◎ 团体的集体反应。这是一个团体为摆脱一名强加给他们的或他们不喜欢的上司而达成的协议。这在一个集团被另一个集团兼并或收购时经常发生。领导层达成一致意见，与来自其他企业的干部们“划清界限”，这种分帮结派仅仅基于政治或战略的标准，而不考虑员工们的意见。员工们纯粹出于本能而对抗，以便赶走入侵者。如果领导层广泛采纳员工的建议，以战略以外的方式领导员工，就可以简单地避免此类骚扰。

频率与持续时间

当我们试图给出关于骚扰在某个整体人群中出现的频率的数字时，应就其定义达成一致。在定义精神骚扰或“围攻”时，如果我们严格参照《雷曼心理恐怖手段详单》（*Leymann Inventory of Psychological Terrorization*）和海因茨·雷曼定义的45种行为，给出的数字将在3%和7%之间。如果我们在最微妙的行为中考虑精神骚扰，正如我和其他一些法国研究者所做的，我们通常会得到一个近似于9%到10%的数字。如果我们要求人们以完全主观的方式说出他们是否已经感觉到被骚扰，正如最近一份杂志所做的，我们得到的数字可能高达30%……

在斯特拉斯堡进行的研究给出的普遍性为9.6%，而PACA大区的普遍性为8.4%。

由于我的调查针对的是承认自己是骚扰受害者的人，我未能收集到关于骚扰在全体劳动者中发生频率的任何数据。

在我的研究中，骚扰的平均持续时间略大于3年（约40个月）：

* 低于6个月的骚扰：3.5%；
* 6个月—1年：11%；
* 1—3年：45%；
* 大于3年：40.5%。

在瑞典所做的研究（雷曼，1996年）和在挪威所做的研究

（艾纳森和斯高斯达，1996年）中，骚扰的平均持续时间分别为15个月和18个月；雷曼在瑞典进行的另一项研究和察普夫于1999年在德国进行的一项研究得出的结论是大于3年。这与调查对象的招募方法有关。针对自定义为被骚扰者的人所做的研究，如我的研究，主要集中于一些比普通人群中的研究结果严重得多的骚扰行为。

公共部门与私营部门的差别

应注意，骚扰持续时间在公共部门与私营部门中大相径庭。公共部门中，骚扰可能持续几年，甚至几十年，而在私营部门中，骚扰持续时间很少超过一年。

在公共部门中，由于薪水一般比私营部门低（但现在不完全是这种情况了，重要的是工作稳定性），公共部门的职员原则上不能被辞退，也不会自行辞职，因此骚扰持续时间要长得多。可能正是由于这种原因，关于“围攻”或精神骚扰的研究才从那些职员保护法非常完善的国家开始，而在那些几乎不存在工作稳定性的国家中，研究还处于摸索阶段。

暂停工作

调查结果证实了我们已有的临床经验，即受害者的健康后果是引人注目的。

在193位回答问卷者中，74%的人曾暂停工作，其中131人明确指出了他们暂停工作的时间：

* 23%的人暂停工作不超过1个月；

* 23.5%的人暂停工作1—3个月；

* 36%的人暂停工作3个月—1年；

* 10.5%的人暂停工作1—2年；

* 7%的人暂停工作2年以上。

由此得出平均每人暂停工作138天。

精神骚扰行为从表面上看似乎无关痛痒，但它给受害者的身心健康带来了破坏性的影响。因为，我们一般都能承受一定量的敌意，除非这种敌意是永久性的或重复性的，或者我们被置于一种无法反抗或自我辩护的处境中。

哪些是加重因素?

精神骚扰行为对受害者产生的后果的严重性取决于受害者的身份、与当事人之间的关系以及该行为牵连的人数：

◎ 如果这些行为来自针对某个人而结盟的团体，而不是来自某个个人，其影响会更强烈。

◎ 来自上司的骚扰比来自同事的骚扰更严重，因为在这种情况下受害者通常会感觉他可求助的人更少。

◎ 针对某个被孤立的人的真正意义上的精神骚扰与性格

有缺陷的上司针对整个团体的粗暴管理相比，前者对健康的长期后果更严重。在后一种情况下，受害者们可以联合起来集体投诉和自卫。

◎ 精神骚扰对健康造成的后果的严重性取决于：骚扰持续时间、侵犯强度、受害者的脆弱性。（这里的脆弱性是指一个人因先前的一些侵犯行为而变得脆弱，或缺少家庭、朋友的支持，或侵犯发生前自尊心已受损。我们会在第三部分中详细论述这一主题。）

我们怎么重申都不过分，很明显，这不是同一种情况，一种是被一个性格有缺陷的上司集体辱骂和粗暴对待的某一个团体；另一种是某个被同事孤立的人，因一些小动作被侮辱和贬低，直至被一个同事或一个上司说服，确信自己无用。然而，要将真正意义上的精神骚扰与粗暴管理非常明确地区别开来，有时也不是一件容易的事，因为两者之间存在一些过渡因素。例如，我们可以看到，在集体管理比较粗暴、对员工缺乏尊重的企业中，一些心术不正的个人利用不尊重人的大环境更有力地打击一个同事，从而使自己上位。

后遗症及其余波

在36%的情况下，骚扰之后跟随着被骚扰者的离职：

* 在20%的情况下，此人是因工作失误而被辞退；

* 在9%的情况下，此人为协议离职；

* 在7%的情况下，此人递交了辞职信；

* 在1%的情况下，此人被提前退休了。

如果将这些数字加上30%休长期病假的、丧失工作能力的或因健康状况不适合而失业的人，我们将看到，总数为67%的人实际已被排除在职场之外，至少是暂时的。

这些数字令人震惊，而且仅凭它们就可以证明需要采取预防措施了。

在那些再就业困难的失业者中，某些人仍保留着与失业前遭受的精神骚扰相关的暴力痕迹，其可能表现为从创伤后压力到丧失归属感的一些症状。他们丧失了自信，变得过分多疑或只是沮丧，他们不再愿意付出任何努力去获得新的工作。

帕斯卡，55岁，离异无子女，在失业一段时间后，被一家小企业雇用，担任总经理秘书。因为喜欢这份工作，她全身心地投入工作。她午休时间经常不去吃午饭，每天下班都晚走。四年后，当领导层换人时，事态开始逐渐恶化，她真的不明白为什么会这样。她发现自己被工作淹没，却从来无法按时上交她的文件。她自责不再能胜任工作，为了挺住，她还过量服用维生素。后来，她的上司开始公开监视她的出勤，不管她做什么，都一律批评她。被老板青睐的其他秘书们也开始回避她。一天早上，帕斯卡发现自己办公桌上的所有重要文件都不见了，却没有人通知她。身心俱疲的帕斯卡感到工作不再像以前那样可靠，时常担心在工作中出差错。最终，几个月后，她因工作失误而被辞退。

两年后，帕斯卡一直没找到新工作。她认为自己再也找不到工作了。另外，她也不再想工作，因此也没正儿八经地去找。她不再有自信，不再知道自己还有什么价值。因劳资调解委员会认定她被辞退是一种滥用职权行为，她依靠从劳资调解委员会得到的补偿金维持生活。因为要靠这笔补偿金一直坚持到退休年龄，所以她不断缩减自己的活动和开支，无精打采地生活，什么也不做，什么也不想，也不见任何人。“我没有什么要对任何人说的，也不再有人对我感兴趣！”

这些暴力的创伤构成了谋求新岗位的障碍。因为对自己没有自信，这些人不能重拾足够的活力，去寻找一份新的工作。

玛丽在遭受了一场长期的精神骚扰后被辞退了。她因此丧失了所有的梦想和自信。

在此之前，她一直维持着一定的生活水准，尽管她在丧偶后生活水准有较大的下降，但她从不攒钱。被辞退后，她没有及时登记失业，因为她无法相信这一事实。当她开始找工作时，她非常不安，以至于屡屡受挫。

她没有告诉家人她失业了。她搬到了郊区一所较小的公寓中，卖掉了自己的家具和首饰。她吃得很差，还拒绝治疗。她拆东墙补西墙，支付各种费用。她不再出门，不再见任何人，这样就不必解释她的处境。

这些做法给员工（失业的人没有了收入，医疗费用无法报销，自己负担心理治疗费用并支付律师费）、企业（因员工经常缺勤而丧失了生产力，其他员工也消极怠工）和地方政府（社会保障部门承担的医疗费用、住院费用、失业补偿金和提前退休补偿金）在经济方面都造成了不可忽视的负面影响。这意味着，对一个国家而言，这个数字将不下10亿。

精神骚扰也是一种在整个社会中蔓延的不安、恐惧和不稳定的气氛。在全球化和企业合并重组时期，这些行为会导致人们丧失自信，最终离开职场。

第七章

某些行业的特点

SPÉCIFICITÉS DE CERTAINS SECTEURS D'ACTIVITÉ

尽管只要组织形式允许，骚扰就会发生，但在有些工作场所情况更糟。

所有研究都证实，骚扰在第三产业、社会医疗行业和教育行业中更易发生，即那些因工作任务不确定而总能找到批评理由的行业。而在生产行业，尤其在技术性生产行业，骚扰现象则较少。

答复我的问卷的受骚扰者所属的行业分布如下（过于细分的行业所占的百分比在此不加以罗列，这也解释了总数未达到100%的原因）：

* 管理、会计、行政职位：26%；
* 卫生：9%；
* 教育：9%；
* 营业窗口、信息输入、电话总机、秘书处：9%；
* 研究、设计、工艺、信息技术：9%；

* 高层管理：6%；

* 生产、制造、施工：4%；

* 安装、维护、修理：1%；

* 保洁、园艺、家政：1%；

* 搬运、仓储、运输：1%。

在此，我只讨论那些有必要加以评论的行业。

公共服务行业

调查显示，私营部门与公共部门的回复率相同，正如所有其他调查所确认的：

* 私营部门占50%。

* 公共部门占50%（42%为正式雇员，2%为合同雇员，6%为国有企业雇员）；

但是，由于私营部门和公共部门的就业人数不同（政府雇员占就业人口总数的25%），我们可以推算出，精神骚扰在公共部门占主导地位。

此外，精神骚扰在不同行业的表现形式不同。在私营部门，它更加粗暴，持续时间更短，往往因受害者离职而终结。在公共部门，精神骚扰可能持续几年，有时甚至几十年，因为原则上，这里的雇员受到保护，除非犯了非常严重的错误，否则不会被解雇。因此，精神骚扰在公共部门内更加有害，对受害者的健康乃至个性都将造成悲剧性的结果。（在公共服务行业针对这一主题进行专门的研究是有意义的，条件是研究不受任何压力的干扰。[1]）

由于公共服务行业的使命与公共财产相关，这里发生的滥用职权现象似乎也更加触目惊心。我们清楚地看到，精神骚扰与生产力无关，关乎权力角逐。在这种情况下，我们在指责与资本主义和全球化相关的利润竞争的同时，不能开脱人的责任，我们只能把它归入基础心理学的范畴，那是一种促使个人控制并想奴役他人的征服性冲动。

如果组织光明正大、坚不可摧，人的偏差行为就会得到控制，滥用职权也会得到惩罚。但行政机关是一部沉重的机器，人们身处其中，责任感逐渐淡薄。

在公共职能部门中，任务不容易评估；雇员们没有参照标准，因为上级没有给他们确定长期目标。上级要求他们处理一定数量的卷宗，却不告诉他们为什么，也不关心他们需要哪些手段来完成工作。某些部门的工作太多，而且往前赶工，为的是获得最大限度的预算；而另一些部门却无事可做……

在公共职能部门中，滥用权力现象频繁发生。例如，这可能表现在下属岗位的分配上，因为人们是通过自己的下属员工

1　参见D. 夏勒比（D. Sialpi），《公共行政机关里的暴力》（*Violencia en la administration publica*），Catalogos出版社，1999年12月。

人数来衡量权力大小：“那个人归我管！”“不，他是我的！”而在另一些部门，主管们决定雇员的去留，却并不认识他们，也不知道他们工作表现如何。

我们了解到，某些曾经对公共服务行业满怀抱负的公务员们逐渐感到气馁。在一家大型行政机关的网站上刊登的这篇文章即为一例：

围攻，我在我工作的地方天天见到。我用我的武器在战斗。但我受不了这些：骚扰、向上级打小报告、冒用我的签名、心理压力……什么事都有。最糟的是，自从这位主任上任之后，某些人就开始承受来自这位“上帝”的一种或多种形式的压力。他是组长兼主任，一个人说了算。对我们为所欲为。

是的，我反抗了，但很艰难！某些人支持他，其他人三缄其口，或者装作忘记。这怎么可能？唯一一个敢投诉骚扰行为的人已经被赶出了这个部门。

他拥有一切权力。他上面唯一的一个人是局长。但我要揭露某些人肮脏的、令人作呕的行为。“多亏”我的位置，我看到的都是丑事，完完全全的丑事。他上任后，已经有十多个人离开了，还有好几个人得了抑郁症，等等。他很强势，这是当然。但我们的领导们为什么不睁开他们的双眼呢？他们还在等什么？我不理解。

而且，最令我不齿的是，同事们也参与了这种丑恶的行径。

“分而治之”，我确信这行得通！他已经证明了这一点……

行政机关中的恶行并不比私营部门中的更多，但横行的时间更长，因为受害者既不能通过辞职也不能通过正式的解雇程序逃离它。如果一个人与直接上司相处困难，则他不应过分依靠官方调解，因为他很难向更高级别的领导投诉。人们之所以采取诉讼手段，仅仅是为了使自己的观点被人听到。

当精神骚扰来自直接上司时，它首先表现为考评分数下降或止步不前。由于薪水的增加不取决于能力，而是取决于一张职业晋升表格，因此作为晋升更高一级的标准之一的考评分数与雇员们息息相关。在某些机关中，职员的这项分数总是最高分，除非受到了处罚。但是，当一个人得了一个低分或一个差评时，他便连参与过分激烈的竞争的机会都没有了。上司可能会在各个岗位之间散播他的恶名，堵住他的职业晋升之路。

妮可在一家行政机关工作。她从未遇到过任何问题，直至她宣布自己怀孕了。她的上司因此表现得非常恼怒，他修改了年度计划，让妮可在休产假之前把所有大卷宗都整理完。她于是被工作淹没了。产假结束返岗后，上司建议妮可调到一个更清闲的部门去。她拒绝了。从那以后，她的年终评分一路下滑，当大家的得分都像往常一样超过19分时，她只得了16分。她向上司讨说法，上司指出她工作效率不高，而且不懂得沟通，工作时心不在焉。上司要求她振作起来。在工会介入后，妮可的评分提高了，差评也从她的档案中撤掉了。后来她调到了另一个部门，在第二次请产假之后，她又遭遇了同样的评分问题，同时还收到一封信，新的主管在信中指出，他同意上一位主管的意见，即妮可对待工作心不在焉。谁有道理？是不是妮可在两次产假之后的确对工作心不在焉了呢？这可能是真的，但在这种情况下，主管为什么不在她做得不好的时候提醒她？她没有收到过任何提醒信或警告，没人想要理解她的难处，也没人试图帮助她。

妮可把这视为一种背叛，无法释怀。她最终接受了上司给她的负面评语，并因此感到耻辱。于是她开始请育婴假，并不断续假。

假设上级做出的批评是真实的，那么他们在批评时也完全没有考虑到受到批评的人会有什么感受。

在与上级或同事发生矛盾时，人们所能做的只有申请调动。但是，从申请调动到被批准可能需要很久，在这段时间内，受害者别无他法，只能以请病假的方式来逃避困境。

闲　差

调动一名雇员并不容易，无论是出于武断的理由，还是在关系不和或能力欠佳的情况下。于是，领导往往会采取其他策略来摆脱他。

派闲差就是一种隐蔽的骚扰形式。某人被抛弃，是因为不再适合他所在的岗位但领导又找不到指责他的具体理由，或者是因为在与上级的一次冲突后，他被认为不再“符合”组织的精神。领导宁愿付给他薪水让他闲着，直至他离开，只要他不掀起风浪就好。

在某些原则上实行人员聘用终身制的机关里，领导会告诉某个员工，他已经没有任何用处，他之所以待在这里，是因为他们无法摆脱他。

正因如此，在公共服务行业，领导有时会找刚毕业的受过更现代的培训的年轻人来做工作，同时保留那个年龄太大的名义干部，但不给他分配任何工作。领导留着这个人，仅仅因为他是企业的回忆，而他也因此尊严扫地。如果这是一名高级干部，领导会用一个荣誉头衔，如“专员”，来掩饰这种排斥行为。

即使是一个待遇很高的闲差，这种自恋的侵犯也是悲剧性的。除了工作以外，受害者还丧失了认同感，因为认同感很大程度上来自我们所做的事。这也导致了人际关系的丧失，因为当一个人什么也不做时，他就不再承担任何责任，当在走廊里或自助餐厅里遇到同事时，他该说些什么呢？这种尴尬是相互的，很多被派闲差的人说，人们的目光躲避他们，也不再有人同他们讲话。

人们会因被派闲差而感到羞耻，因为这暗示着他们犯了过错或不再胜任工作。

最背信弃义的恶意侵犯发生在某人过于明显地谴责同事或上司的行为之时，正如我在前一章中谈到的“检举者”的情况。揭发滥用公司财产或有财务违规行为的人会被指责性格有缺陷或私生活不检点，这会使他的证词失信。

阿德里安是一位一丝不苟的公务员，他试图在机关中树立自己无懈可击的形象。来到新岗位后，当看到一个同事与当地企业之间有一些涉及巨额款项的违法行为时，他感到很愤慨。这个同事在被他谴责后，害怕被告发，就孤立他，妨碍他的工作，在其他同事那里诽谤他，还威胁会要了他的命。他利用阿德里安休病假的机会，散布关于他的谣言，并破坏他的工作。阿德里安意识到这一点后，以激烈的方式反击，结果被叫到纪律委员会——委员会决定把他调到另一个城市去。

从那之后，阿德里安不再据理力争，而是自甘堕落了：抑郁、酗酒、家庭破裂。他知道自己有理，但不知道如何让别人听他辩解。

在一次心理治疗后，阿德里安决定请一位律师。这位律师发现对他的纪律处罚中有一些不合法的地方。这可以使阿德里安获得特赦措施，但他不想这样做，他想找回自己被无视的名誉，想要彻底平反。一年后，上诉委员会发布通知，认定纪律处罚程序处理不当。现在阿德里安在等待行政法庭的判决，他待在家里，没有任何其他计划，思前想后，谈论自杀或绝食：“我现在自杀还太年轻了！”

正如我们在这个案例中介绍的，一个人想要执着地指出机关的运转问题，重要的是，他必须能挺住，不被这场战斗拖垮。从提出异议到起诉，从起诉到上诉，其间他不可能回头，也不应该认输。

机关中的卡夫卡

即使最初不一定是出于恶意，行政“机器”有时候也会任由一些本来只是单纯争执、完全可以由当事人自行解决的情况转变为精神骚扰。但恰恰相反，人人都拿制度或规章来当挡箭牌，这样，他们面对的就不再是一个受害者，而是一枚碍事的棋子。

无论排斥的起因是什么，如果没有人介入，排斥行为会自行扩大。这种很难独自抗争的制度虐待在一个等级过于森严、周围人无动于衷的环境中会加重。

杰拉德是一家国际行政机关中的高级官员，他是仅次于行政总监的“二把手”。一次政治和战略冲突把他推到了行政总监的对立面上。从那以后，总监不再指责他，但也不再邀请他出席会议，他没有了预算，没有了助理，而且失去了同事们的信任。他发现自己不得不自卫，于是提出了申诉，并向行政法庭提交了诉状。

领导建议他撤回诉状，停薪留职两年，然后提前退休，领取相当于他现在收入1/3的养老金。如果他接受这一安排，就不能再提出异议。

杰拉德知道，接受就等于认输。他担心自己的形象会因此毁掉，但如果拒绝，他可能会得到辞退处罚，没有退休金和社会保险。无论如何，他只能依靠行政法庭给他平反，也就是说，在两至三年之后。他的律师们认为他的案卷很容易辩护。

杰拉德选择不让步，但这也引起了他内心极度的不安。他很清楚自己的处境很难，因为他不是同一个敌人战斗，而是同整台行政机器战斗。现在人们对他的主要指责是他通过起诉攻击了体制。

他的健康状况每况愈下。他表现出抑郁的状态，还伴有糖尿病、高血压和心脏病。

法庭要求杰拉德书面陈述所经历的一切，但他非常焦虑，以致无法集中精神，记不清事件的时间顺序。当他被申诉委员会传唤时，他只有几天时间准备自己的辩护词，并且感觉无法前往这个设在他工作地点的委员会。这个地方唤起了他内心深处的厌恶和不适之感。该委员会在他缺席的情况下召开会议并做出裁决。

于是传出一些风言风语，说杰拉德对一位秘书实施了性骚扰。人们还说他什么工作也不做（事实上，那段时间他被派了闲差，工作受阻）。谣言满天飞，即使给杰拉德就地平反，他感觉自己也无法再找到一个正常的职位。他的老关系中大部分人认为无风不起浪，别人这样攻击他，应该是有理由的。根据托马斯（美国社会心理学家）定理："如果某人相信某件并未真正发生的事，其结果与此事已经发生的结果相同。"

他再也找不到任何依靠。他的健康状况持续恶化。

就在这时，他被通知自己因纪律原因（与其上司们关系不佳）被辞退了。因未能收集齐资料来完成自己的案卷，他又陷入行政违法境地。他不再有社会保障和补偿金。尽管与杰拉德关系不好的总监已经退休，但管理层的敌意仍继续存在。人们清查了他的个人物品，好像是怀疑他偷窃，杰拉德将此视为又一个令人恼火的措施。随着责任的削弱，没有人关心他的遭遇。

在几次外部力量介入之后，最高管理层最后给他发了一封邮件，宣布：出于人道主义原因和例外处理，同意恢复他被剥夺的疾病保险。

杰拉德被打垮了，他的健康状况进一步恶化。他说这个痛苦的经历摧毁了他的全部创造力和决断力。他不再能集中精力，丧失了全部效率，害怕所有尝试，把所有的事情拖至最后一刻。他逃避任何有权力的人，因为担心被拒绝。

无论是什么原因导致了他的失宠，杰拉德已经成了无情的行政机关的受害者。一个行政机关不是一个人，它没有同情心。即使他犯了特别严重的错误，与之相比，他所遭受的荒谬的对待也完全不相称。

在公共服务行业中，一旦某个人与众不同或被认为是捣乱分子，人们就倾向于给他贴上精神疾病的标签："您太累了，抑郁了，去治疗一下吧！"起初只是来自某个负责人的刺激或恶意，后来因不愿违逆上司命令的其他人的无视或怯懦，这种刺激或恶意继续并扩大。对于人事主管而言，要处理某个找麻烦的员工的简便方法就是让医务人员介入，让此人休长假或判定他丧失劳动能力。就是这样，人们把社会问题变成了真正的精神病问题。

塞西尔在一家公共服务机构的营业窗口工作。那一天当她申请集体劳动协议时，她拒绝周六上班，于是她的上司开始让她过上了地狱般的生活。除了批评她的工作外，上司不再同她讲话，还为了鸡毛蒜皮的小错误威胁要处罚她。上司把她看作傻瓜。一天当塞西尔又遭到批评时，她感到不舒服，不得不住院治疗。

出院回来后，领导禁止塞西尔返回营业窗口，并向她解释说，因为她身体虚弱，他们更想给她安排一个远离客户的岗位。塞西尔对这个安排不满，又病倒了。

在返岗体检时，起初职业保健医生宣布她适合工作，后来却改变了主意，指出她因行为障碍暂时不适合工作。她的内科医生于是延长了她的病假，等待专家的意见。

塞西尔因此等了几个月，等待别人来裁决她的命运。职业病科医生最终宣布她适合工作："这是一次职业冲突，您没有病！"但是，在她被宣布适合工作后，社会保障监督医生仍然拒绝支付她日赔偿金；而塞西尔也因此不能立即重返岗位，因为她得等待职业保健医生的召见。

地域性公共职能部门

在市镇、省、大区，国家公务员们经常看到一些新当选者走马上任，他们没有接受过所要承担的职责方面的培训。

在第一时间，当选者们会任用合同制雇员，他们需要有了解工作的人干活儿。然后，一些人很快就自学成才了，而另一些人却试图通过回避回答直接问题和窃取现场干部的工作成果来掩盖他们的无能。公务员不能表现得太自信，因为当选者可能会因此嫉妒他。如果这名合同制雇员与上一个属于另一个政治派别的团队合作默契，局面就会更加糟糕。在这种情况下，当选者会不信任他，并始终怀疑他的忠诚度。

我是某市政厅的部门主管。前四任部门主管都是被迫离职的，每一次都留下更无组织的部门、更不顺利的局面和深受精神创伤的团队，他们不再信任任何人，消极怠工。这种情况每次都会重演：今天，轮到我来面对这样一种恶意的、破坏性的、潜伏的、难以言表的暴力。

这个部门的当选者在本市有极大的权力，这一权力大大超出他的管辖范围。秘书长（在我俩关系还不错的时候告诉过我）是他的卑鄙命令的执行者。在我担任领导期间，这个团队遭遇了职位变动、无法完成的强加期限、未得到应有的尊重等打击后，变得无所适从。

米里亚姆的故事如此老套，以至于许多市政厅职员都从中找到了自己的影子。

米里亚姆担任某市政厅财务部负责人已达15年之久。个性强势的她因从不任人摆布而出名，但新市长不承认女性除了执行命令外还能做其他事。自从新的市领导班子上任之后，第一年先是隐蔽的骚扰，随后更直接、更明显。他们对米里亚姆的工作一律持怀疑态度，当着她的面向别人评论她的行为：“如果她在私营企业也像在这里一样跟上级对着干，她毫无疑问会被孤立！”当他们知道米里亚姆来自非洲西北部的马格里布地区后，就开种族主义的玩笑，还发警告信（几乎每月一封），暗示她尸位素餐。任何时候，她都无法去讨论那些违规行为，因为在这个市政厅里，领导们拒绝与合同制雇员直接对话。与她一起工作的上司平常都通过公函交流，但只要有一丁点儿问题，这位上司就会朝她大吼大叫。他质疑米里亚姆的诚实度，暗示她可能将信息透露给了反对派。

这种情况持续了几个月后，米里亚姆崩溃了，她的内科医生给她开了假条。她决定自我辩护。当她联系的省工会要求市长做出解释时，市长否认了问题的事实存在："不存在冲突，都是这位女士自己编造的问题！"

当米里亚姆在病假后重返岗位时，她决定记录下所有违规行为。自从她在接受处罚时威胁市长要揭露她所知道的所有舞弊和贪污行为后，她才开始摆脱骚扰。

军　队

在军队中，有许多暴力事件，但由于等级森严，这里的暴力事件比起其他地方更难被揭露出来。如果有人想揭露某位士官的不公或虐待行为，他们会让他闭嘴。军队被冠以"大哑巴"的绰号，并非浪得虚名。

军事机关比其他行政机关有更多的繁文缛节，它拒绝等级体系外的任何沟通。需遵守慎重、严谨义务的军人们在遭到上级的指责或精神骚扰时，没有任何方法为自己辩解。如果他们抱怨，感觉受到威胁的将是整个军事机关。

尼古拉，40岁，是一名高级军官。在随调动而任职的不同岗位上，他从未与上级发生过矛盾，直至他来到一个结构非常严密的部门，这里的主管因特别苛刻而出名。工作任务很重，但尼古拉没有抱怨，因为他喜欢工作，而且与同事们相处融洽。从一开始，他的主管就将所有有价值的任务都据为己有，并想方设法使他陷入困境。当他申请参加一个享有盛誉的活动时，他的主管瞒着他做了手脚，让活动方选了另一个人。后来，当一份报告出错，可能让人以为尼古拉没有做好工作时，他的主管私下承认了错误，但没有在会上纠正，这使尼古拉受到了上级的警告。他的主管一直截留他的信息，监视他的所作所为，在下属面前质疑他所说的话。他的工作做得越好，他的主管干扰他就越多。在一次考评的前夕，主管给尼古拉放消息说自己会找他的茬儿。当尼古拉请求与更高一级领导谈话时，他们只是告诉尼古拉："他是您的主管，您必须要服从他！"厌倦了被排斥的尼古拉要求调往另一个岗位。他们拒绝了他，因为没有人愿意代替他到这位主管手下工作。

尼古拉开始反击。当他的主管为了方便某人而进行了违规的安排时，尼古拉干预了此事，想阻止主管。但他的主管还是做了，尼古拉向上级领导反映了这一情况，领导认为他有道理，但拒绝在他的主管可能采取的报复行动中保护他。果然，刁难接踵而至。

尼古拉崩溃了。他去看职业保健医生，并向工会投诉。上级领导告知他，他的做法是不恰当的，投诉本部门中的某个人就等于给他所在的整个职业团队泼脏水。从那以后，人们把他看作病人，看作一个“麻烦制造者”、一个影响部门顺利运转的人。

一名军人与他的一位上级之间发生矛盾是很常见的，但直至今日，军人们都无处倾诉，因为他们会被推回给另一名军人——他们的上级。国防委员会的两位议员最近向国防部长建议，设立一个军队人事调解员的岗位，聘任一名文职人员，负责对人事管理，即纪律、晋升或调动，提出意见。

社会医疗行业

所有研究都指出，社会医疗行业的精神骚扰特别严重。

对英国东南部的一家社区健康服务所的1000多名医护人员进行的调查表明，38%的医护人员、行政管理人员和勤杂人员遭遇过一种或多种形式的精神骚扰，42%的人目击过针对他们的同事的专横行为。[1] 25%的受害者曾试图采取行动来摆脱苦恼，但大部分人都对结果感到失望。

这个行业的工作条件，无论是从身体上还是从心理上，都特别艰苦。我们委托医疗人员管理我们的痛苦、疾病和死亡，

1 参见《英国医学日报》（*British Medical Journal*），1999年1月23日。

因为我们猜想他们受过这方面的培训，会与这些状况保持必要的距离。

医院自古以来就是等级森严的组织，然而在这里，医生们的身份例外。由于他们不受医院领导等级权力的管辖，当两个部门主管发生权力冲突时，没有人会来调解。最近的一则社会新闻表明，医生之间的冲突可能对医疗机构和患者造成悲剧性的影响，然而没有人敢推翻这种现状。

让娜在获得医学博士学位后，满怀信心地选择从事医疗事业。她与和她同级的同事亨利一起，在一家当时有点儿落伍的医院里创建了一个先进的医疗部门。年长的亨利被任命为部门主管，尽管他俩做的是一样的工作。七年来一切都很顺利，直至让娜通过了考试，获得了比她的年长同事更高的资质。与此同时，让娜凭借她的资质，从事教学工作，参与著作出版，并开始获得一些名誉。

亨利嫉妒让娜，试图通过多份质疑她的部门报告来诋毁她。亨利不批准让娜的休假申请，每次让娜缺勤，他都向管理层打报告，还要求护士记录让娜的来去时间。亨利的做法导致让娜很不安，并开始出错。亨利最终把让娜移送到纪律委员会。随后的调查没有发现让娜有任何工作过失，结论是同事间的冲突。

不久后，亨利退休了。按照逻辑，让娜作为本部门最老的负责人，本应接替他的职位，但亨利的众多报告已经给这块阵地布满了地雷，部长更希望某个有政治靠山的人来担任这一职务。

新来的主管，甚至没有要求见让娜，就把她从部门人员名册中删除了。随后，他限制让娜的责任，直至让她没有足够的工作可做。让娜随后收到了一封挂号信，信中指出她工作不够努力，将要给她减薪。让娜采取了多次行动，寻求工会的帮助，但这只令她与新主管的斗争更加艰难，新主管挑剔所有的公文，目的是排挤让娜。他甚至要求为了部门的利益调离让娜。这一调动请求被管理层拒绝了，因为没有任何针对让娜的明确指责，也没有发现让娜有明显的过错。上司于是把让娜移送纪律委员会，告她没有尽到工作义务。结果，让娜在服务20年后被撤职了！

让娜因此得不到任何补偿，因为她的情况不寻常，管理层也没有相关规定。三年来，她的财务状况很艰难，尽管人们经常召见她，确认她是否在找工作。行政法庭最终裁决，让娜有获得补偿的合法权利。两年后，她在行政法庭赢得了上诉，法庭承认对她的撤职是一个违法的决定，未遵守法律程序。

在让娜被撤职多年后，医院建议她重返工作岗位。但该给她一个什么职位呢？医院给她提供的职位是要求她作为一个新手重启职业生涯。她不再有那个干劲儿了。她已筋疲力尽，失去了动力。这些年的痛苦经历已经掏空了她的生活。她的痛苦最终使她的朋友们感到难堪并疏远了她。在职业上，她正逐渐变得无法融入。如何重拾自信并积攒重新出发的足够精力？为了找到解决方案，部长现在想把她强行安排到另一家医院去，但那里的院长不想要她。让娜知道，如果自己接受了这一安排，将重新被晾在一边。

在让娜的案例中，始终没有明确提出的指责。就算她行为不恰当，也没有人在任何时候给她提出改正的方法。管理层承认这是部门运转的问题，但没有人尝试充当调解员来改变这种局面。这很快就发展成一种怪诞的情形。她独自一人如何能对抗现行体制？如果让娜被确认为精神失常，或如果主管层能找到一个严重的错误来指责她，这种排斥可能更单纯。但是什么也没有，让娜被认定“无罪”，原则上恢复了职位，但她仍然会被孤立。

医院也变成了企业，这里的工作负荷不断增加。技术进步创造了表现自我的技术舞台，但也给医护人员带来了更大的压力。如其他地方一样，这里也需要提高生产力，考虑经济限制，改进对患者的医疗服务。

在医院里，护士同时听命于总监和医生，这就造成了混乱，从而导致误解、烦恼和滥用权力。另外，护士常常抱怨医生不承认她们，给她们安排一些令人不快的工作。而患者对医护人员也越来越苛刻，他们有时吹毛求疵，甚至咄咄逼人。当一个同事遇到困难时，如何在照顾患者的同时帮助他？

接触疾病和死亡会触动医护人员，他们尽自己所能做出反应，有时候以玩世不恭的态度防守。有些人失去了动力，在这种情况下，他们表现出对患者越来越不关心的态度，满足于循规蹈矩，甚至玩忽职守，暴力横行。

于是工作中的困难暴露了出来，某个人可能背上污点。不正当的言语、蔑视的动作和团体的排斥接踵而至。

在一些照顾体弱者、残疾人或老年人的护理机构中，对患者的虐待有时甚至制度化了。那些想要检举的人几乎必定受到骚扰。夹在堕落的大环境与被虐待的个人之中的人也会变成靶子。

以下是索尼娅写给我的信：

孤独，可怕的孤独！面对他人的死亡，面对他人无法忍受的痛苦……我却可怕地活在我的白大褂里。在白大褂里，我感到如此无能为力。

问题是那些有能力的人却把他们在工作中的故意不作为推卸给没有能力的人。

我无法下决心担保部门主管无视患者尊严、反复危及患者生命的行为，她在无医生处方的情况下滥开安眠药和抗焦虑药，而不是让我们去跟病人进行沟通。她企图在协助一位患者上洗手间时对她施虐，这位患者身上还留有这次受虐待的痕迹。她不做自己的工作，这就算了，而她还用各种手段妨碍我的工作：截留信息、拿走药房的钥匙、销毁资料证据和医疗档案。

在一个狂风暴雨的日子，部门主管提到她的职责时，对我说："对我来说，管理罐头、吸毒者或老年人都是一回事。"

教育行业

教育行业是精神骚扰最盛行的行业之一。然而，除了1998年MGEN（国家教育互助总会）进行的调查[1]以外，很少有人研究这一主题。当我们谈到校园暴力时，更倾向于谈论学生遭受的暴力，而很少提到教职员工所遭受的暴力。

在精神骚扰方面，教育机构与其他机构相比，受影响程度不相上下，但有时很幼稚。

MGEN的研究把一批人从危险中解救出来：主要是在教育优先区或大城市郊区条件较差的区域内的机构任职的40—45岁的独居或单亲家庭的女性。这一受害者群体暂停工作的情况较多，调动申请次数是非受害者的3倍。

这一研究没有显示出这一群体与其他工薪阶层群体的显著差异，但有时似乎难以区分是学生的问题还是教职员工的问题。

骚扰过程通常是一样的：人们将学校中所有的纪律问题和

1 详见霍伦斯坦（Horenstein）、瓦隆-勒迈尔（Voyron-Lemaire）、勒维尔兹（Reverzy）、勒列夫勒（Lelièvre）、柯勒梅（Kremer）、弗舍（Faucheux），《教育领域的骚扰做法》（*Les pratiques du harcèlement en milieu éducatif*），"MGEN"文集，1998年12月。

教学困难都推给那个被瞄准的教师，尤其是当他能力“过剩”时。由于一名教师的任务无法完全由法律规定，因此他很容易因某些行为（如没收某个被禁止的物品）、与学生讲话的方式或未介入学生间的争执而蒙上污名。

研究行业

精神骚扰行为在研究员中非常普遍。这些骚扰甚至是连续的现象，因为它们极少能被注意到。由于职位非常珍贵，这导致了残酷的斗争或血腥的对抗，只有最优秀的人（或运气最好的人）才能摘得桂冠。成功者将居高临下地俯视众人，但这不妨碍他继续怀疑其他研究员。始终待在身后的那些人则积攒了嫉妒和怨恨。

因为不愿甘居人后，一名研究员可能剽窃他人的知识，尤其是想法。他会厚颜无耻地抄袭他人的著作，或在取得竞争对手的信任后，利用他的发言来推销自己的研究。然后，他会将同行的想法或观念稍做修改或做部分批判后据为己有，并想方设法赶在同行前面将其迅速发表。这里不是研究员之间互相激励的合作场所，而是一个科学进步无关紧要、以争名逐利为目的的丛林。

如果一个研究员过于杰出，他的上司们会担心他前进得太快，抢了自己的风头。在这种情况下，上司们会阻碍他在已被确认的能力范围内工作，并且不给他提供实物手段来继续他的研究。

保罗是一位有名的研究员，他在国际科学杂志上发表过多篇文章。他还参与了许多研究任务，并因此享有盛名。

他在部门中的困境是从申请准备一篇论文开始的。为了写这篇论文，一个研究实验室已准备好迎接他。他的部门负责人却以部门培训的理由拒绝了他的论文注册申请，因此保罗不得不请两年的个人培训假来准备论文。

完成论文回来后，他维护了自己的权利，重新回到了工程师研究员的岗位，但部门负责人拒绝让他负责任何研究活动。他们把他安排在另一个楼里，分配给他一些与他的能力范围毫无关系的工作，甚至拒绝发给他一台电脑——研究员的基本工具。他们拒绝给他提供进行研究所需的必要资金，还禁止技术员或实习生与他合作。

最后，在因无故缺勤而受到纪律处分之后，保罗被迫退休了。

即使是一位杰出的研究员，上级也会要求他遵守他所在的体制。有些人想象他们获得了好的成绩和声誉就可以享受特殊待遇，但上级仍然要求他们进到模子里去。

私营部门

中小企业

与其他地方一样，中小企业中也存在精神骚扰现象，尽管它很少持续很长时间，因为极少有中小企业能够忍受一个无生产力的人的成本。然而，正是在这里，我们遇到了最多的有意识的、蓄谋已久的精神骚扰案例，其目的是使员工泄气，从而自行辞职。

在小企业中，任命一位新的负责人可能从根本上改变员工的工作条件，要么变得更好，要么变得更糟。

索尼娅是一家由20多人组成的小企业的会计。工作条件一直很艰苦，但同事之间的气氛不错，而且索尼娅喜欢她的工作。

当老板的表姐被任命为车间主任之后，形势开始恶化。所有员工都因为生产了多余产品而遭到粗暴对待，工间休息被精确计时，工作时间无所顾忌地哼歌或大笑也被制止了。

在索尼娅休病假期间，这个主任不懂会计，却试着处理了某些文件，结果出了错，她没有办法，只好指责索尼娅。

非常认真的索尼娅不能忍受这种打击，试图证明这些错误不可能是她造成的。

从那以后，索尼娅的处境变得艰难：她被安排到一个没有窗户的办公室，她的同事们无权再同她讲话，她再也得不到任何信息。所有人都以“你”相称，而这个车间主任却与索尼娅公开以您相称，并且不再同她交流，而是在她的办公桌上留字条，连个招呼都不打。此前口头同意的休假现在也被拒绝了，一些信息处理上的错误也都推卸给她。

也是在小企业中，我们看到了最明显的精神骚扰，有时候接近施虐狂，而任何集体决策机构都无法控制。

罗琳在一家小制衣企业当秘书。作为公司唯一的外国人，当老板责备她时，没有人在乎她的感受。如果老板心情不好，不管她干什么都会挨批，而且会毫不犹豫地把她几个小时的工作成果扔到纸篓里，让她重做。除了工作外，老板还经常要求她去帮他做家务。但他最大的乐趣是取笑他这个秘书的体形、肤色、语言习惯。罗琳忍气吞声，因为在那个地区，工作机会稀少，无论如何，她喜欢她的工作，特别是能与客户接触。

一次，罗琳从楼梯上摔下来，老板不让她去急救中心，因为她还没完成工作：“没有那么严重，您可以再等等！”她从那时起决定与劳动监察委员会谈谈她的处境。

家族企业

在家族企业中被一名家庭成员骚扰，是无法引起专业人士的重视的，无论是职业保健医生还是工会。在劳资纠纷调解委员会的法庭上也得不到任何帮助："这些都是家务事！"的确，职业麻烦与家庭麻烦，还有钱的问题和共有财产问题纠缠在一起，会使事情变得复杂。

皮埃尔，50岁，一直在他父母创办的家族企业中工作。由于他听说自己会接父亲的班，便去学了商务。只要他父亲还活着，就没有问题。皮埃尔负责商务和市场营销部分，做所有决定时，他都咨询父亲的意见。

父亲去世后，皮埃尔的母亲布里吉特接管了企业。她请来了妹妹玛丽担任自己的部下。这两个女人很快就大权独揽，阻挠皮埃尔的决定。为了阻止他的行动（他过于创新），她们想方设法使他无法及时获悉重要的决定。

企业的气氛每况愈下，谣言满天飞。人们讲坏话、传闲话、对同事旁敲侧击。皮埃尔聘用的人员一律遭到攻击。财务主管于格被玛丽骚扰，玛丽指责他在管理上的某些错误。她们强调他的同性恋倾向，检查他所做的一切事，批评他，阻止他行动。皮埃尔没有勇气为他的财务主管辩护，于格递交了辞呈，同时把布里吉特告到了劳资纠纷调解委员会。企业日渐没落。皮埃尔的姨妈造谣说皮埃尔挪用公款、工作时间打高尔夫。所有被邀请的顾问都建议卖掉企业，因为所有重组方案都成本太高，但这两个女人什么也不想听。对她们而言，只有皮埃尔该为所有不良生意负责，因此应该压制他，必要时威胁或强迫他“正确”地工作。

申诉无门后，皮埃尔勉强决定不再为这个他曾经很想接管的家族企业工作。但是，由于他拥有公司的股份，他总是与他的母亲和姨妈有关联，而骚扰也在通过钱的问题继续……

大型超市

大型超市行业是一个无情的世界，在这里，人们心甘情愿地应用美国超级推销员的典范——切斯特 · 卡拉斯（Chester Karrass）鼓吹的那种强硬技术：“当您确定了您的目标后，如果您的父母妨碍了您，那么杀掉父母！”

在大型超市，企业文化被强行灌输给员工。上级通过一些测试和挑战来凝聚团队，以巩固集体认同感。那些抵制的和表现过于个人主义的员工将被迫走人，在此之前，上级会毫不犹豫地公开羞辱他们，促使他们犯错，调唆同事们与他们作对。

超市收银员需要执行SBAM标准（微笑、你好、再见、谢谢）。顾客可以评价他们的服务并匿名给他们打分。如果得到差评，他们会受到处罚。如果一名货架主管绩效下滑，上级会毫不留情地把他降为搬运工。

弗朗西斯是一家超市的货架主管，他的绩效一直令人满意。当超市改换招牌后，他和一位同事职责重叠，尽管没有资质，他还是被安排去做销售员。

在一次生鲜产品管理不善的事故发生后，那位同事企图把责任推到弗朗西斯头上，他俩的关系因此恶化。那位同事甚至成功地唆使整个团队与弗朗西斯作对。无论何时，领导层都不会介入并帮助解决这种冲突，相反，还会利用这个机会，使两个货架主管之间关系剑拔弩张。

弗朗西斯的处境非常难堪，他要求调到另一个部门。而这时，他惊讶地发现他工资条上的系数下降了，身份也改变了。领导层感觉他抗冲突能力不足，将他降职了。他不再有自己的办公室，同时，还要祈求同事们施舍一些工作给他做。

上级最终把他安排到另一个部门，在那里，他们分配给他一些与他的专业能力毫不相关的任务。

新经济行业

目前的研究表明，新经济行业的精神骚扰比传统行业要少。有一个可能的原因是这个行业按照业务能力来评价员工，而且在一个飞速发展的行业中，没人会有时间制造人际冲突。我们也可以认为，来这里工作的人是选择了一种圣职的幌子，并认为自己在这个幌子下所承受的一切都是正常的。那些不能适应的人会主动离开，或非常直接地被请求离开。没有必要寻找迂回的方法来摆脱一个人，因为这个行业的合同往往都是不确定的。尽管如此，每个人都告诉自己，这没什么大不了的，市场很大，会再找到一份工作。

原则上，新经济行业的价值更平均主义：所有人都是同样的薪水、同样的工作时间，只是获得职工优先股的数目不同。你只要表现出色，就可以做自己想做的事，因为在这里，主动性占主导地位。员工们会获得职工优先股，如果这还不够，那么领导会增加管理方面的筹码，许诺更好的职业前景。但这一切往往都是虚幻的，我们可以看到，当成功不再那么有魔力时，员工们会抱怨他们恶劣的工作条件。

创业公司的创始人们只想着迅速增加资本，以确保企业增长，往往会忘记设立人力资源部，甚至忘记考虑人的因素。

戴尔芬是一家刚刚成立的小企业的外部关系主管。在由于经济衰退而被解雇后不久，她被原公司的一位老友马克聘任。尽管她知道马克主要是对她掌握的人际关系感兴趣，她还是准备为这家创业公司竭尽全力。

来到公司后不久，当戴尔芬意识到创始人们欺骗股东，向他们推销一个实际并不存在的项目时，她强烈反对，并同马克谈了自己的想法。从那以后，马克开始回避她，早晚不再跟她打招呼，和合伙人不停地在背后恶意羞辱她。他们把她困在电脑前，不再给她安排别的任务，完全孤立她，并禁止秘书与她有任何交流，甚至仅仅是工作上的交流也不行。因为工作场地不大，会议都是在他们的共用办公室召开，但由于戴尔芬无权出席，他们就让她带着电脑到一个角落里面壁。一天，当马克当着她的面公然清空了她的柜子、撕毁了她的文件时，她报了警。

在解释这一行为时，马克对她说："我们雇用你是做了一件傻事，我们没办法付你工资！"的确，这家新创公司还没有盈利，他们无法支付欠她的工资。他们没有与她谈判，而是试图争取时间，逼得她忍无可忍，直至自己辞职，一分钱也没拿到。

互联网经济就像一场电脑游戏，必须尽可能地将对手斩尽杀绝。能够以最快速度抓住新的机会并将竞争对手斩草除根的一方才能获胜。胜利的诱惑是首要的动机。年轻人对此没有抱怨，因为他们觉得自己不是在工作，而是在与他们的游戏机玩得不可开交。他们成为一批被驯服的劳动力，自愿被某些人利用来获取成功。这些年轻人，没有不满，也没有工会。

协会行业

精神骚扰在协会中出现的频率，尤其在慈善协会中，很好地说明这一现象不单纯与经济标准、盈利性或市场竞争相关，而更多地与获取权力的意愿相关。在这些沟通和援助方面的专业人士应和谐共处的地方，人们沉浸在保持缄默、人情世故中，有时甚至是犬儒主义的气氛中。

莉迪在一家享有盛誉、福利很好的协会工作。工作条件非常优越，尤其对领导层而言：豪华的办公室、先进的设备。领导团队的成员们充分发挥他们的代表职能，因此可以享受奢侈的旅行和优厚的待遇。年终时，需要把所有的预算花完，于是他们利用这些资金重新装修办公室，更换所有电脑设备。

几乎所有文件都由莉迪负责。她工作量巨大，每天晚上都要加班。当她向上司汇报工作时，这位大部分时间都缺勤却是秘书长朋友的上司毫不犹豫地夺走了最有价值的文件，窃取了莉迪的工作成果。

尽管莉迪没有得到任何荣誉或任何物质酬劳，但她还是想好好工作，为此，她试着与上司沟通，以便更好地安排她的工作。但这位上司却瞧不起她，一旦她的问题太多，上司就采取专断措施。

渐渐地，这位上司感觉越来越受到莉迪的威胁，并听信了有人说莉迪在外面诽谤他的谗言。气氛变得很沉重。他不再同莉迪打招呼，而秘书当着他的面也不敢再同莉迪打招呼。出于部门需求，他擅自拆开了莉迪的信，并偷听她的电话留言。莉迪不知道这是出于恶意还是其他因素，但她失眠了，每天早上去上班时都心存恐惧并呕吐。

以帮助困难群体为目的的协会组织会利用受助者的痛苦，并借此利用那些负责这些受助者但自己也幸运不到哪里去的员工的痛苦。以下是乔西安的来信：

国家机关考虑一下那些职员极少能保护自己的单位里发生的事实是非常重要的：没有工会代表、没有证人、工会拒绝考虑他们（正如我们曾经的遭遇）。

我是一家小型协会的职员。该协会的四名职员分别是：保洁员、总干事、秘书和我——地位和薪水与秘书相同的文员。

我的同事和我不断遭到来自总干事的各种各样难以置信的刁难以及协会上级领导的轻视。这位总干事为了掩盖他的平庸并夸耀自己，不仅窃取我们的工作成果，而且对我们做出卑鄙的行为，使我们在别人眼中留下无能、傲慢和爱争吵的印象。我们曾多次尝试证明我们的能力和工作成果，但这只能让我们更受排挤。

因为除了丧失动力和身体状况变糟（无法再糟！）外，没有证据证明我们感到羞耻和疲惫，我们更难为自己辩护，于是我列举了那些幼稚、愚蠢和自相矛盾的刁难和羞辱。不久后，我们终于开始怀疑自己。这些事实与我们愿意为之奉献全部的协会的工作性质和良好发展相违背，因此更加令人震惊。

体育行业

在体育界，拒绝做证之风盛行。精神骚扰通常是在一名运动员没有遵守保持沉默的游戏规则，揭发服用兴奋剂、性侵犯或财务操纵等丑闻时开始的。从那以后，他会遭受压力、威胁，被取消参加竞赛或正式比赛的资格。揭发是一个危险的举动。在1991年卡特琳娜·穆瓦翁·德·巴克（Catherine Moyon de Baecque）控告她的教练在一次世界田径锦标赛国家集训期间对她实施了性骚扰之后，其他运动员也开始揭露她们所遭受的性骚扰，但精神骚扰仍一直被掩盖着。自1998年1月起，由加拿大发起设计了www.harassmentinsport.com网站，它代表40家组织，为运动员及其父母，还有教练和俱乐部领导提供信息。它提供种族主义歧视、训练强度过高或性骚扰方面的建议。他们认为："骚扰可能表现为多种形式，但通常可以定义为某人或某个团体有意做出的侮辱、恐吓、羞辱、敌视、贬低或冒犯的评语、行为或姿势。"

尽管大部分研究“围攻”的专家认为体育界的精神骚扰并不严重，因为运动员可以自行选择离开，但是一项高水平的体育运动往往比职业运动要求付出更多心血，因此被迫放弃无疑会构成对一名运动员的认同感的打击。

政 界

在政界，骚扰行为已成家常便饭。媒体向我们报道政要们的谎言、操纵和诽谤，大家对此都习以为常。就好像这是游戏的一部分。大家认为，要搞政治，就应该足够自信和好斗，在所有打击面前岿然不动，还应该足够坚强，以牙还牙。然而，政治也是一种职业，如果我们希望政治行为自我净化，就应重新建立规则。迄今为止，只有几位女性政治家和一位同性恋当选者敢于揭露他们曾经遭受的精神骚扰。

第三部分

精神骚扰对健康造成的后果

在精神骚扰中，受害者表现出来的症状千篇一律，而且很大程度上与侵犯的强度和持续时间相关，与受害者的心理结构无关。无论一个人是表现出歇斯底里、强迫症还是恐惧症的症状，最初占主导地位的，都是所有心理创伤共有的一种创伤画面，但却带着疑问的色调："这是真的吗？我是不是疯了？"初始心理结构只有当此人有可能说出发生了什么并有人倾听时才会重新出现。

这种特定症状使得一位对此类状况有丰富经验的临床医生可以仅通过对此人健康造成的后果来识别精神骚扰，并由此将其与过度控诉区分开来。这是一种适应和持续的方式，分多个阶段相继迅速地发展。

第八章

非特异性后果

LES CONSÉQUENCES ASPÉCIFIQUES

精神压力与焦虑

如果精神骚扰是最近发生的，而且仍然存在反击的可能性或解决的希望，则其症状初期非常接近精神压力，并伴有医生们称为功能性障碍的症状：疲惫、神经质、睡眠障碍、偏头痛、消化障碍、腰痛等。这是人体对过度刺激的一种反应，是主体为应对这种状况而进行的一种适应尝试。然而，除了来自精神骚扰的精神压力之外，还有一种无能为力和耻辱的感觉以及“这不正常”的想法。在这一阶段，如果此人离开折磨他的那个人，或者对方向他道歉——这种情况相当罕见，他就会很快恢复，并重新找到平衡。

抑 郁

如果骚扰继续下去或者加强，可能会产生一种重度抑郁状态。于是，被骚扰者会表现出一种悲伤的情绪、一种被贬低的感觉，或者产生过度的或不适当的自责感，丧失了所有欲望，对此前感兴趣的一切都无动于衷。

根据《精神疾病国际分类》（*Classification internationale des maladies mentales*）的标准[1]：

* 回答问卷的人中有69%表现出或曾经表现出一种重度抑郁状态，这是一种应接受治疗的严重的抑郁状态。这也是一种不应忽视的自杀倾向。这个数字还与人们寻求帮助相关，根据我的调查，这些人中65%曾经咨询过他们的内科医生，52%曾经咨询过精神科医生。

* 7%的人曾表现出一种中度抑郁状态。

* 24%的人曾表现出一种轻度抑郁状态。

抑郁的员工往往会向其周围的人，甚至他的医生，隐瞒自己的症状，因为他为无法再达到上级期待的水平而自责。

不要忽视这些抑郁症状，因为其诱发的自杀倾向已经很高了（在PACA大区进行的研究表明，在职业保健医生确认的517例精神骚扰病例中，有13人曾经企图自杀）。

1 参见美国精神病学协会（American Psychiatric Association）颁布于1994年的《诊断标准》（*Critères diagnostiques*）。

身心失调

52%的病例有各种身心失调症状。身心失调症状可能要常见得多，但它们在初期得到了自我治疗，随后又由内科医生进行了对症治疗。

以下是一位内科医生同行给我的来信，信中描述了受害者们表现出的身心失调症状：

起初，内科医生面对的是表现出多种失调的病人，从带有身心失调成分的“多病”到真正的身心失调症状。医生有可能错过这些失调症状的真正病因，或许是因为在寻找病因时只关注病人的职业状况，或许是因为病人没有陈述这一病因。与工作相关的精神痛苦，在工作和成功与心跳一样平常的时期，的确可能被病人等同于对某个人格弱点的污蔑。显然，如果只局限于药物处方，治疗是不可能完全有效的。

在骚扰行为演变了一段时间之后，身心失调症状几乎总是首先体现出来。身体先于大脑记录下侵犯行为，因为大脑拒绝看见它理解不了的事物。不久，身体也回忆起创伤，症状可能会随着创伤后精神压力加大而继续发展。身心失调的并发症是惊人的、严重的，而且发展很快：惊人的消瘦或体重迅速增长（几个月内增长15—20公斤），消化障碍（胃痛、结肠炎、胃溃疡），内分泌失调（甲状腺问题、月经不调），经治疗也无法控制的高血压发作、心神不宁、头晕、皮肤病等。

皮埃尔遭到刚上任的新老板的骚扰后，来我这里咨询。第一次咨询时，他仍然精力充沛、主动，能准确解释他老板的反常行为。他拒绝任何药物辅助治疗，因为他很快就要休假了，并希望休假回来以后，事情会好转。几周以后，当他回来见我时，他瘦了9公斤，面色灰暗无光，浑身颤抖。在最后一刻，老板拒绝了他的休假，尽管休假申请几个月前就提交了，老板还警告皮埃尔，如果休假，哪怕是半天，他都会受到纪律处分。老板给他安排了过多的工作，每天都劈头盖脸地辱骂他，不管他做什么都瞧不上眼。皮埃尔失眠了。他在脑中反复思忖该说些什么、做些什么来自卫。每天清晨闹钟快响时，他才昏昏睡去。他强迫自己吃饭，但没有饥饿感。单身的他晚上给自己热一盘速冻食物，却常常忘了吃；中午，他就买一个三明治，站在咖啡机旁吞下去。

面对皮埃尔健康状况的恶化，我建议他尽快和他的内科医生约一次全面体检。体检发现他有高血压、胆固醇高、心律不齐等症状。皮埃尔始终拒绝休病假，因为他害怕失去工作。

渐渐地，他的整个状态越来越糟，衣冠不整、松松垮垮、胡子拉碴。他的身体表现出抑郁症状，但他始终拒绝承认。这种拒绝可能是因为他难以忍受抗抑郁药物的副作用。

不久之后，我接到了一家医院的电话，皮埃尔在一次突发的迷走神经性不适后被医院紧急收治。他犯病时，他的老板正当着秘书的面大声吼叫，侮辱性地指责他。医院决定将他留院观察一段时间，以迫使他接受治疗。

一次身体冲击可能引起精神上的反应，而一次情感冲击也可能对身体造成影响。因此，反应是从身体到精神的，也是相互的。对某一事件的描述或恐惧也会导致同样的综合征。

海伦因几个月来持续发展的重度抑郁状态来就诊。她睡不着觉，吃不进东西，瘦了好几公斤。在她的内科医生要求下进行的健康体检显示一切正常。她把自己的疲惫归咎于她工作了20多年的银行中弥漫的“疯狂”氛围。自从重组后，领导层给那些业绩不够好的和超过50岁的员工施压，迫使他们辞职。某些人在为离职谈条件，另一些人摇摆不定。原则上，身为公认的模范员工且只有40岁的海伦不是裁员对象，但整体氛围令人生厌，大家都在各奔前程。她的上司尤其心狠手辣，永远不要指望从她那里得到帮助。她不断地找海伦的茬儿，海伦无法理解这是出于恶意还是偶然行为。自解雇风暴以来，需要承担的工作量没变，都落到了留下的人身上。筋疲力尽的海伦本想要求换个岗位，但上级答复她：“企业不会去适应员工的愿望，而应由员工来适应企业！”在这种环境中坚持得精疲力竭之后，海伦被迫暂停工作，以便治疗她的抑郁症。

经过几个月的治疗，当海伦情绪有所好转之后，医生又查出她患有乳腺癌，且发展得很快。奇怪的是，海伦反而感到如释重负：“他们再也不能说我什么也没有了！”

我们能说海伦的癌症与她所遭遇的职业困境有关吗？可能没有，但我们不能不自问，她在处理工作中刁难氛围方面的困难是不是可能与她癌症的迅速发展有关？我们可以假设，她在自己天生容易受伤的地方被打垮了。

第九章

创伤性后果

LES CONSÉQUENCES DU TRAUMATISME

遭受精神骚扰几个月后，在受侵犯之初并不明显的精神压力症状，会逐渐转化为一种明显的精神紊乱。

所有受害者，除了几个罕见的例外情况，都承受过持续性的不安。在所有其他形式的职场痛苦中，尤其是职业压力过大的情况，如果刺激停止，痛苦即停止，人也会恢复正常状态。相反，精神骚扰会留下不可磨灭的痕迹，可能从创伤后精神压力发展为复发性耻辱经历，甚至导致受害者个性的持续改变。即使受害者远离侵害者，被贬低的感觉仍会持续。他有一道心理伤痕，这道伤痕使他变得脆弱，生活在恐惧中，怀疑一切事、一切人。

创伤后精神压力

与持械攻击或强奸一样，精神骚扰无可争议地构成一种创伤。根据精神分析法，创伤的概念包含主体生活中的一次或多次激烈事件引起的主体无法以适当的方式回应的无力感和事件对心理产生的可持续影响。起初，弗洛伊德把创伤与某个外部现实联系在一起，后来他放弃了这一理论，用与幻想有关的概念取而代之。他认为，只有童年时期和性存在引发创伤的机制。同时，他指出成年后的男性应对他自己的遭遇负责；如果他一直处于痛苦状态，那是因为他有受虐癖。然而，正如我在《骚扰，无法回避的痛》中阐明的，是受害者被外部现实圈禁在这种处境中，而与他们的心理结构无关。

最严重的创伤表现主要出现在精神骚扰的案例中，受害者被孤立，“独自对抗所有人”，而较少出现在粗暴管理的案例中。这种情况下只要团结起来，就可远离受虐的处境。

于是神经官能症出现了，甚至发现了更罕见的创伤性精神病，这符合《精神疾病国际分类》中的创伤后精神压力状态。无论创伤的起因是什么，它们的表现都是相同的。

暴力和侮辱情景的重现强加于受创伤者，使他无法不去想它。这些画面包围着拒绝它们的受害者，如同痛苦的倒叙。每个夜晚，创伤情景在强行闯入的噩梦中重现。对暴力情景的痛苦回忆长久地、有时甚至是永远地存在。几年后，受害者继续梦到并害怕想到它们。许多人说，即使经过10年、20年，当他们不得不翻阅使他们回忆起过去处境的文件时，仍然会痛哭。在与我的问卷一起返回的来信中，一些多年前遭受过精神骚扰的人告诉我，回忆起这些旧伤是如何唤醒了当时的痛苦，一切照旧，历历在目。他们重新经历了那些羞辱的情景，重新感觉到同样的腹痛和头晕。许多人还说："即使这使我很痛苦，但还是应该这样做，这样事情才能改变，我的痛苦才有价值。"的确，令他们不堪忍受的是无法理解这一切发生的意义，是痛苦的无的放矢。

您的书对我而言既是一件疯狂的好事，又是一件残酷的坏事。疯狂的好事是因为它让我学会理解、能够最终说出自己所遭受的侵犯，同时，承认并定性那些侵害者，并开始理解他们……残酷的坏事是因为每读一页，我又一字一句地重新经历了过去的情景，感到痛苦如旧。在阅读的过程中，我标记了那些描述我的经历的段落，它们准确得可怕，就好像这本书在讲述我的故事一样。对于未曾遭受侵害的任何人来说，这是难以理解的。然而，那些曾经受害过或正在受害的人也未必能够更好地理解！正如文字可以杀人，您的书可以拯救生命，有助于其他人重获生活的权利。我相信（我希望），在精神世界中，过去的事不会再发生，而您的书可以成为前车之鉴。

身体就是这样保留了创伤的记忆，不受意愿控制，而创伤可能会无休止地在任何时候重现。当人们相信某人像他们曾经遇到的骚扰者一样，或者当他们处于使自己回忆起过去的情形中时，他们会有震惊的反应，而当时的那些画面也会强加给他们。

这种侵犯总是留下长久的痕迹。多年之后，这些人会一直表现出恐惧或逃避的行为。有时候，回忆过去引起的对痛苦的恐惧会阻碍受害者回到他们曾经被侵犯的地方或与老同事见面，这就产生了一种恐惧症。

创伤还会歪曲时间的记忆：记忆停滞在创伤事件上，正如超忆症的情况，而当下却变得不真实，从而导致受害者对日常事物的遗忘或漠不关心。

甚至连我的丈夫和孩子们对我来说都不那么重要了。然而我知道我爱他们，但我什么都证明不了。

受害者们思前想后。他们的脑海中翻滚着遭受排挤的情形，同时又试想着其他情景：“如果我这样做，或这样说……”他们反复咀嚼自己所遭受的羞辱。

这种状态使亲属，有时甚至使治疗师，认为受害者沉湎于抱怨，并不想从痛苦的状态中走出来。事实并非如此。企图为他们的遭遇找到任何意义是徒劳的。精神骚扰的特点就是它不存在于良知的逻辑中，遭受骚扰的人根本无法理解自己的遭遇。如果存在创伤，且症状不见好转，那是因为这些处境本身就无法想象。

所有的受害者都表达了一种孤独感，因为人们在不确定自己的感受时，就很难将之说出来。他们描述起来有困难，因为这是一种不可想象的暴力，他们没有心理准备。一旦有人能够分担这种感觉，将会带来极大的宽慰，因此应该帮助受害者们讲出他们的痛苦。为此，还应该承认这种痛苦是可能存在的。许多情况在我们眼皮底下发生，我们却视而不见。

玛丽安在长期遭受上司兼所谓朋友的骚扰之后离职，至今已经10年了。当时，她什么也不明白。为什么她专心做好本职工作，却遭到攻击？为什么恶意如此之大，以致她自愿协议离职？为什么她逃离这种日常暴力的意愿如此强烈？

现在，玛丽安找到了新的工作，这份工作更有趣，薪水也更高。她甚至对自己说，当时选择离职是幸运的。然而，当她回忆起过去时，她总想哭。表面上看，这事已经翻篇了，玛丽安已经全身心地向前看，而且有许多令人激动的事情可做，甚至她不再经常想起她生命中的那个黑暗时期。然而，过去在她的梦境中重演，使她早晨醒来时不知所措，有时一个画面再现，就会使她记起某个伤人的评论。她一直在自责没有及早离开。她还埋怨自己当时太天真，太过震惊，以至于没能反抗。

现在，她不再谈论过往。当人们问起她那段经历时，她的回答很干脆也很中立，让人觉得那段经历已经不再影响她了。但事实并非如此，她仍然会为此哭泣。

幻　灭

生活中的事件，如精神骚扰，会改变、消磨和削弱人们的情感，使他们丢掉一切幻想和希望。如果此人在工作上投入了过多的感情，这种自恋的崩溃会更加强烈。

弗朗索瓦自从被他的两位上司骚扰了两年选择离开企业后，度过了许多个不眠之夜，噩梦接二连三。梦中，他每小时都会面对侵犯者的暴力面孔，满身大汗地惊醒。他很想把他们倒在他脑袋里的所有垃圾都清空，但他无法忘记自己所受的侮辱。

当他满怀热情地进入这家年轻的企业时，他发现这里是一个明争暗斗的世界，没有任何规则，他们不惜一切手段打击那些拒绝作弊的人。

他不能忍受的是，他完全信任的团队也辜负了他。在他丢掉工作的同时，也丢掉了他的幻想。他曾经想要相信一种并不存在的关系。他知道，对他而言，从此以后他与别人的一切关系都改变了。

揭开旧伤疤

有时候，职场中经历的侵犯与某些个人经历的其他偶然事件相呼应，可能是父亲或母亲的专制或恶行，也可能是童年时遭受的其他侵犯或羞辱。暴力场景会唤醒可能已经忘却的过去的焦虑。一次受辱会使人回忆起此前从父母、家人那里，在学校或其他工作岗位上所遭受的所有羞辱。

在休了相当长的病假返岗后，维罗尼克发现她的办公桌被清空了，而且没有人欢迎她。由于部门更换了信息化系统，而且她也不再有用，她的上司把她安排在门口，让她整理文件。每次经过维罗尼克身边时（差不多一天20次），上司总是忍不住对她说些伤人的话，说自己无法忍受毫无用处的那些人。维罗尼克没有申请参加一个使她能恢复能力和岗位的培训，而是完全聚焦于她上司的态度，她以激烈的方式反抗，并到处宣扬这个女人有多坏。维罗尼克很清楚，她对上司的可憎态度反应如此强烈，是因为上司对她的处置让她想起她母亲拿她当出气筒的暴力行为。童年时的挨打经历使她在离开家时发誓永远不再任人摆布：“我之所以反抗，是因为我曾经历过恶语相向、卑鄙的手段和心狠手辣的行为，但我不能告诉他们我很脆弱，以免他们把我当成一个病人。”然而，领导层认为维罗尼克的反抗证实了她患有精神病，因此要求职业保健医生宣布她不适合工作。

这也可能是一种人们极力否认的性虐待，在我个人跟踪的多个案例中，这些人遭受的精神骚扰和他们感受到的耻辱，最终使他们回忆起这个沉重的家庭秘密。

以下是伊芙琳的来信，她因精神骚扰而被解雇：

我在绝望中度过了许多日子，不知道我是不是疯了，是不是完全无法适应职场、社会生活，甚至日常生活。在多次暂停工作并接受了医生的（无效的）治疗后，我这几个月来一直在接受一位心理治疗师的帮助。在试着帮助我重建自信的同时，他还要让我回忆很小的时候经历的痛苦事件，因为我在大约5岁时，就已经是另一种恶行的受害者。今天我感受到的痛苦情感，羞耻感、负罪感和厌恶感，与我40年前感受到的一样；它们现在更加强烈、更加令人痛苦。这种回忆的尝试会帮我理解并躲开前进道路上的另一个恶行的陷阱吗？我不相信，始终被焦虑困扰。

任何人都有过去，让我们停止掩耳盗铃和掩盖伤口。而侵犯者们也不应拿受害者先前的脆弱当挡箭牌，来推卸自己的罪责。当然，某些虐待行为会粗暴地揭开人们本想忘却的旧伤疤，但这些旧的创伤并不是精神骚扰的起因。

第十章

精神骚扰的特定后果

LES CONSÉQUENCES SPÉCIFIQUES
AU HARCÈLEMENT MORAL

羞耻感与受辱感

与其他形式的职场痛苦相比，精神骚扰表现出的特点就在于羞耻感与受辱感占主导地位，但这通常并不伴随对侵犯者的恨意。受害者们只想恢复名誉，重新找到他们被无视的尊严。他们想要隐藏自己，退出俗世。

羞耻感是受害者们难以表达自己的原因，尤其是当骚扰个别实施时。正如在性虐待的案例中，实际情况往往比受害者最初陈述的情况更糟，因为他们找不到合适的语言来描述。在一个指定的时刻，如何说出自己感觉受到了虐待呢？如何说服自己为什么没有立即抗议呢？如何向别人解释当时自己为什么没有反抗呢？

成功反抗的侵犯，哪怕是迟到的反抗，也不会造成如此严重的长期影响。使人受伤的实际上是未能做应该做的事来阻止骚扰行为，是遭受了侮辱却要维持良好的形象，是未能及时破译恶毒的信号。羞耻感来自当时不懂得（未能够）反抗。

我曾经而且现在仍然遭受着来自我担任干部的部门的信息主管对我的侮辱和贬低的言论。

我在过去境遇带来的羞耻感和现在境遇带来的痛苦下生活着。尽管现在这些情况没有那么频繁了，但它们在我内心唤醒了一种严重的、无尽的痛苦，是一口痛苦之井。这些境遇和记忆吞噬着我，让我寸步难行。这就如同一个缺陷，仿佛证明我活该受到侵犯，因为我不懂得自卫。

举其中两个例子：

一天早上，这位先生进入我的办公室，站在我对桌同事的电脑前。我对他说“早上好，马丁”，他却回答“早上好，家伙”。我提出抗议，要求他称呼我的名字。他反驳道：“无论如何，你只不过是一根猪血肠！”由于另一个人在场，我很尴尬，我只能开玩笑道：“您看，我同事很迷人！”而我内心却感到沮丧和羞耻。我感觉到仇恨、暴力在我心中升腾。

另一次，他在我办公室与我的同事谈论一个与我同时受雇的人：“雇他是对的……不像这位！”说时用手指着我。

丧失意义

使我们感到不适的，是无法理解，是那些故意让我们张冠李戴的假话。家庭中的一语双关会使人精神分裂，而企业中的言下之意会摧毁员工或使他们变成妄想狂，它向员工们表明一项丧失了意义的工作的荒谬性。他们不再相信自己的感觉：什么是真的，什么是假的？我真的像他们说的那样无用、那样坏、那样晦气吗？于是他们忍气吞声，不能自卫。他们被告知应对自己所承受的一切负责，他们自己有问题，他们自己是蠢货。

应该注意，一些似是而非的禁令（例如，说一件事，表达的却是相反的意思）经常被用作所谓的“骚扰技术”，其目的是妨碍他人理解，使其无能为力。他们指责某人不工作，但却不给他工作的手段，甚至妨碍他工作，正如我们在前一章中看到的。更有甚者，他们安排给一位员工一项所有人都知道是无用的任务，正如阿梅丽 · 诺冬笔下的主人公要把同样的文件重新复印100份一样。[1]

怀疑自己的精神健康已经足够难以忍受了，如果再加上同事们和证人们的无意识行为：装作什么也没发生过，或者相反，传言他受到这样的对待肯定是有原因的……这简直没法活

1 参见阿梅丽 · 诺冬（Amélie Nothomb），《新爱美丽闯东瀛》（*Stupeur et tremblements*），Albin-Michel出版社，1999年。

了，受害者将被迫以一种或另一种方式代偿失调。

丧失意义和投诉无门的直接后果是发展为侵犯行为。

一些被骚扰的职员会有冲动的、愤怒的举动，而这些举动可能发展为损毁工作岗位上的材料，破坏全部信息数据库，或者打电话辱骂骚扰者。在发展为侵犯行为的过程中，某些行为看上去像是绝望的行为，几乎是自杀，因为此人很清楚，这样做只会使他的处境更糟。不用说，这些冲动的行为会反过来伤害这位反应过激的、被说成有性格缺陷的职员自身。

心理变化

精神骚扰会摧毁认同感，并以可持续的方式改变一个人的性格。从孩提时代起，我们的认同感会逐步建立，但永远不会最终定型。当一个人成为某一侵犯的受害者且他没有心理方法来与之斗争时，先天的性格特点就会凸显或者会出现精神紊乱。这是一种真正的精神错乱，使得一个人被剥夺了自我，变成了自己不认识的人。

实际上，一些话语或态度可能导致一些心理变化。中国有句谚语：“刀伤易治，口伤难医。”当侵犯的目的是摧毁他人，并剥夺他的认同感时，受害者为了自保，只有两个办法：把自己变成双重人格，精神科医生称之为人格分裂，或者放弃他的认同感。

这些事件令人心碎，一切都永远回不到原来的样子。事过境迁，面目全非。这种变化有时是积极的，就像上了一堂课——当此人今后再经历同类处境时，已学会提高警惕。但不幸的是，变化并非总是积极的，有时可能会出现两个演变方向。

失去活力

被骚扰的人可能患上一种创伤性神经官能症，这种情况下，他的抑郁状态转为慢性。这就好像他在阴影中无法自拔。他不停地想他的遭遇，思前想后，自问到底做了什么才走到这一步。他仿佛被压垮了，失去了一切冲劲和生命的光芒，这种状态有时是可持续的。他身上不再有任何活力，因为他被凝固住了，有时是永久性的。这种情况，我们可以称为“精神谋杀”：他仍然活着，但已经变成了行尸走肉。他从此之后就背负着侵害者的一部分，他把侵害者的话变成自己的。在另一种文化中，人们会说他被“附体”了。

多年之后，当我要做点儿别的什么事的时候，我身体里有一个微弱的声音对我说，我一无是处，什么也做不好，无论如何，我都无法成功。

僵　化

有时，被骚扰者的个性会变得僵化，出现一些妄想狂的特质。

合理的疑心很容易发展成诱导妄想狂。这一界限非常微妙，常常会使诊断出错。然而，如果先入为主地将这些障碍归为前期病症，则是滥用精神治疗学的知识。当自信心遭到无视，或遭到背叛和操纵时，人们自然会变得多疑；当被监视和陷害时，人们不可避免地会在以后小心防范。经验通常教我们要谨慎，但一些创伤经历可能使我们变得疑心过重。在随时应保持警惕的职场上，任何状况都可能导致怀疑一切和个性僵化。根据我的临床经验，当精神骚扰发生在公共服务行业中时，它似乎特别倾向于发展成为妄想狂的特质。因为这个行业的程序非常长、非常格式化；任何投诉都要逐级上报，如果投诉涉及这个等级体制本身，这一过程将特别曲折……任何申请都应附上说明、卷宗、申诉记录、证据等。简而言之，要想自我辩护，得变成诉讼专家。

然而，受害者有时候甚至会在治疗师或律师那里遇到怀疑和不信任。这些人对他们说他们太过天真了，而他们则自责当时没能意识到侵犯行为。于是，他们可能陷入一种怀疑一切的状态，开始怀疑所有事和所有人。他们一心想打赢官司，于是自己证明一切、核实一切，所有卷宗都做成一式三份，甚至当赢得诉讼时，他们都无法再放手和将此事翻篇。于是受害者出现了反应僵化的状况，常常感觉自己遭到了迫害，直至变成妄想狂。

科琳娜担任杰拉尔的助理两年了。据她说，起初，杰拉尔表现得非常有魅力，甚至试图和她建立更亲密的关系。科琳娜拒绝了杰拉尔的所有主动接近，每次都试着将他们的关系拉回纯工作的轨道。于是日常精神骚扰开始了：杰拉尔不正当地批评她的工作，当众对她出言不逊，做出轻视她的举动，孤立她，故意给她传递错误信息，等等。后来，杰拉尔开始监视她，或者至少她自己是这样理解他的行为的。杰拉尔以正当的安全措施为借口，让人在办公室安装了监控摄像头。当然，这不是直接针对科琳娜的，但碰巧其中一个摄像头直接指向她的办公桌，使得杰拉尔可以监视她的进进出出。而且碰巧又有多次，科琳娜觉得从自己的汽车后视镜中看到杰拉尔下班后和她走同一条路回家。但这有那么奇怪吗？他们住在同一街区。如果杰拉尔没有对科琳娜做出那种破坏性行为，她可能就不会担心这些巧合了，甚至可能根本注意不到。但她注意到了，她担心了，现在，她不能不去想它们。

后来，当精神骚扰明显变得更有敌意时，科琳娜崩溃了，并暂停了工作。她睡不着觉，整日哭泣，自寻烦恼，草木皆兵，总是有被窥伺的感觉。她怀疑所有事、所有人。

她咨询的第一位精神科医生给出的结论是她患上了被迫害妄想症，但是一些人能够证明她上司的恶意操纵和指向她办公桌的摄像头都确有其事。科琳娜认为这位精神科医生对她有敌意，从而干扰了他的诊断，因此她想换治疗师，并跟他谈了这事。这位医生向她指出，她感到到处受到迫害，包括在他的咨询诊所里，并鼓励她继续在这里接受精神治疗。她对自己说医生可能说得对，并继续不情愿地接受他的治疗。但她的健康状况没有任何好转，她最终决定换治疗师，并到另一个城市咨询了一位女治疗师。这位女医生鼓励她继续行政诉讼程序。几个月后，科琳娜最终打赢了官司：行政机关承认了她上司的虐待行为。这下她放心了："我不是疯子！"渐渐地，她重拾了自信，并停止了怀疑所有人。

通过这个临床案例，我们看到，帮助受害者获得对其所遭受暴力的外部承认是多么重要。

用精神病来防御

精神骚扰，正如任何暴力性创伤或重复性侮辱一样，可能导致心理防线被强行突破，使一个人暂时出现妄想症状。

玛吉在一家知名企业担任会计已达10年之久。在一次重组中，来了一位新主管，他一上任就表现出无法容忍旧团队。同事之间的关系变得紧张，人们互相猜疑，每个人都要随时证明自己。一位同事在一次会议中突发强直性痉挛，另一位为了自我辩护，被迫寄出了多封挂号信。

这位主管上任之后，就不让玛吉参加会议了，而往常她都被召集去开会，给她安排的工作也少了。

当玛吉明白这位主管不想要她了时，她试图与主管商谈离开企业的条件。主管对她说“没问题”，实际上却什么也没做，还拒绝见她。主管对玛吉的工作提出诸多批评，但当她想解释时，主管就挂断了她的电话或转身就走。之后，主管告诉她，他想让她走，但不想付钱。

就是从这时起，玛吉出现了妄想症。她觉得有人要同她讲话。她相信在公司，甚至在家里，有人说她无能。她确信她的邻居是她主管雇用的情报人员，他们在监听她的谈话，以便积累迫使她辞职的对她不利的证据。她认为她的电话被监听了，而且她家里隐藏着用来陷害她的摄像头。

为了安抚玛吉，她的丈夫带她去度了几天假。度假期间，她的妄想症消失了，她甚至对自己的遭遇抱之一笑。度假回来后，当她重返工作岗位时，妄想念头又重新出现了……

这个病例是一个真实的妄想病，是在被迫害妄想氛围中的幻听和精神幻觉造成的，被称为慢性幻觉性精神病。玛吉听到的批评或恶意的声音，是对她自认为所处的职业环境的回声。她的妄想是否与她工作中的经历相关？无可否认，工作中的不安定氛围是她产生妄想的导火索。她自认为察觉到的敌意是真的吗？即使很难了解她主管的意图的真实性，但玛吉的妄想并非空穴来风，不安定氛围确实存在，尽管玛吉很可能对此过分敏感了。

无论如何，她感觉自己受到了威胁，她的精神平衡被搅乱了，她感到不安，这种不安足够严重到使她失去平衡，患上精神病。如果职业环境稳定，她还会出现妄想症吗？可能不会。无可否认，职业的不确定性是非常具有干扰性的因素，即使它可能并非精神错乱的根源。

在药物治疗的作用下，玛吉的症状迅速消失了，但重返岗位的念头一直使她苦恼。因为一次冲动，她最终递交了辞呈，并因此感到如释重负。但她的领导们要求她走预先通知程序，然而，当她重新与公司联系时，她的妄想症又一次发作了。医生劝她暂停工作，直至预先通知程序结束。她重新找回了活力。几周后，她注册了一个培训，并热情地参加培训，一个月后，她找到了新工作。

几个月后，玛吉不再需要治疗，也不再妄想了。

更令人震惊的是，不久之后，她的另一位同事丽萨，和她一样也是会计，也出现了同样的状况，但表面上举止更加“正常”。

她试图自我调适和隐瞒，但压力和恶意却变得越来越明显。她硬挺着，至少表面上是这样，事实上她出现了一系列明显的身心紊乱症状。最终，丽萨还是被解雇了，她很沮丧，不愿意承认这一事实。她的内科医生给她开了各种药，都没有见效，无奈之下，最终对她进行抗抑郁治疗，这使她无法承受。她还拒绝接受心理治疗，并说自己没疯。

现在，丽萨仍然处于失业状态，同时，她也没找工作，因为她感觉自己不在状态。

虽然玛吉和丽萨身在同一家企业，但她们的故事足够引以为戒。突然发展为妄想狂是摆脱“虐待性”工作环境影响的一种非常有效的防御方法。在某种程度上，玛吉需要这种妄想症，以便使她能突然爆发，进行反抗和自我保护。

我们很惊讶地看到，人们所指责的一个人的缺点正是在人们的诱导下产生的。当人们对一个人说“你是个疯子”或“你有精神病”时，他往往就变成了疯子或精神病人。

我们不应该把发展成精神病一律看成失败。这可能是我们的心理为了抵抗压迫而出现的一种有效的保护措施。

无论是演变成喋喋不休的抱怨，还是演变成妄想狂式的疑心，被驱逐出职场的人都不可能再回去了。在前一种情况下，这个人已经被凝固住、被粘住，动弹不得，而在第二种情况下，这个人变得僵化，因害怕受到攻击而放不下他的戒心。而企业因其刚性制度，拒绝这些人，把他们逼成疯子或病人。这时候就需要社会借助医疗保险来对他们负责。

我们看到，在遭受精神骚扰的过程中，一个人变成了人们所指责的模样。人们对他说“你一无是处”，于是，此人就丧失了理智，感觉自己变得一无是处。人们把他当成精神病人来对待，一段时间后，他就变得多疑、僵化、四处控诉。这就是话语的力量，它们发挥作用，并通过命令来改变他人。

第四部分

骚扰的根源

有人倾向于认为，精神骚扰有且只有一个原因，并因此推导出它有且只有一种医治方案。但是，一种理性的思维方式应能够以不同的角度看待问题：关注人的个性及其经历的心理学角度，以及对管理规则进行基本分析的组织学角度。不要相信只聚焦于受害者的个性、弱点和缺点，而忘记了侵犯者的个性、弱点和缺点的思维方式，但对于将骚扰视为侵犯者的专利的思维方式也应持怀疑态度。同时，应避免说，这不是任何人的错，受害者是无辜的，侵犯者本身也只是制度的受害者，一切都是某个抽象实体的错，如资本主义、全球化。只把暴力视为职业组织导致的后果可能会错误地减轻施暴者的罪行，因此，一方面应避免过分夸大心理学层面的诱因；另一方面应避免把过错一律推给（不人道的）职业组织，而推卸当事人的责任。

即使在职场上，暴力有时与组织的毒害性相关，但它也是对各个层级的个人引发的暴力的回应。

当然，无可否认存在一些败坏的体制，它们为暴力的实施推波助澜，但考虑体制的因素并不妨碍考虑人的因素。无论企业是否想要把员工变为顺从的棋子，始终会有一些因其教育背景、社会阶层和曾经的创伤而变得脆弱的人。我们不能撇开当事人的经历和构成其世界观的不同思想体系来解释骚扰的情形，即使这些个人因素需要放在职业环境中才有意义。因此，一个人反抗一种敌对环境的方式既与其经历有关，也与他所供职的企业的历史、他所处的社会环境及其经济状况，以及他周围的微观社会有关。

尽管这些因素错综复杂，但个人仍然有着行动或反抗的自由。

第十一章

有利于精神骚扰滋生的环境

LES CONTEXTES QUI FAVORISENT

我们可以认为，精神骚扰与人类的本质有关，它始终存在于职场中，不但没有减少，反而愈演愈烈。原因何在？难道不是工作性质的变化推动了这类行为的实施吗？

可以肯定的是，如果说并不存在受害者的典型心理特征，那是因为毋庸置疑地存在着使精神骚扰行为更容易肆虐的职场环境。这不仅仅指那些高强度的压力和败坏的组织占主导地位的职场，更是指那些不够光明正大，甚至完全腐败的管理做法，它们默许了对个人的恶意侵犯。

新的职业组织

精神压力的环境

所有调查结果都明确指出，精神骚扰更可能出现在特别容易产生精神压力的环境中。

精神压力机制已在许多著作中大量描述过，我不再对此展开论述，因为，即使精神压力是一种真正的精神损伤和一种真正的痛苦，它本身却不构成精神骚扰，而仅仅是有利于精神骚扰滋生的腐殖土而已。造成精神骚扰的，不是超负荷的工作，因为在人力资源未被充分利用的部门中也可能存在骚扰，而主要是一种对行为和方法都没有内部调控的工作氛围：一切似乎都被许可，领导的权力是无限的，正如他们对下属的要求一样。

克里斯托夫是一家职业协会的法律顾问。他的直接上级很清楚他的工作已经达到超负荷状态，每晚加班，有时甚至在周末把卷宗带回家处理。然而，上司却拒绝给他配备助理，他请求了一年也无济于事。

当他得知——而且所有人都知道——在隔壁的部门，某些同事上班迟到，假装约见客户，实际却在工作时间去做头发时，他更加忍受不了这种精神压力。

向35小时工作制[1]过渡自然会增加单位时间内的工作强度。老板们总是在每班工时缩短的情况下，要求员工们生产得更多。因此需要把一切做得更快，优化任务的时间安排。从今往后，人们将追逐时间直至生命最后一刻：工作节奏是固定的，休息时间被压缩了，沟通也严格控制在最低限度。新技术的飞速发展迫使员工们不停地适应，还要变成多面手。他们必须迅速记住毫无逻辑的程序变更、没完没了的重组和不间断的部门通知。重要的是，守住目标。跟不上的人会被视为不适应组织的发展。

老板们不断催促，员工们没有时间思考他们所做的事，也没有时间沟通。在一个紧急运转的职场中，人们没有时间倾听。当人们被施压、被催促、被虐待时，会忘记他人乃至任何人的存在，会没有时间让自己被他人打动，没有时间与他人进行真正意义上的“聚会”。当然，接触还是有的，但不再有交流，不再有分享的时刻。当人们到达否定自我和否定自己的身体需求的状态时，就很难去考虑别人了。人们看不到他周围的痛苦，或者即便是偶尔发现了什么，也绝不可以因此耽搁，因为这会导致跟丢目标。

当然，劳累过度的干部们参加了一些精神压力管理或时间管理的研讨会，但会上只教给他们如何把精神压力极限推得更

1 35小时工作制是法国社会党（左翼）总理若斯潘执政时于1998年6月通过的一项法律。此前，法国自1982年起一直推行每周39小时的工作制。这项计划的初衷是减少雇员的工作时间，使雇主不得不用多雇人的方法完成同样的工作量，从而达到增加就业的目的。——编者注

远，以便他们效率更高，动作更快。人们教他们自我修炼，以便更好地抵御因工作处境而产生的自恋者的侵犯，因为在职业能力之外，老板们还要求员工自己建设个人的基础，以抵御他们必将承受的不确定性或被抛弃、被剥夺。当一名员工失去了动力，领导们不会自问他灰心的原因，而是因为他不符合要求而抛弃他，理由是他不再有足够的战斗力了。然而，很显然，以提高人的绩效为目标的精神压力管理培训，首先受益的是那些想得到不可替代的员工的企业。另外，为了确保这一点，从招聘面试时起，人们就会通过设置陷阱动摇他们，来测试他们可能的脆弱性。在某一级别上，录用的标准不是他们的才能，而是他们（理论上）承受一切的能力。

这些工作方法把人们都变成了机器人。我接诊的某些干部选择在早晨上班前而不是傍晚来见我，因为下班后，他们需要一段解压的时间，才能谈论他们自己。他们来的时候身体僵硬，下颌紧绷，只陈述事实，不加评论。我需要取得他们的信任："没事，在这里您没有任何风险，您可以放松自己！"从而使他们全身放松下来。就是这样，为了自我防御，他们还会给自己穿上盔甲，而有时候，他们已经卸不下这副盔甲了。

老板们要求员工们出业绩、有动力、自我奉献，时刻准备做得比合同规定的义务更多，但是老板们是否回报了使员工们能够快乐的安全感和好的工作条件？

尽管经济开始复苏，但不安定性仍然存在。每个员工都知道，无论他处于哪一级别，如果他业绩不够好，或者不再符合要求，都有可能随时失去一切并被解雇。领导们不想听到人们谈论他们的弱点或脆弱性：“我们想要最好的，我们想要最出色的！”但那些不那么出色的其他人和方法会是什么结局？或者，简而言之，当最好的状态下降了会是什么结局？为了尽可能消灭与人类脆弱性相关的偶然性，企业获得了一些测量员工的工具。为了选择最“有效”的员工，人们发明了一些假定科学的测试，其中没给感情、直觉或主观留任何余地。这使每个人都时刻保持警惕：如果我的状态下降或一时失职，如果我不通过多项培训而保持在最佳员工的梯队中，下一个被开除的将是我。老板们认为，如果不施加这种永久的紧张气氛，不采用迅速变化的方法和目标，不增加合并和重组的频率，某些员工就会失去斗志，消极怠工。

奇怪的是，领导们在市场营销领域能够接受对心理因素（例如，考虑消费者的不合理性）的预估，却拒绝考虑员工的心理因素。他们希望员工出业绩、负责任、尽善尽美。“心理的”，在这种情况下，被视为一个问题。

但人们也因此出了故障，他们请了病假，而企业却极少对他们在发生“故障”前所做的工作表示感激，因为企业拒绝看到个人的软弱无力。在职场中，要么是超人，要么是病人，无间道。

然而，如果员工们的任务有意义，并且他们所做的工作得到了认可，那些被激励的员工并不讨厌承受精神压力。许多企业所犯的错误是不知道如何激励员工，为他们提供人道的、具体的手段（包括报酬），使他们热爱本职工作。

如果不自我欺骗，精神压力就不会消失，但我们可以发出报警信号，避免它变成破坏性的，我们尤其需要设置一些护栏，避免它滑向邪恶的轨道。

不良沟通

虽然管理课程中最推崇的培训计划之一就是沟通的艺术，但人们似乎越来越少谈论它了。INSEE（法国统计局）的一项关于职场交流或邻里间社交的长期调查（1983—1997）显示，现实中的人际交往已趋于大幅度减少：

15年来，一周内与一位同事之间有一次工作外的交谈的职员数目减少了12%。[1]

无可否认，在企业中，沟通已经改变。它以不易察觉的方式改变着人际关系：一方面，在口头沟通及电子邮件中，人们语速很快，直奔主题，尽量少用客套话，不再花时间交流。人们会留部门通知，或发一份备忘录。另一方面，在新技术的影

1　此数据为1998年3月公布的研究结果，转引自《世界报》（*Le Monde*）1999年12月24日的相关报道。

响下，出现了一些与共同语言相去甚远的新形式。应该使用把外行排除在外的编码语言来谈论“技术”。这一伪学术语言涉及如部落般运行的新经济领域。管理领域也受到影响，在这里，不再讲人人能听懂的人类语言，而是引入了一些标尺，以便更好地给员工打分，还有一些参考标准，以便告诉员工应如何执行每项任务。人们自称这样做效率更高，但实际上，他们在掩盖所有这些方法在改善人际关系方面的无能为力。

当然，这些管理方法也试图通过开发一些沟通技巧来弥补人际关系的不足（例如，想调动您下属的积极性，您应这样做；想调解冲突，您应那样做……），但所有这些技巧都是非常程式化的。对于因文凭或技术能力而非个人价值被聘用的众多年轻干部而言，关系技巧和评估工具代替了人情。医学上也不例外，众多辅助检查有时使人忽略了临床检查和对病人症状的问诊，随着现代沟通技术的出现而消失的，是倾听、对话和对他人的尊重，是所有那些能使我们改变观点和自我质疑的事情。

如果职业组织过于刚性，特别是当运转过于集中和隔离时，消息就无法传递。因此，企业总部、最高领导层和生产工人之间就出现了鸿沟。

除此之外，负责人往往不知道如何提升员工的价值或鼓励员工。相反，在中间级别上，我们看到负面的或贬低人格的话语大行其道：“您以为自己是谁，竟想要……？”“您也不是太傻，能不能……？”

某些干部没有勇气面对他们的下属，没有勇气当面和下属谈事情，而是将他们不敢要求的东西强加给下属。他们更愿意把既成事实摆在下属面前，或者通过内部通知与会议来传递信息，因为在会上，员工无法争辩。他们不是去解决问题，而是停留在不说或言下之意上，或者不经讨论就强迫执行一个方案。他们还通过限制信息下达来保护他们的后卫们。他们可以这样变换策略或同盟，而不会轻易被察觉。

许多雇主的错误在于想要不声不响地解决关系不和的问题，不惜一切代价避免冲突，然而，一次性刺破脓包，把事情说开，才是更健康的做法。什么都不说有可能导致误解或操纵。在一个压制性较强的传统组织中，我们看到更多的是直接冲突，而更内在的冲突和精神骚扰则以诱惑和参股的形式，更多地出现在参与式和自由主义的管理组织中。

除了会议和培训中的被迫交流之外，员工们通常会抱怨缺少对话。领导告诉他们，他们有说话和提问题的自由，但当他们鼓起勇气这样做时，却没有人听，没有人关心他们的诉求。他们要表达自己的看法，而所说的话又会被歪曲或利用来对付他们。许多人说他们不相信单方面的沟通：“我尽力避免惹上麻烦，避免被要求解释我所做的事！”

员工们不会轻易相信企业习惯性的双关语。正如让－皮埃尔·勒·高夫在他的著作《管理层的幻想》中所描述的，员工们所看到的只是领导层的演讲和他们日常经历的现实之间的差距。[1]他们明白，企业领导的漂亮话通常是用来掩盖机会主义策略的谎言。有时领导们的演讲包含诸如“我们的财富是人”之类的口号，而实际上，领导们关心的只是员工的绩效和其所能带给企业的附加值。

在正式通告之外，到处都是一些暗示性的信息。例如，每个人都意识到，在正式工作时间之外，还存在一个非正式工作时间，它构成与企业的一种精神契约。这种超额工作的义务分裂了工会与员工。那些不遵守团体所接受的规则的人将被排挤在外，他们自责，最终离开。

某些跨国企业的领导的讲话没有任何意义，只是我在《骚扰，无法回避的痛》中揭露的自恋变态狂假装博学的演说。这不是为了沟通，相反，是为了妨碍理解，从而不泄露企业的真实策略。无论如何，领导们需要更深入地看穿员工们的愿望，以便诱导他们的行为和思维方式。因此，领导们需要通过这些空洞的演讲来催眠员工，使他们服从支配。员工们没有任何办法来理解讲话的内容，更无法核实它，他们只能服从。另外，如果员工反抗，这种讲话将会是强制性的和威胁性的，从而使他们畏惧和服从。即使这些行为不是特别针对一个人并想摧毁他的，它们也已接近精神骚扰，因为它们把个人控制在手心中，进而达到驯服的目的。

---

1 参见让-皮埃尔·勒·高夫（Le Goff J.-P.），《管理层的幻想》（*Les illusions du management*），La Découverte出版社，1996年。

因为，为了保护他们的策略，企业不告知实情，却传递似是而非的信息，其目的一方面是操纵员工，另一方面则是诱惑股东，这就迫使员工们猜测企业所发的所有通知的言下之意。要想在一个大型集团或行政机关中进步，必须要懂得辨认双关语，破解其中微妙的信号，预测企业或机关的变化。

在正式通告之外，还存在非正式沟通、流言蜚语以及“小道消息”。还能相信谁？参照物已被歪曲，尤其对那些相信实际说出的话的“天真的人”而言。然而，骚扰行为的受害者首先是那些天真的、过于诚实的人，他们固执地说他们想说的话，固执地想要做他们该做的事。

当人们被控制住并因此失去保护时，只要有一个心术不正的人，就可以实施骚扰了。

格式化

具有讽刺意味的是，当整个社会越来越信奉个人主义时，职场上的个人价值却被掩藏了起来。

进入一家企业，就等于接受它的文化，即它的价值观、标准和思维方式。从聘用那一刻起，企业所选择的就是符合标准的应聘者。但聘用企业宣称的条件和现实情况之间存在极大的差距。招聘启事上鼓吹被聘用的干部要有主动精神和创新思维，而现实中，现存的体制却不支持差异性。他们需要进入企业和职权岗位的模子中去。

随后，如果员工偏离理想轮廓太远，领导们会设法让他重新回到轨道上来。但是随着领导层的变更和重组，参考标准也会变。于是就要进行细微的调整，而这却需要人们有很强的适应能力，不能跟上变化的人即使没犯过错，也会被开除。

员工自治被限定了范围，不得超出标准界限。在鼓吹创造力的同时，传统企业害怕任何思维创新，更喜欢精神上的墨守成规或至少“形式上”的循规蹈矩。尽管专家们建议管理变革，但实际上我们看到的正相反，领导们害怕变革带来的不确定性和混乱，犹豫着是否要拿自己开刀。

我们的社会在颂扬差异性，但领导们却在寻找格式化的、能与不同部门不同任务相匹配的个人。他们应是多面手，能适应所有的岗位。以前对高层干部的要求，现在变成对所有级别员工的要求。一切都应是标准化的，员工都应是符合标准的。他们不应提太多的问题，不应有太多自己的想法。应将他们的一部分个性束缚起来，甚至连着装方式都是标准化的。领导们因一些客观的、可测量的要素而感到放心，因为他们对人缺乏信心。当然，他们有时会承认某些有远见的领导人的潜力，但对那些次要岗位上的员工，他们更愿意把那些人控制在条条框框中。

然而，格式化不是生活，它只是一种对生活的模拟。员工们上当受骗不会太久。一旦他们面临困境、痛苦或暂时的绩效下降，他们就会爆发。如果不能使员工在工作中找到快乐，那么领导们想要把一切标准化就是打错了算盘，后果将是导致员工身心失调、出现工作事故或经常缺勤。所有这些对企业而言都是不可忽视的成本。

员工自身想要避免被团队排斥，就要准备好自我批评，以免制造“噪声”。他们明白，如果他们表达了这个团队内部可接受的意见，他们将有更多机会被别人接纳。这不只是为了保住饭碗，也是为了归属于某个团队。他们害怕被当场认定不符合这个职业所推崇的价值观，他们害怕以一己之力对抗所有人。

在进入一家企业时，员工学会了如何忍受所有批评，因为在艰难的应聘期过后，员工会因为重新找到某种安定而欣喜若狂。如果员工不能完全认同企业的精神，这个职位将令他难受，甚至焦虑，很快，他会自动边缘化。因此应在一种不属于自己的思维体系下运转。全身心投入工作的人们已经准备好否定自己，以便继续认同集体言论，留在这个团队中。于是就出现了被校准员工的自然选择。

领导们要求员工发挥主动性并负起责任，但员工越自主，就越威胁到他们的上司，上司害怕丢掉自己的权力，因此可能与员工对抗。在一个更接近金字塔形的权力体系中，隶属关系似乎更简单些。如何领导有自主精神的员工？为了对付这种两难处境，“创造奇迹”的管理方法接踵而至。只需要在火车站或机场的书报亭数一数讨论管理方法的书籍或刊物的数目，就可以看出干部们在其下属面前是如何的无能为力，而且他们又是多么害怕失败。他们等着被那些被动接受的诸多培训喂饱，这些培训教他们怀疑，却没有给予他们技巧和确定性。

为了在一家企业中晋升，一个人就要像变色龙一样，使自己的外表适应目标的变更和企业文化的变化。但是，职场以整体利益为名强加的标准不会取代价值观吗？个性的平均化，如果与不尊重他人相关，就会成为一种日常暗示的形式，导致个人变得消极。正是这种消极使人们遵从一个心术不正的领导的破坏性行为，至少是把这些行为视为宿命来接受，而不是揭露它们。

与这种永久格式化斗争的唯一方法是保持精神自由和批判精神。企业不应该不惜一切代价使员工们标准化，而是应把他们的差异性视为一种财富，甚至发挥差异性的作用，因为在拒绝员工特性的同时，企业也浪费了他们的创造力和潜力。

缺乏认可

职场在认同感建立过程中扮演了主角，人们在职场肯定自我的能力，实现自我的生活规划或梦想。

在这种意义上说，在职场中认可一个人的职业身份是非常重要的。一个在别人眼中不存在的人只能渐渐熄灭和消沉下去。另外，这也是精神骚扰通过使一个人象征性地消失而达到的目的。员工们如果感觉无论他们表现如何都不被认可，他们会失去动力，不再愿意全身心投入到工作中。

在这家私营企业中，随着35小时工作制的推行，总经理助理们发现他们的加班时间突然被取消了，这除了大大减少了他们的薪水之外，还导致了责任感的缺失和任务的分割。他们中的某些人失去了动力，退回到单纯的临时秘书的角色，在此之前一直忠心耿耿的他们开始拒绝一切不属于他们职权范围内的事务。于是气氛每况愈下，而他们被指责应对此负责。某些领导不明白他们为什么不像以前那样忠诚了，并试图找他们的错。

如果领导层只关心财务结果，忘记把员工当作人来考虑，而仅仅从技术性或效用的角度来看待他们的话，作为小卒子的员工会有一种不存在感，这会导致其顺从或反抗的行为。

同样的工具化出现在隶属关系中，而这其中的互利性越来越少。员工只是纯粹的“资源”，而不是人。下属在那儿就是为了给予，没有必要感激他或祝贺他，也没有必要关注他。除了实际效用之外，领导们看不到他们的员工：

玛丽就是如此，10年来她从未请过一天病假，也从未在出勤上做过手脚，她和她的上司在一起工作了7年，可当她通知上司自己在一家抗癌中心住院治疗时，她的上司甚至没给她打一个电话问候一下……

他们要求一名员工心系工作，要求他自我奉献，承诺付出一切，包括他自己，来解决某个问题或应对某种处境，但对他所做的工作却不予认可。他们否认工作中的困难："您自己想办法吧，我不想知道！"同时，也否认工作本身。于是，他们可以从某个人那里抽回一个他投入了许多精力的项目，连句"感谢"都没有，就把它托付给另外一个人。上司也会将员工的工作成果据为己有，利用它为自己加分。

他们不但不邀请我参加与我执行的项目有关的工作会议，甚至都不通知我他们对这个项目的决定。

我所做的工作不属于我。它属于"公司"，而公司可以改造它。

人们不再知道自己为什么工作，不再知道这项工作有什么用，因为它从他们手中溜走了，他们丧失了做事的意义。人们自问所做的工作有什么用、自己有什么用……

不仅所做的工作得不到认可，就连员工自身也没有被当作人来看待。例如，当一个人通知上司他因近亲去世需要请一天假时，他很难从上司那里得到表示慰问的只言片语。在一个无视你、只把你当作一枚棋子或花名册上一个编号的系统内，你又怎么能被调动起积极性呢？一直以来，员工们忍受着伤害，而这伤害又使他们丧失自信。职场不是在抚慰，而是在攻击个人的自尊。

对人的尊重因企业及其领导而不同。在一些企业中，领导们努力考虑员工，考虑家庭、社会或个人的困难，但考虑的方式可能太过干涉性，以至于员工们害怕暴露他们的私生活。

企业不能无视人，不能对员工的尊严置之不理。我的书所获得的反响是对领导们的一种警告，因为大部分因精神骚扰导致的罢工打出的第一个口号都是："我们想要得到尊重！"所有的罢工都要求尊重员工的尊严。

以下是我的一位读者的来信：

当"人力资源"一词出现时，我有一种深切的屈辱感，感觉自己被贬低至能源的行列，像煤、水库里的水或核能一样。在同一时期，人们开始把执行一项任务所需的时间表示为"人数—时数"或"人数—日数"。而这，我也视之为对人的一种贬低和轻视。

我也许是错的，但我认为在"人类"的概念之上，还有"个人"的概念，它承认了人的某些品质，而在此之上，还有"人"的概念，人有权获得尊重。

我认为，现在的形势可以总结为两个等式：人=尊重，资源=剥削。

然而，一个企业的效益是与领导层对员工福利的关心密不可分的。在一些美国公司中进行的研究表明，对企业效益影响最大的是组织对人的关注，而不是真正意义上的工作条件。经济学家丹尼尔·科恩在其著作《我们的摩登时代》中为我们确认："一个企业的股票价值有一半来自构成它的人力资本，另一半（仅）来自短期资本，而正是人的因素一直被低估了。"[1]

在就业市场鼎盛时期，求职者对招聘条件变得苛刻，许多企业发现了这一点，并做出机会主义的努力，为他们提供更好的工作条件或为他们的生活安排提供便利，以便更好地吸引新员工，许多领导在管理上有极度功利甚至犬儒主义的看法。他们用华而不实的许诺吸引年轻的毕业生，以掩盖缺乏理性的本质。他们为新员工勾勒了一幅世界级公司典范、虚假福利和潜在幸福承诺的假象，但这却不妨碍他们在这些员工不再令他们满意时，不假思索地进行抛弃。为了吸引年轻的毕业生，他们不择手段：更舒适的办公室、更好的培训计划、自选工作时间。某些企业甚至提供一些额外的服务（熨衣服、买药、协助办理行政手续……），以免他们的干部浪费宝贵的时间。但是，我们不要上当，这不是为了使员工们更幸福，而是为了使他们利用率更高、业绩更好、依赖性更强。

作为回报，这些诱惑行为只针对资质最高的员工。其他

---

1 丹尼尔·科恩（Daniel Cohen），《我们的摩登时代》（*Nos temps modernes*），Flammarion出版社，1999年。

人，那些可以互换的员工，没必要诱惑他们，只需要压制他们，不掀起大的风波即可。很显然，这加重了有文凭的员工和无资质的员工之间的不平等，使后者感觉不被重视。

大家都明白，这些小恩小惠都是微不足道的：促使一名员工留在一家企业的，除了高薪外，还有一个激励人的、令人愉快的工作环境，身在其中，他可以进步，他的工作得到了认可。

在法国国立工艺学院举办的一次题为“企业中的员工管理、权力和忠诚度”的研讨会上，有一位工程师发言人是一家大审计事务所的顾问，他的演讲通篇未提到忠诚度。他对传统经济和新经济下的管理差异以及能够使员工们忠心耿耿的实物与财务福利（主要是职工优先认股权）侃侃而谈，而忠诚与对人的尊重去哪儿了？

轻视他人是走向骚扰和暴力的第一步。这是一种保持控制和贬低人的无意识的战术。

体制的厚颜无耻

正如个人会生病一样，集体也会生病。除了心术不正的个人和被迫采取恶意行为的个人以外，还存在一些自身可能有毒的组织形式（企业、机关等）。在企业层面，我们也发现了那些与人的层面相同的特征。一些组织不去想如何保护它们雇用的员工，而是任由精神骚扰的氛围在企业中扎根而无动于衷。另一些企业的做法厚颜无耻，不吝于利用操纵和谎言，只要这有利于企业的发展。

普遍来看，越来越多的企业放任有害的氛围扎根，在这种氛围中，很难明确指出谁是侵犯者。人们可能只谈论某种气氛、某种令人不快的或有害的精神状态。

眼下相关的调查没有清楚地表明，某些组织形式与其他组织形式相比，本身是否更容易滋生精神骚扰。但我们知道，一个组织的等级越森严，员工的附属性越强，发生精神骚扰的风险就越大。同样，某些战略方向，如全面精简机构，也可能自身带有破坏性的基因。的确，管理层关于不惜一切盈利的讲话也构成一种组织专制，它比一个直接权威更具有强制性。相反，清楚的是，如果一位领导或领导层的某人心术不正，将会导致恶意行为出现在整个等级体系中。人际关系失控，所有的打击都被默许，于是体系本身变得邪恶，因为最高层的道德已完全沦丧了。

盈利目标本身不会导致精神骚扰，而是意欲达到这一目标的手段可能导致精神骚扰。对权力和眼前物质上的成功的欲望是骚扰行为不可或缺的动机。另外，我们已经说过，最大的恶意往往出现在非盈利的慈善协会中，而我们不能说他们的主要目标是追求利润。相反，一个明确宣布其盈利和利润目标的企业，如果尊重员工，则会采取预防精神骚扰的措施。

那些准备随时作弊以掩盖其颓势的企业，也往往是那些不善待员工而把他们视为达成目的的手段的企业，也正是这些企业在厚颜无耻地抱怨员工丧失了潜力和忠诚度。通过某种自然选择，我们往往会在领导岗位上发现一些特别爱报复的人，而员工们没有选择，如果想保住工作，必须忍气吞声地待在那里。

推卸责任

有一种公司范围内的整体不适，其间，没有人再愿意对任何事负责任，每个人都想着把责任推卸给别人，每个人就算未经历特别的苦难，也都自认为是受害者。在某一时期，企业中的金字塔式等级制度让位于网状等级制度，人们很容易丧失责任感——“那不是我，是别人！”或者“这是市场规律！”，正因如此，那些曾经对轰动一时的失败负有责任的领导们却从未承担失败的后果。也正因如此，那些骚扰同事或下属的领导们都倾向于指责别人或体制。

甚至在解雇员工时，他们也推卸责任。为了避免看上去像主观意愿，领导们委托审计事务所以最抽象的、最无情的方式来编制员工的经济数据。结果总是需要裁员。这样做肯定比因某个员工只是组织机构图中的一枚无关紧要的棋子而宣布他是冗员更简单！于是，领导们可以说他们也无能为力，他们的决定是根据数字做出的。

领导的狂妄自大

在借口抵抗竞争而公布目标的背后，某些领导有一种可怕的狂妄自大；追逐眼前可见的成功使他们忘记了企业的长远利益，而这本应通过保护员工来实现。只有股票行情能激发他们的能量。

十多年来，经济危机一直被用作减薪裁员措施的正当理由，让员工们张不开嘴提要求。现在，尽管经济在复苏，企业却继续以全球化和股票行情为借口压制员工。在厚颜无耻的嘴脸下，跨国公司的领导们以世界主宰者自居，甚至把自己置于政治权力之上，与底层小职员相隔十万八千里。他们的财产越来越多，权力越来越大。他们自我辩护道，如果不率先出击，他们将被竞争者们歼灭，将会消失。这是事实，还是他们的妄想狂和自大狂在作祟？

竞争者之间“你死我活”的斗争似乎是被所有领导接受的一种游戏规则。英特尔的创始人安迪·葛洛夫这样说道：“你越成功，就越感到自己被掠食者们包围着，他们企图蚕食你的业务，直至一无所剩。我认为一个老板的首要责任之一就是懂得如何时刻防御这些进攻，并将这一防御态度灌输给在他手下工作的所有人。”[1]他谈到的可能是一种健康的防御态度，但

1　安迪·葛洛夫（Andy Grove），《妄想狂是唯一幸存者》（*Seuls les paranoïaques survivent*），Village Mondial出版社，1997年。

在他的话背后，也应能听出一种消灭对手的进攻性。对于安迪·葛洛夫而言，在职场中，就是“各人自扫门前雪”。关于员工，他还说道：“谁能肯定这个员工还会有工作，而且非常坦率地说，除了他自己以外，谁还会为此操心？”这正是手握大权者们的厚颜无耻！

这些国际大集团的自恋狂领导们以主宰者自居，统治着整个世界。他们安排其他人的生活，通过广告和媒体打造他们的欲望和需求，他们知道对人们来说什么是好的，并有手段来使别人上当。正如让－玛丽·梅西耶所说：“企业往往比政治人物更清楚地知道什么对消费者是好的。”[1]

为了降低成本，他们就像处理库存一样摆脱员工。把被孤立的人逼得无能为力，最终牺牲掉他，似乎比挑战经济规律更容易些。在跨国企业中，领导们滥用职权的行为使个人申诉无门。领导们用公司利益和诸如股票行情、市场效益等短期目标来对抗员工。

这些行为甚至连企业外部的客户和消费者都能感受到，这也很好地证明了领导们什么也赚不到：

这家非常成功的国际企业拥有一个非常积极、非常热情的销售网络。奇怪的是，当公司宣传卓越的业绩时，当新产品投

1　让－玛丽·梅西耶（Jean-Marie Messier），*j6m.com*，Hachette出版社，2000年。

入市场时，他们的员工却突然给人一种沮丧的印象。他们丧失了冲劲儿、热情也降温了。他们甚至为从事这一行而感到自惭形秽。两年之后，企业的业绩一直不错，而这批销售员们又活过来了……

发生了什么事？仅仅是高管层换人了。两年前，因为政治和战略原因，一个既不关心产品也不关心人的掌权者“空降”到高管层。客户们对此一无所知，但他们看到了销售员们所受的影响。两年之后，一个人性化的总经理回来了，员工们又重新获得了存在感。

当然，这种有毒的管理类型在现实中很难与生产带来的精神压力区分开来，但员工们察觉到的基本差异是对人的尊重。从领导们放任企业中的不尊重氛围扎根那一刻起，员工们就很可能会面临精神骚扰的状况。

在一家健康的企业中，当出现可能导致精神骚扰的偏差时，可以通过直接质问等级体系中的某个人来投诉。在本书最后一章中，我们将看到应如何采取预防措施。

体制的邪恶

如果说邪恶是把个人引向恶的一面，促使他们做出邪恶的行为，那我们可以说，无可否认地存在邪恶的企业。这类企业非但没有激励每个员工为了自己的利益和企业的利益表现出最好的自己，反而加剧了对抗，诱导员工们做出不忠诚的行为。这源于那个错误的观点，即如果人们把个人利益放在一边，就会只为了企业的利益而更好地表现。这也源于另一个观点，即与其承担因解雇带来的公司动荡的风险，不如逼迫员工自行离职。

于是，在兼并或重组过程中，领导会施行两人同岗，说是鼓励竞争，但他们同时到处散布一些谣言，然后等着两人中的一个败下阵来，遭遇工作困境，或者垮掉、病倒乃至提交辞呈。他们也会蓄意制造麻烦，想方设法以资历为借口，使某人听命于一个较低级别的同事，或者既不考虑能力也不考虑资历而提拔一名员工。由此在员工中引发的不安全感会促使某些人做出不忠诚的行为。

在一个有毒的企业中，存在一些“邪恶”的潜规则：对领导的权力没有任何限制，不尊重员工。领导们使用双关语和似是而非的话，以便更好地控制员工；领导们说谎，以便更好地掩盖非法行径。

在某些企业中，犬儒主义、谎言和不信守承诺的事情司空见惯。

弗朗西斯在一家企业工作了7年，获得了若干福利：年底双薪、企业委员会福利、互助会福利……他的工作有点儿停滞不前，当上级建议他调到一个分公司的管理岗位上时，他非常高兴。他将保留已有的福利，还将获得加薪。当他在新的岗位上安顿下来以后，预期的加薪并没有到来。上级通知他，只有当他同意放弃与总公司的一切联系，也就等于放弃已有的福利后，才能实施加薪……

他反驳这不是上级之前向他承诺的。上级自欺欺人地答复他："我们从来没跟您这样说过！"

我们可以把这些无关痛痒的（对说谎者而言）谎言看作某些政客的习惯性谎言。说了什么并不重要。在谎言与套话之间，没有人再相信谁。

这类行为的平常化使人们接受了玩世不恭的嘲讽态度。既然大家都这么做，我为什么不呢？于是就有了一种预见其他人必定会渎职的方式："无论如何，他们会说谎，他们会操纵，反正已经有了第一次！"于是人们就会放弃遵守自己的道德准则。对于滥用职权、操纵、腐败和黑社会性质的偏离，人们起初认为这是不可避免的，后来就习以为常了。

当每个人都以个人利益而不是集体利益为中心时，就好像获得了默许一般同流合污了。看似无关紧要的小手段和破格优待会使员工们相信一切皆有可能。一方的敲诈会导致另一方的勒索。

2000年7月，为了使他们的请愿被听到，位于阿登省日韦市的Cellatex人造丝毛纺厂的被解雇工人们将5000升酸溶液倾倒在汇入默兹河的一条溪流中。这是一种绝望和自残的举动，因为他们自己就住在工厂旁边，这一行为并不是偶然发生的。他们的举动顺应了工厂不遵守防污染标准，向空气和水中排放毒性很大的产品的做法。

在同一家企业中，人们可能遭遇腐败、精神骚扰和谎言，这也并不令人惊讶，因为它们都同样来自放纵主义和道德约束的缺失。

在一名员工检举了三菱集团之后，我们了解到，30多年来，该集团一直在掩盖几百甚至几千辆汽车的制造缺陷，其中某些已经造成了事故。他们甚至开发了一个电脑软件来掩盖缺陷汽车的存在。集团将要支付巨额罚金，因为这是违法行为。但这会给一家已经被性骚扰纠纷和腐败丑闻玷污了的企业的内部精神状态带来改变吗？[1]

在如此邪恶的环境中，集团向新员工施加压力，使他们屈从于共同准则，即使这些准则是完全违法的，这种事也并不罕见。要么这些新员工因为犬儒主义或恐惧而接受和采纳这种共同行为，要么他们拒绝，在后一种情况下，他们的反抗被比喻

1　参见《日本经济新闻》（*Nihon Keizai Shimbun*）的相关报道，转引自《国际邮报》（*Courrier International*）第514期，2000年9月7日。

成英雄主义，因为他们会因此冒着被排挤或被骚扰的风险。

然而，通过暴力和压力强加的准则，不会从根本上被接受。人们服从是因为没得选择，一旦出现机会，他们就会离开。如果领导收买了员工，使他们沉默或顺从，可以肯定，这一行为以后会转嫁到下一等级。操纵导致操纵。因为在这样的环境中，不可能存在任何信任，每一刻都会有背叛或破坏的风险。

人的毁灭

从某个层面来讲，人们在生意场中如同在鲨鱼群中游泳。人们寻求的不只是超过竞争者，而是摧毁他。另外，世界经济的词汇表也是一种极端的暴力，非常接近我在描述自恋狂的恶意侵犯时所使用的那份词汇表：我们谈论向对手发起“袭击”的“掠食者”、最终变成“猎物”的“目标”企业等。

当一个企业面临困境时，有时会从外部聘用一个“清洁工”，或者一个可称之为杀手的人。他来是为了毫不留情地做家务：关闭工厂、撤销岗位。

有时这是以粗暴的方式进行的，并以挑衅的口吻宣布，就像电影《不管愿意还是强迫》(*De gré ou de force*)中所展示的，一个“成本杀手”对被认为不具备足够盈利能力的员工们进行了“修枝”。

“成本杀手”的目的是要在最短的时间内，将一定数量的员工清理出公司。他是公司以犬儒主义的方式聘用来做肮脏的工作的。这个人干扰现行的体制，解雇不符合新标准的员工，然后当这个地方清理干净之后，他就去别的地方发挥他那毁灭者的潜力去了。

如此这般清理干净了的企业于是请来一位被各个团队看好的领导者，为这个集团重新注入凝聚力和动力。用恐惧取代管理和用诱惑取代管理会使员工们顺服。

这也可以以更加不易察觉但也更加犬儒主义的方式进行。诺尔·古塔尔（Noël Goutard），法雷奥（Valeo）集团的前老板不就有一个“蒙鲁日的屠夫”的外号吗？应该说，他对企业持有一种达尔文主义和犬儒主义的观点：“有些人从（企业）中找到了他们的价值，努力使他们的经历增值，还有一些人没有做到，他们被责任吓住了。绩效导致自然选择。有痰就要吐掉。”[1]

除了重组外，邀请一名“清洁工”介入可能是一个矛盾的管理层下意识的需求。他们需要在重建之前快刀斩乱麻，出发点是：有人活，就要有人死；摧毁是为了带来新鲜血液。

应该注意，任何不能自控的体系都会滑向邪恶。

导致精神骚扰的偏航并不是一种宿命，各个组织完全有能力在净化管理方法的同时赢得胜利。因此，如果他们自己没有这么做，应该迫使他们实施预防政策。

1《世界报》，2000年5月31日。

一个企业如果没有了组成它的男人和女人们，就什么也做不了。有一些企业将尊重员工和倾听员工的呼声放在首位，尽管面临市场的紧张和压力，仍然努力健康运转。它们也运转得不错。

一个自恋社会的推波助澜作用

这种行为之所以会出现在企业中，是因为社会的价值观已经改变了。或者恰恰相反，可能社会的价值观之所以改变，是因为被全球化合理化了的经济犬儒主义？无论如何，我们不能批判一些管理方法却无视它们的社会背景。

无可否认，我们正处于一个促使我们自我崇拜的自恋的社会。人要活得成功，要变得有钱有权，还要炫富。另外，跨国公司的领导们取代了国王和王后，登上了杂志的封面。在这个建立在形象基础上的社会中，人们对人的真正价值不屑一顾，重要的是外表。

媒体，尤其是电视，助长了这种做法。如果没有足够的媒体亲和力，在自己的领域中做得再好也无济于事，媒体亲和力是指以我们这个时代的标准来看，够漂亮、谈吐不俗、在摄像机前表现自如。例如，只做一个诚实的科学家或一个严肃的企业领导人是不够的，还应学会宣传，给自己打广告。

在一个越来越肤浅的社会中，要想登上巅峰，重要的是金钱、成功和一份好的个人简历。无论是在职业领域还是在私人领域，每个人都唯恐自己掉队。即使不是最好的，也要表现出或幻想自己是最好的，并沉浸在这种幻想中。应该“让人放心”。根据阿兰·艾伦贝格的说法，“我们都被一个重视绩效的社会束缚住了”[1]。那些做不到的人至少应该装装样子，做些改变，或者干脆作假。

我们已学会接受体制，即使这一体制把我们推向深渊。在一个谎言当道的社会中，每个人都学会如何适应这种日常的伪善。时间将它变成了一条神圣的规范。它不再叩问那些说一套做一套或出尔反尔的人的良心，因为身为年轻人典范的大人物们都懂得如何轻易地把事实变成谎言。

那些被骚扰的人们丧失了他们对职场和整个社会的幻想。所有这些个人的幻灭累加起来，就助长了精神面貌的真正改变：从今往后，不信任任何人实属正常。我们因此创造了这样一个社会，在这里，每个人都是可能取代你的位置的潜在对手。

为了铲除暴力，应该把邪恶的管理方法重新置于它的背景中。一个暴力的、蔑视人的社会会产生暴力的、蔑视人的个人。为了使社会改变，作为社会一分子的每个人都应该扪心自问，努力改变。

1　阿兰·艾伦贝格（Alain Ehrenberg），《精疲力竭的自我》（*La fatigue d'être soi*），Odile Jacob出版社，1998年。

第十二章

人与人之间发生了什么？

CE QUI SE PASSE ENTRE LES PERSONNES

互动的赞歌

当我们从当事人的角度来研究精神骚扰时，不要相信任何漫画；事实上没有一方是“坏人骚扰者”，另一方是“好人受害者”。我们在这里遇到的是微妙的关系，没有任何情节是事先设定的，一方的态度可能改变另一方的态度。同一个人在有利的环境中可能业绩非常好，而且非常有魅力，而在充满敌意的环境中则变得愚蠢和令人不快。每个人都有他的病症或脆弱性，但领导们的病症被容忍的时间要比员工们的更长。

认为私人关系中的暴力行为和职场中的暴力行为是不同的这个观点是错误的。任何暴力，从出现在我们的社会中那一刻起，就不只是个人问题了。只是在职场上，集体的成分更多，因为当事人处于一个体系和等级制度中，因此也出现了双重迫害，首先是来自骚扰者，随后是来自没有介入的旁观者或上级。

无论如何，以战胜一个人然后摧毁他为目标的各个阶段在所有背景下都是一样的：暴力起初以顺势疗法的剂量渗透出来，通过控制行为来麻痹受害者，使他丧失自卫能力。随后，一个人或一群人行使他们对这个人的权力，而他却不能反抗。是强加的不对等性产生了暴力。在职场中，滥用职权很难与上级的特权和从属关系区别开来，因此导致混淆。在从属关系中，有一种不对等，但它是由合同规定的，只会涉及要做的工作。当然，上级有可能企图滥用他的职权。上级也可能企图不把他的下属看作一个与自己平等的人：“他是下属，我不需要尊重他！”

骚扰是一个主观概念

分析精神骚扰状况并找到治疗方法之所以困难，是因为旁观者或干预者看得到的外部现实并不是每个当事人的心理现实。一种状况只有通过人的主观思维才能获得意义。被骚扰者视为受到欺辱的情形，以及施于他的这种侮辱的影响，可能与实际发生的事不成比例。我们的感觉取决于我们的经历、所受的教育和过去的伤痛。一个人的人格与其性格有关，也与其经历有关，这此因素都会影响到他的反应。一个人，通过他的行为，可能促使我们做出挑衅的反应，虽然我们有意识地抵抗这种反应，但它却强加给我们：“我受不了他了！”或者更糟：“我不能闻到他的气味！”这不是想说我们应该因此止步不前；在一个关系中，永远都有可能的调解办法。当人们走到骚扰这一步时，那是因为这些调解的尝试失败了。

在任何冲突情形中，每个当事人都有他的观点和他要守护的利益。当他们回忆争端时，我们可能几乎要说，他们说的不是一件事。每个人都按成见给别人定型，往往一开始就对别人采取敌对行为，却很少尝试和解。人们通过把对方视为侵犯者来为自己辩护。

如果精神骚扰是由一个心术不正的人实施的，那么这个人总是认为他有理由这么做，因为这是他的目标对象应得的下场，但受害者，至少在第一时间里，不确定自己是否对自己的遭遇没有责任。

一次相遇是如何使我们改变的

我们只能从关系的角度或者只能从内心的角度来思考现实，因为外部世界和我们的内心世界之间永远都存在一种互动，而这种互动使我们改变。当某人令我们不愉快时，这会引起我们内心的变化。对方也能感觉到这一点，可以说他在他的身体中感觉到了，但并不总能破译它，或者更准确地说，他不知道如何用语言表达。这些感觉建立在空气中的某些真实的事物和不易察觉的事物上，它们也在变化。在两个人之间，发生着持续的互动，但只需要一件微不足道的小事（比如蝴蝶振动了一下翅膀），这种互动就会停止，关系就会僵化。两个人之间的关系要想融洽，应该保持最低限度的灵活和互动。有时候是工作环境造成的冷酷和紧张气氛消灭了这种互动的可能性，使人与人之间的关系僵化。相反，我们可以认为，一个亲切的管理环境可以通过互动的介入使僵化的局面解冻。

一次相遇是围绕一些极细微的小事展开的，这些小事被莱布尼兹称为“小感觉”。有整体感觉和微小感觉。精神骚扰，至少在开始时，是围绕微小感觉实施的，因此很难从法律含义上证明这个词。这些迹象被受害者感觉到，但却没有被周围的人感觉到，他们因为没有看到，所以没有介入。

何塞·吉尔在一本名为《空想》的杂志上发表了一篇文章，非常清楚地表达了这一观点：“让我们拿一张脸举例，这张脸上挂着微笑。这个微笑想表现得友好，然而，我们从中体会到一种说不出来的感觉，它向我们揭示了完全相反的一面：它隐藏着一种深深的憎恶，甚至是一种敌意。但只有能洞悉一切的目光才能捕捉到这个微笑假装表达的情感和它实际表达的情感之间的差异。这个差异就是被小感觉感知到的：这是一个不易察觉的虚伪的微笑。”[1]

语言也是一样的：一些表面甜蜜的、善意的话语，可能带

1 何塞·吉尔（José Gil），《感性的赌注》（“Les enjeux du sensible”），《空想》（*Chimères*）第39期。

有挑衅性，而只有这些话语所针对的人才能感觉到，周围的人可能一无所知。这就是我在《骚扰，无法回避的痛》中谈到的似是而非的沟通，它是邪恶的沟通的要素之一。

不幸的是，过于紧张或太不健康的职场环境可能堵塞了这些小感觉，要么通过双重压制行为把人置于控制之下，从而达到麻痹他们的目的；要么通过刚性的制度来约束他们。无论如何，在职场中，人们的交集越来越少，对关系的微妙性置之不理。感觉的蒸发成为职业生命中的一个常数。

正是这些环境的改变，在改变对状况的感觉的同时，构成了大部分骚扰情形的先决条件。它们形成了一条裂缝，而心术不正的或善于操纵的人则坠入其中。

受害者有什么特征吗?

人们经常问我受害者是否有命中注定的心理特征。我确信任何人都有可能成为精神骚扰的受害者。然而，持怀疑态度的侵害者和旁观者一直在说，这种问题只是针对一些脆弱的或患有特殊病症的人，即某种意义上的天生的受害者。

如果说受骚扰的人没有特定的心理特征，那么无可否认，正如我们刚刚看到的，有一些职业环境更容易发生精神骚扰，也有一些情形更有可能使人成为精神骚扰目标。

易发生精神骚扰的情形

如果一个职员确实或似乎干扰了另一个人或他所在团体的平衡，他成为骚扰目标的风险就更大。

非典型的人

正如我们在前一章中看到的，精神骚扰的触发因素之一是不接受他人差异性的事实，无论一个人还是一个团体。这种拒绝接近于歧视，涉及看得见的差异，如性别或肤色，但更常涉及一些微妙的、很难被别人发现的差异。

妮可对一份兼具商业性和艺术性活动的工作非常投入。从零开始的她为了“成功”，牺牲了自己的私生活。她很幸运地遇到了一位尊重她、重视她的上司，她与这位上司相处融洽。但当领导层决定把重心放在市场营销上时，他们让安妮——一个为人苛刻但营销业绩出色的女人——取代了她的上司。

一上任，安妮就向妮可指出她的工作方式需要完全改变，并且中止了妮可的所有项目。

妮可意识到自己不符合上司对她的期望。她的说话方式与她的岗位不相称。她没有那种“风格”。她率真而且外向，而安妮更加内敛。她也知道她天生的美貌和优雅的气质使对自己的外表不自信的安妮不舒服。

从妮可这一方面考虑，她需要欣赏她的上司，并获得上司的赏识。但安妮却丝毫不为妮可考虑，也不通知她项目的进展情况。

渐渐地，妮可丧失了自信。她感到始终很压抑，而且很多次，早上去上班时她都感觉不舒服。自从安妮上任之后，她经常情绪不佳，她的孩子和丈夫也开始抱怨她与家人相处的时间不够。看到甚至连以往相处融洽的同事们也开始抱怨自己，妮可决定申请调职。

太能干或太重要的人

由于个性原因，某些人可能会抢了某位上司或同事的风头，因此后者可能会强烈地希望贬低他们或使他们离开。正如有人所说，无能是对自己的一种威胁，而能干是对别人的一种威胁。

对自己不太自信的负责人担心太自由或个性太强的人，害怕他们会指出自己的弱点。

玛丽塔是一个坦率、直接、开朗的人。她身上有一种可以说是言论自由的傲慢无礼，但她的上司们往往视此为侵犯。的确，她不怕老板们，常常是唯一一个敢在会上指出哪里不对的人。

当宣布了辞退计划后，玛丽塔的老板开始每天口头挑衅她。他想方设法排挤玛丽塔，让她独自一人在另一座楼上工作，当着同事们的面贬低她，暗示她曾经没病装病。

后来这位老板解释说，因为知道玛丽塔很有说服力，所以担心她会带领同事们拒绝重新安排岗位……

抵抗格式化的人

这里指的是个性烦人、非典型的所有人，例如，一些过于诚实、过于谨慎或过于活跃的员工。他们经常遭到的指责是："您太理想主义了！"这就像是使他们的遭遇合理化了。

这些人身上缺乏对团体或组织的适应性。但这是一个缺点吗？

弗朗索瓦兹是一个企业主的女儿。在乱七八糟的学业结束之后，她有点儿偶然地进入了社会医疗行业。由于她很能干，领导们给予她更多的责任，这对于她这个级别是破格的。在她的部门中，她是唯一的中年女性；其他人要么是刚做了父母的年轻人，要么快要退休了。由于她喜欢高效地工作（"又快又好"），她觉得这个大团体有点儿迟钝。其他人也感觉到了这一点。某些人排斥她，另一些人害怕她；无论如何，她激起了人们的嫉妒。

当她的上司在一份重要文件中犯了多处严重的错误，而弗朗索瓦兹给上司指出来后，她自己却蒙上了污名，被视为挑起麻烦者。所有人都联合起来反对她。她被开除了。

我们看到，弗朗索瓦兹不够灵活，不懂见风使舵，不适合在一个大集团工作。她个性太强，结果害了自己。表面上，他们聘用她是为了带来改变，但并没有人真正想要改变什么。

像弗朗索瓦兹一样的人意识到了这一点，也非常清楚地认识到自己的优势也正是导致自己失败的原因。

以下是莉迪写给我的信：

我住在一个封闭的小城市中，被纳入行政或管理规划的所有人都互相认识。可能我有个个性很强（言下之意：性格很差）的名声，这已经体现在我之前的多次工作调动中了。

我应该考虑帮助科学院院士们重新为“性格差”定义：

◎ 捍卫自己的观点；

◎ 单纯自卫；

◎ 拒绝参与操纵和欺骗的游戏；

◎ 不接受谎言和他人的诽谤；

◎ 不接受不公正的事。

人们很难容忍那个“指出”问题的人，而这个人往往被认为应对他试图揭露的问题负责。

站错了队或没有良好关系网的人

人们更倾向于侵犯被孤立的员工，而对于有盟友的员工，人们会想办法拆散他们。当我们结盟时，还得看准了人。一些人有时会以集团对抗的名义被“牺牲”。

贝尔纳是新技术领域的一名研究员。他被从前工作过的公共部门辞退了，随后被一家美国私营实验室的总裁聘用，负责推进在欧洲的研究。这位总裁同时还任命了两名欧洲总经理来领导贝尔纳。

工作进展顺利，贝尔纳赢得了总裁的信任，并定期与他通过电子邮件沟通。但几个月后，那两位欧洲总经理想要自立门户。知道贝尔纳与美国总裁关系亲近，他们害怕他泄露他们的计划。

于是他们“抵制”贝尔纳，不再同他讲话，甚至都不问候早安，不给他传递信息，不让他参加会议。他们甚至把他的名字从公司通讯录上抹掉了，而接线员也得到指示，不再为他转接任何电话。他们继续给他安排工作，因为他们仍需要他，但他们不给他提供做好工作所需的信息。虽然他原则上是自主的研究员，但他们一直监视他、批评他，并给他寄一些毫无意义的挂号信。

当贝尔纳明白了他被侵犯仅仅是因为他是妨碍那两人夺权的一枚棋子时已是枉然，他已深受打击。两名总经理不敢直接进攻美国总裁，而是对贝尔纳下手，这导致贝尔纳的健康状况恶化，使他丧失了自信。

受保护的员工

正如我们在调查中看到的，员工代表、50岁以上的员工和怀孕的妇女（人们担心她们不再可自由支配）比其他人更常沦为精神骚扰的受害者。这也是在某些公共部门的分支机构中发生的情况，在这里，除非有特别严重的过失，否则员工不能被辞退，而且岗位调动也很受限。

骚扰案例数目不断增加，而这有时又会使保护员工的法律程序跑偏。在员工不受保护或很少被保护的国家中，暴力更加直接。在那些没有足够充分的理由便无法解雇员工的行业里，一些老板通过先侵犯工作条件，再进行人身攻击的方式来使那些他们不想要的员工“泄气”。

洛丽塔在一家制衣企业工作了10年，可当她与三位女同事一起当选为法国总工会的工会代表，与企业进行35小时工作制谈判后，烦恼就来了。从那以后，领导层不停地骚扰这四名工会代表。除洛丽塔外，其他三人最终都被辞退了。

唯一留下的洛丽塔遭到了同事们的排斥，同事们在领导层的压力下，选择了对她漠不关心。洛丽塔一直受到监视，多次受到“被取消资格”的威胁，被指责工作出错，同时，她因严重过失而成了第三次解雇程序的对象（前两次都被劳动监察委员会驳回了）。

“绩效”不佳的人

当一名员工不够胜任、不够高效或适应得较慢时，他很容易因此遭到上司的批评。

被绩效达标的齿轮驱动的同事们也会孤立他，然后抛弃他，因为他影响了集体的绩效。正因如此，在重组和公司规划中，当压力越来越大时，我们有时会看到出现了来自同事们的暴力抛弃，因为他们不再能容忍绩效较差的人。

暂时变脆弱的人

当一名员工面临个人困境时，周围的同事可能会利用他的这种脆弱。需要“去脂”的欠考虑的领导们可能会想方设法使无法自卫的员工犯错误。一些平日里晋升无望的同事也会利用这个机会给自己加分，取代他的位置或超过他：

大卫在同一家公司担任商务主管已达10年之久。他以勤奋能干著称，而他的成功也引来了一些嫉妒。在一次公司合并中，来了一位新的商务主管。大卫和他的新同事被安排两人同岗，共用一个秘书室，使用一样的信息化工具，负责一样的客户。同一年，大卫的父亲去世，妻子患上乳腺癌并需要做化疗。

大卫可用于工作的时间明显减少了，他不再加班到很晚，还有多次临时缺勤。他的同事利用这一机会撬走了他的客户，架空了他。因为所谓的行政原因，这位同事占据了他的办公室，而大卫被流放到走廊的尽头。当大卫提出抗议时，他们给他扣了顶“性格差”的帽子。他的同事还在一些客户的面前破坏大卫的名誉。而只想和最佳员工一起工作的领导层从未出面保护他，甚至还指责他工作中的失误。

职场有时就像一片真正的丛林，恐惧和焦虑是家常便饭。

无辜的受害者

许多骚扰的情形也会让人想起替罪羔羊的概念，一伙人把所有的错都推到与此无关的一个人或一个团体身上。这是受害者或受害团体无论怎么做都无法控制的事情。

勒内·吉拉尔认为，原始社会的基本法则是制定一个受害者（替罪羔羊），使他产生自己有罪的错觉。[1]这是一种真正的息事宁人的举动：通过一个人，使他周围的整个团体都反对他，从而制造一种模拟的平静，甚至一种和谐。替罪羔羊最初是一种献祭的圣物，最著名的例子是《利未记》中描述的场景。在赎罪节这一天，神父把手放在一只公山羊身上，以便将以色列人的所有罪孽都赋予它。然后，人们在沙漠里追逐这只公山羊，让它跑到恶魔阿撒泻勒那里，把族群的所有

1 参见勒内·吉拉尔（Ren Girard），《我看到撒旦如闪电般降临》（*Je vois satan tomber comme l'éclair*），Grasset出版社，1999年。

困难都带走。

在一些职业情形中，人们以个人或团体的方式体会到对某人无法表达出来的怒气。于是这股怒气就转嫁到表面看来随机抓到的受害者身上。例如，当两个集团对抗且利害冲突过于重大时，暴力可以转向大家都一致认为一无是处的某个人身上。

作为一家人道主义协会的法律顾问，约兰德被夹在两个有影响力的人物领头的集团之间：一方是总裁的人，另一方是秘书长的人。当两个集团的对抗加剧后，她成了双方互相要挟的目标。由于不敢正面对抗，每个集团都想通过约兰德传递挑衅信息。他们试图诱惑约兰德，利用她对抗另一方。

由于约兰德的反抗，她最终变成了两个阵营的攻击目标。他们都认为她不听话，并用刻薄的评论使她认识到这一点。他们批评她的工作，认为她不够尽职，每一方都拒绝考虑她并不只是为自己一方工作这一事实。约兰德被孤立了。无论她说什么、做什么，他们都会指责她。渐渐地，她的健康状况变差了，因为她每天早上都心怀恐惧地去上班。

两个集团最终达成一致，给她发了一封警告信，信中充斥着对她工作的指责和对她个人的批评（他们主要批评她的着装不符合她从事的岗位）。

在系统分析中，我们谈到“消极整合者”。这个人的作用是把集团的所有挑衅性都聚集到自己身上；如此“卸载”之后，这个集团就可以更好地运转。

消极整合者的作用，原则上是由集团内的人轮流承担的。当一个人发现自己始终处于这个位置且这种情况不受集团控制时，我们就可以说这是精神骚扰。应该明确的是，这是一种集体无意识的现象，正所谓“旁观者清，当局者迷”。

不应该把无意识行为导致的情形与由某个心术不正的人一手策划的想要使另一个人为他们的错误或过失负责的情形混为一谈。

同样，某些人由于神经过敏而不断犯错或者总能让人挑出错来。他们因此把自己置于被抛弃的境地，这与他所在团体的善恶无关。

防卫不当的预见因素

面对精神骚扰的处境，我们的反应是不一样的。某些人由于他们的经历或个性，不太懂得如何保护自己，因此遭受的骚扰更多，更难自卫。

另外，一个心术不正的侵害者知道如何巧妙地利用某人的一种特性或性格特征来对抗他，同时，与受害者更加隐私的经历相关的任何弱点也会被发现。无论如何，需要瞄准让人难受的那个痛点，如果可能，便去攻击某人的认同感或自尊。

自卑心理

没有人喜欢被批评，但有自卑心理的人比别人对批评更敏感。[1]例如，怀疑某个有洁癖的人不干净或指责一个非常认真的人是个外行都是伤害他的有效手段。

如果一个人起初对自己缺乏信心，而后通过努力工作为自己赢得了良好的形象，那么毋庸置疑，想要动摇他，只需要贬低他的工作，不给他展示自己最好一面的机会，或者只是妨碍他的工作即可。那些并未把精力放在工作上的人不会因这种行为受到如此大的影响，一个心术不正的侵害者可以找到其他方式来动摇他。

在对外表要求越来越高的职场上，自卑心理越来越常见。在一个自恋的社会里，个人变得越来越脆弱，需要通过别人的目光来肯定自己。职场上渗出的不安全感与一种更深层的不安全感相呼应，可能使有自卑心理的人失去平衡。

对某人实施精神骚扰，就是瞄准他的弱点、他的错误和他的失职，直至他感到自己有罪，丧失自信。一个人越怀疑自己，这种破坏工作就越容易完成。

1　参见克里斯托夫·安德烈（Christophe André）、弗朗索瓦·勒洛尔（François Lelord），《自尊》（*L'estime de soi*），Odile Jacob出版社，1999年。（该书中文版于2015年由生活书店出版有限公司出版，书名为《恰如其分的自尊》。——编者注）

更强烈的被认可需求

我们已经看到，工作在一个人的认同感建立过程中扮演了一个主角。被赏识、被重视或被喜爱有助于建立良好的自我形象。相反，被抛弃、被批评和被侮辱则不可避免地导致怀疑。

职场中的许多误解是因为人们把那些针对他们工作的批评看作是针对他们个人的。然而，人们也可能在工作上与某人不和，而私下与他保持良好关系。

但是，如果一个人以自己的职务来定位自己的身份，认为自己只是工程师杜邦先生或者护士杜兰小姐，那他或她自然更容易因遭受工作上的批评而受伤。

当生活在一个越来越孤独的时代中，人们可能将被诱导着去过多地投入到职业生活中。如果他们成功了，则一切都好，如果他们有幸在一家重视他们的小单位中工作，也会一切顺利。但今天，企业已变成一个只要求结果的冷酷世界。“真正”的老板往往不再是一个人，而是一个集团。在这种情况下，又怎能期待任何一种“情感”回报和任何一种关怀呢?

勒内从一位秘书那里听说，他的老板想利用向35小时工作制过渡的机会来削减他的一部分福利，这对他来说实际等于一次减薪。暴怒之下，他没有尝试和老板谈判，而是计划立即提交辞呈。

在这些新环境中，员工们因没有得到认可而失望，有时甚至受伤，这可能导致他们带着怨恨，以挑衅的方式来反抗，就像勒内一样。

如果一个人在工作中投入巨大，他所受的创伤就更加严重。正因如此，人们往往在被解雇前就被晾在一边。他们感觉到被孤立了，领导批评他们，说他们的坏话，就像是为他们做出的决定辩护。

布里吉特，59岁，总经理秘书，被孤立、遭到批评和诽谤，后来通过离职谈判“得到了好处”，截至离职，她已在这家企业工作了23年。她是第三位遭遇相同不幸的秘书，其中一位不久前自杀了。

以下是她的来信：

在通知我被解雇之后，还有一些有针对性的谈话，很明显，是想在谈判前使我的内心动摇，从而能够更容易地伤害我。在我这方面，在艰难地接受了自己必须离开的事实之后，我完全相信了负责我离职的领导们。一开始我以为协议中的“意见分歧”仅仅是“纸面上的”，正如他们跟我讲的，于是我接受了。后来我明白了，实际上，为此捏造的理由等于让我自己被公司抛弃了，同时感谢我23年来“良好的、忠诚的服务”。

没有经过任何法律培训，被公司完全孤立（没有律师，没有劳资调解委员，没有劳动监察委员会，“这不是我们公司的风格！”），我不得不面对一大堆所有人都明白，就我不明白的概念。在没有经验的情况下，我怎么能自我辩护？尤其是在一个如此充满敌意、工作超负荷和完全有组织的精神压力的环境中，面对掌握了权力、知识和才干的等级体系。

这个签名将是我一生中最不自由的一个行为、一个重大的断裂点。它是在无法忍受的心理压力下得到的。我当时筋疲力尽、心碎、麻木，甚至想自杀。我好像在催眠状态下经历了这一切，失去了判断力。可以佐证的是，我很快就确信他们可能当场让我签了另一个人的死亡令，在我自己的死亡令之后，而我签了。这一信念铭刻在我心中，时不时地在我脑海中重现。

这种行为符合一家大公司的道德规范和它的领导们的品质吗？违背员工意愿而粗暴地让他们停止工作、失业、退休，难道不足以构成一种创伤吗？为什么还要为一些莫须有的错误而贬低秘书们并如此轻视她们的工作呢？

虽然我没有走向自杀，尽管我曾强烈地有过这个念头，并在近两年的时间中多次把我的生命置于危险之中，但是这次解雇的后果对我来说仍然非常沉重：我刚刚开始从长期严重的身心“震惊状态”和事情发生前后同样严重的抑郁状态中走出来。感谢您听我讲述这些状态造成的所有的痛苦、焦虑……我无法过正常的生活，无法在任何地方工作……这也因此耽误了我进入我所希望的积极的、平静的退休生活。为了解决企业的内部组织问题，他们牺牲了接近退休年龄的女员工。我个人对这个企业很有感情，对我的工作非常投入。我在最近几年所承担的任务也很好地证明了这一点。他们有权如此伤害性地“处决”这些多年来已与企业建立起信任关系（至少她们自己是这样认为的）的人吗？

布里吉特的领导层认为：“谈判是根据规章进行的，已经留出了这类人事变动所需的时间和心理预警，它们是根据这类人事变动通常会引发的各种程度的面对新的现实的不适感而设定的。”

为什么领导层的话和被解雇员工感知的现实之间有这么大的差距呢？他们是否有蓄意“打击”布里吉特的意愿呢？可能没有。但他们主要是为了以最低的费用摆脱她，因为她已经工作了23年，薪水达到了一定水平。之后，他们可以以她多年来养成的工作习惯已不适应企业现阶段的发展需求为由，使解雇她的决定正当化。领导层可能觉得他们“恰当地”解决了这个“问题”，但没有任何人在任何时候问一问布里吉特的感受。他们有意识或无意识地想要操纵她，以便使她不制造麻烦：不起诉，不向劳资调解委员投诉。正是这种想使员工闭嘴的操纵给她留下了苦涩的滋味。

如果员工在工作中投入了过多的感情，当他被孤立或排斥时，就会出现在我们的术语中称之为自恋崩溃的状态。

使我极为震惊而且调查也证明了的是，前来咨询的骚扰受害者中，有许多对工作特别认真、非常（过于）投入的人。这些人完全以企业的神话为荣，全身心地融入其中，忘记了自我的存在。因此很容易控制他们，使他们自己越过自己的界限，因为他们的界限已模糊不清。

如果一个人是理想主义者，工作非常积极，则他被骚扰的风险较大；而如果一个人是实用主义者，最感兴趣的是薪水和实物福利，则他被骚扰的风险较小。后者把感情投入到了其他地方：私生活或相关的事物上。

许多员工对职场关系期望过高。现在的管理方法的确都在打感情牌，使员工和老板之间的关系越来越个性化……对于那些对工作投入过多感情的人，大家很容易把他们的工作与他们的人品混为一谈，对他们工作最轻微的批评也会被看作一种否认。而那些只满足于与企业有正式关系的人则较不容易受到影响。

我们发现，新进毕业生对企业投入的感情较少：他们会为工作条件和薪水讨价还价，如果企业令他们失望，他们会毫不犹豫地走人。他们会投入到工作中，但不会投入到企业中。

与某些领导们的讲话相反，员工们不仅仅需要工作中的安全感和舒适感，他们还渴望自我实现和感到自己有用……

过于严谨的人

骚扰的起点往往是一次价值观的冲突。只要一个过于严谨、职业操守很高、（相对于他所在的团体）过于诚实的人不认同这个团体的某些行为，这个团体的一些人就会想要除掉他。

在一个企业中，很难确切地定义人们从正常容忍（例如接受一个员工在工作时间打私人电话）向过度容忍（例如每个人都可以不受控制地给他们国外的朋友打电话）过渡的那个界限。随后人们可能过渡到一些更加可疑的小动作："我装作看不见你迟到，但你要对我的工作过失一字不提！"再往后就发展为被这个团体接受的习惯做法，如小到难以察觉的会计舞弊。

在一些行政机关中，这些小动作已经成为官方的"制度"……例如，没有人遵守工作时间，但这被视为对工作报酬低的一种补偿。揭露这一事实的人立刻会遭到污蔑，并被视为"前车之鉴"。

一个不接受这种妥协行为的人，即使他不公开揭露，也会自己远离团体的中心，借自己的态度来表明其他人的不诚实。于是，他的行为可能被解释为一种道德谴责或忠告。因为拒绝与员工们或企业的犬儒主义同流合污，这个人变成了妨碍习惯性运转的那粒沙子。人们会骚扰他，使他顺从于周围人的标准。这就是我在前半部分谈到的"检举者"的处境。

让－皮埃尔是一家大型公共服务机关的公务员。在调到一个新岗位后，他发现在任的公务员们在授予合同过程中与当地企业之间“有猫腻”。

他向同事们表明了他的反对意见，质询他的上司，并威胁要向媒体曝光。他立即就遭到了排斥，不光同事们不再同他讲话，他的上司也以纪律原因为借口要求把他调走。

对工作非常投入的人

被骚扰的职员往往还是对工作非常投入的人。他们对工作有一种理想化的幻想。他们不想只是高效地工作，还想赋予自己的工作一定的意义。

马克因为拒绝为解雇某人做假证，遭到他上司的骚扰和排斥。他忍气吞声，因为出于经济方面的考虑，他还不能离开。上司几乎每周都以毫无意义的借口寄一封挂号信投诉他。没有人为他辩护，因为他的同事们害怕因出头而轮到自己被骚扰。

最终，他的上司调到了别处，而马克逐渐在工作中找回了一点儿平静，但他始终对工作质量毫不让步。当一家承包商的工作质量被他评判为不合格时，即使他知道老板不会支持自己，因为这家承包商是“他惹不起的人”，他仍然照实做出了服务评价并抄送给主管。

后来，他又遭遇了同样的破坏行为，但这次是间接的。一名年轻的同事因产假离岗，上司找了个更合适的人来替岗。就在那位新妈妈即将返岗之前，这个上司告诉他的跟班儿们，他会让她在15天内离开。新妈妈回来后，上司就没让她的日子好过：冒犯性的小意见、没完没了的批评……马克为这位女同事辩护。他直言不讳地指出所有的问题，并建议这位女同事通过电子邮件内部投诉，抗议这种待遇。他意识到自己之前的遭遇不单单与他上司的行为有关，还与他上司想让碍事的人离开的意愿有关。他明白了，要想改变，每个人都应该自己反抗，但如果没有集体行动，一切都是枉然。

不幸的是，马克被孤立了，也没能调动起他的同事们。

很明显，被骚扰的员工们不够有手腕。他们不懂得如何自保。某些人说他们不适应一个推崇“善于应付”的公司，在那里，人们容忍领导们和政客们的机会主义谎言。但是我们能把拒绝谎言或妥协，或者把保持一种批判精神视为一种适应障碍吗？难道我们不认为，在发生我们所谴责的行为时，某些人反抗和不盲从于团体反而令人安心吗？那些善于强加自己的价值观的人必定更容易遭到骚扰和反对，他们应该自我肯定。他们在这样一种环境中的确显得“不正常”。

神经质的人

那些敏感的人更容易受到精神骚扰的伤害。

“神经质的人”（20世纪初的精神科医生克莱斯莫给出的称呼）是一些害羞的、特别容易动感情的、敏感的和常常焦虑的人。他们很容易陷入良心的挣扎，并对别人的反应很敏感。他们有精神科医生所谓的社交“感觉过敏症”，也就是说他们对生活中的侵犯反应过度。他们往往很自卑。我想明确指出，这不是一种精神病，而是一种性格脆弱。

一个神经质的人对道德缺陷非常敏感。他不接受事物的不完美，更难接受关系的不完善，眼里不揉沙子。对他而言，别人说什么很重要。

他比别人更能感受到耻辱。具有神经质性格的人在遭受侵犯时，会从对事件的痛苦意识过渡到一种抑郁的感情或一种普通的抑郁神经官能症，最终可能发展为妄想症。

而且，他还表现出一种对骚扰和挫折过度敏感的特征。如果真被骚扰了，他们会患上精神病伴随的代谢失调症。正是这种原因导致了一部分人在遭受精神骚扰后的妄想狂症状中摇摆不定，正如我们在精神骚扰造成的健康后果一章中所看到的。

抵抗的手段

某些个人或社会因素有助于更好地“坚持”。海因茨·雷曼分辨出八种因素，但其中每一种因素单独拿出来，都不能预言一个职员的抵抗能力。某些表面看来身心健康的人却会很快陷入严重的抑郁状态，而另一些给人印象更脆弱的人反而能抵抗更长时间。另一方面，面对严重侵犯，只具备这些抵抗因素中的一个是不够的。

如果说自信心——海因茨·雷曼所说的第二个抵抗因素——是一种帮助，它还必须是一种真实的自尊，而不是一种表面的态度。无论如何，如果人们垮掉，那是因为建立在恶意沟通基础上的精神骚扰行为的首要目的就是夺走被骚扰者的自信心，以便更好地驯服他。

而近亲的支持也被认为有助于抵抗，它自然很重要，但配偶或家人也必须随时了解事件的进程。被骚扰者通常过于不安，以至于不能恰当地向周围的人传递信息。而且即使开始时，配偶和朋友们能很好地安慰被骚扰者，但随着他接二连三地请病假，持续不安，没有任何好转的希望，他们也会气馁。

塞巴斯蒂安在一个新经济部门工作了两年。作为一名出色的信息工程师，他的技术能力得到了认可。但当企业扩大并与竞争者合并后，这些素质却反过来害了他。从那以后，他变得碍事，而且他们也让他感觉到了这一点。他们到处宣扬他无能、很难相处，随后还发来一些指责性的挂号信。

塞巴斯蒂安感到很受影响，在他的前一个岗位上，他一直非常受重视、受尊重。他刚结婚不久。他的妻子离开了自己的家乡和自己喜欢的工作，随他来到巴黎。当他试着跟她谈论自己在工作中的遭遇时，她非但不支持他，还指责他。她不理解一个如此出色的男人怎么会任凭自己被一些尽管职位比他高但能力却远不及他的人碾压。

塞巴斯蒂安克制自己，为了避免与妻子争吵，他不再跟她谈论自己的困境。他在工作中和家里都变得非常易怒，完全失眠，只能在清晨迷糊几小时。他不再想出门，不再有做爱的欲望，不再有任何计划。他的妻子已经认不出她嫁的这个男人了，想要和他分居。塞巴斯蒂安现在完全消沉了。他怀疑自己，不但在工作方面，而且在个人方面："我什么也做不好，我把一切都搞砸了！"他感到呼吸困难、心悸，不停地恶心，去上班时就会感到肚子疼。尽管他的妻子反对他接受治疗，但他最终还是休了病假，并接受了抗抑郁治疗。他计划另找一份工作，但他怀疑自己，感觉自己不会被录用。

经过一个月的治疗，塞巴斯蒂安开始好转，可以参加一些招聘面试了。于是，他要求被解雇，但他的雇主们不同意，因为他没有任何可以被指责的地方。塞巴斯蒂安只好辞职了。对于新工作，他有好几个重要的机会，更重要的是，他找回了自信。

他的妻子这时终于说出了她有多么不安：她害怕她的丈夫会和她父亲一样长期失业。

理想状态下，当然应该在企业内部找到依靠，但同事们害怕表现出他们的同情，因为恶意操纵使他们怀疑："无火不起烟！如果那些人这样对待他，一定是有原因的！"而他们自己也需要自保，因为承认受害者对自己的遭遇没有责任，就等于承认可以随机选择另一个目标。那么万一选中的就是他们呢？知道这事只发生在别人身上要令人放心得多。即使判断出他们的同事遭受了不公待遇，他们也宁可疏远他，以保住自己的工作。

然而，所有的患者都对我们说，一个同情的表示、一句鼓励的话，哪怕是最小的，对他们的帮助都很大，因为这些处境中最难熬的当然是被孤立。

珍妮弗是一家旅行社的项目经理。领导们希望她能开拓她自己国家的市场。她参与执行了多个项目，但当企业决定变换战略、瞄准其他地区时，她逐渐遭到了排挤。领导们只交给她一些无意义的任务，而无论她做什么都不能令他们满意。

一天早上，她的上司以办公室装修为借口，让她交出钥匙。从那以后，珍妮弗不得不等她的同事们来了以后才能进入办公室。从那天起，她被完全排斥了。不再有人同她讲话，即使是出于工作原因。指令通过便笺或电子邮件传达，更有甚者，她的办公桌周围被宣布为禁区。最令人尴尬的是，同事们回避她的视线。珍妮弗对于重新建立关系的所有尝试都是徒劳的。她讲话时，无人反应。她甚至因此怀疑自己的嗓子有发声问题。她想要喊叫："如果我喊叫，他们就不会装作听不见了！"

一天，一个女同事从她身边经过时，把一张便笺塞到她手里，便笺上写着“晚上7点在拐角咖啡馆见”。傍晚，这位同事向她解释道，她对珍妮弗没有任何意见，但她接到命令不能同她讲话。她解释说，她和其他同事都不同意这种做法，但他们得保住自己的职位，他们感觉如果有人与被排挤者接触，领导层会对他们有意见。领导让他们相信，竞争者付钱给珍妮弗，让她刺探情报。

尽管与女同事的这次接触没有使珍妮弗的处境发生任何改变，但她感到宽慰，因为她说：“即使我知道我早晚会丢掉工作，但上司反对我比起所有人——包括那些我很喜欢的同事们——反对我，对我的影响更小一些。当您感到所有人都讨厌您时，即使您确信自己是诚实的，没有任何可以指责的地方，您最终也会相信您自己有什么不对的地方，进而再也不敢同任何人讲话！”

在此类情况中，企业中的一个负责人——职业保健医生或职工代表——的支持自然是最积极的因素，他们的支持也会带来实际的改变，我们后面会谈到这一点。理论上，人们感觉自己能够独自反抗，因为他们确信自己的正当权益，但是要警惕那种放任精神骚扰横行的混乱状态，甚至连法学家们在遭到骚扰时也会不知所措，这时候集体的支持就显得尤为重要。

另外，我们不停地强调，诸如解雇这样的事件在客观上可能不会表现得具有灾难性，但却会表现出一种严重的自尊心创伤，以至于当事人极难从中恢复过来。相反，对于另外一些人而言，什么都比活在一种难以忍受的职场处境中强，因此他会提出辞职，而全然不顾明天等待他的是什么。然而，那些被物质境况阻碍的（例如，需要抚养孩子的单身女性）和没有选择的人则比那些能够轻易离职的人受骚扰时间更长。

在我于蒙特利尔所做的一个报告会上，一个年轻女孩说道："昨天我在收音机里听了您的讲话，您所描述的状况与我在前一份工作中的经历完全吻合。我并不知道这叫精神骚扰，几天前我辞了职，并对他们说我和他们在一起工作不舒服，我宁愿离开也不愿意病倒。"

没有家庭负担时，更容易保持自己的尊严，拒绝被虐待。当配偶的状况允许对方失业一段时间时，也有这种可能性。在这种情况下，骚扰者较不容易控制目标，因为"目标"可以一走了之，没有太多顾虑。

问题的复杂性

这里我要更详细地分析一个临床案例，我觉得这个案例相当具有代表性。下面我们来分析埃米尔的案例：

埃米尔是一家涉足多个行业的工业企业的项目技术主管。他在工作中，包括与国外的联系中拥有一定的自主性。企业处于全面变革期，引入了越来越多的机器人。他在这里工作了6年，从未与同事或上司产生过任何摩擦。一年前，埃米尔当选为职工代表。

当前任总经理离开后，企业经历了重组，领导们给埃米尔换了部门，要求他听命于雷蒙，此人之前一直与埃米尔同级。对埃米尔来说，这没有问题，在哪个部门都没有影响，因为他喜爱他的工作。

很快，埃米尔与雷蒙的关系就恶化了。谨慎、认真的埃米尔总是在项目启动前对一些事情的可行性提出质疑。这很碍事，而领导们也不答复他。一起工作几周后，雷蒙对他说："你是个坏人，我们要撤了你！"他怀疑埃米尔的好意："你提出这么多的问题，是因为你不想与我们一起工作！"一天早上，埃米尔接到部门通知，从此以后，他在做任何决定前都要得到雷蒙的许可。于是，他感觉领导们在质疑他的工作能力，他把这份部门通知贴在办公桌上方，从此以后，不管干什么，他都公开要求确认。于是，雷蒙谴责他是个麻烦制造者，并提议到停车场去打一架。埃米尔以蔑视来回应，并找人力资源主管谈话。而人力资源主管反驳他说："您自己和他解决吧，你们都是成年人了！"于是，埃米尔给人力资源主管寄了一封挂号信，指出自己无法容忍这种行为，并要求最低限度的尊重和认可。人力资源主管也用挂号信回复道，他无法迅速裁决雷蒙的说辞和埃米尔的说辞，建议召开一次正式会议，每个人都可以自己挑选一个人陪同，在会上把这件事挑明了。

会议始终没有召开，埃米尔不知道为什么。他继续在雷蒙手下工作，而雷蒙不再同他讲话，而且贬低他的所有工作。

在年度评估会议上，没有人对埃米尔的工作提出任何批评，但领导们把他的奖金减了一半："就是这样，你明白的！"

几个月后，埃米尔要求推迟一次部门会议，因为他要参加企业外部的一次35小时工作制的谈判。尽管雷蒙拒绝了，但埃米尔还是去谈判了，因此他出席部门会议时迟到了。他收到了一次警告。埃米尔觉得这太过分了，于是通知了劳动监察委员会，委员会在调查后，要求领导层撤销了这次警告。

埃米尔感到工作气氛变得无法忍受，他崩溃了，而他的内科医生建议他休病假。

我们可以从不同的角度来分析这个案例：

◎ 从职业组织的角度讲，这其实是在重组计划过程中，自动化导致工作量压缩，使得埃米尔到雷蒙手下工作；

◎ 从个人角度讲，我们可以认为雷蒙不喜欢埃米尔，因此想要打败他，但雷蒙也不是特别邪恶。

这样分析太简略了，还应该进一步探究细节。一种精神骚扰状况的分析不能只满足于单独观察个人，而应将他们置于不同的关系体系中。

应该更加详细地分析两个当事人。埃米尔不仅是职工代表，而且他还是黑人。另外，他严谨、无可指摘，可能还有点儿强迫症。他说话总是很平静，看上去非常理智。雷蒙是白人，多血质、易怒、更加冲动。

埃米尔出生在非洲。他的母亲在他11岁时去世了，他是由祖父母抚养成人的。他的祖父母是非常受人尊敬和爱戴的人，他们教会了他尊重、诚实和对工作认真负责。在他20岁时，他的父亲去世了，他来到了法国。

他离婚5年了，儿子16岁，要求与他一起生活。在孩子的教育问题上，他和他的新伴侣发生了冲突。

是否应考虑种族主义？令人惊讶的是，埃米尔并没有提及。然而，我们不能完全排除这一因素，无论是从埃米尔的角度还是从雷蒙的角度。如果假装文化归属性在这个案例中没有起到任何作用，那是相当虚伪的。在一些情况下，肤色、性别等因素构成的差异并非无关痛痒：弱势的一方为了使自己无可指摘，可能需要付出更多的努力；而这样的局面则可能导致其在面对辱骂和某些不怀好意的暗示时更加敏感。对于一名上司来说，受到一名下属的教训，尤其这位下属还是黑人，可能更令他难以忍受。在上一个岗位时，有人曾对埃米尔说过："无论如何也轮不到一个黑人来对我指手画脚！"埃米尔认为，大家都认为那个主管是个种族主义者（因为他曾经因侮辱一个黑人而被打断了鼻梁），但没有人这样说，因为这是一个禁忌的话题，大家宁愿谈论组织问题或个人问题……

建议去“像男人一样”打一架是重新建立平等关系的一种方式，但埃米尔拒绝了，他甚至借此把自己放在更优越的位置上：“我不会像流氓那样打架！”埃米尔说，“如果他们是种族主义者，这对我没有影响，他们只是把这事挑明了而已！”令人受伤的是那些暗地里的辱骂，它们会从根本上影响人际关系。

埃米尔作为职工代表，是为了代表其他人并帮助他们。这给了他一种优越感和其他人可能嫉妒的好处。当他宁愿去参加35小时工作制的会议而不是部门会议时，某些人可能因此受到了刺激。这事也没有人明说，因为这是一种歧视。埃米尔说，在35小时工作制谈判过程中，领导层企图将法国劳工民主联盟的那位工会代表置于低等和弱势的地位，同时指责他的工作。有一天，此人遭到他的上司的严重侮辱，以至于感觉不适，被送往医院。

除此之外，埃米尔还是个完美主义者。他确保自己无可指摘。然而，雷蒙一直对他说，他一无是处，他很坏。埃米尔本不该受到影响，因为这些指责显然是没有根据的。但正因为埃米尔非常严谨，对工作非常投入，这些指责才对他影响很大。官方说辞是要求员工们具备职业素养，但当他们过于信奉完美主义时，就会变得碍事。进一步约束埃米尔行动的部门通知更强化了他的警惕或疑心。因为害怕被抓住错处，他变得更加严谨，因此更加烦人。在这一行为中，从他这一方面可能存在一定程度的挑衅性：“他们想让我负责，那好，让他们走着瞧！”因此，一个恶性循环开始了，没有人愿意退让。我们也可能自问，面对一名无可指责的、抢了他风头的下属，雷蒙难道没有感觉到被侵犯，没有担心自己的位置吗？

怎么看待人力资源主管的态度呢？他的第一反应是说这与他无关，因为这是一件私事，在人力资源主管那里司空见惯。随后，他建议在证人面前调解。这是一个好主意，而且埃米尔也非常赞成；这是一种解决问题的庄重的方式。人力资源主管对两位当事人的疑虑是合理的。的确，应该听听双方的说辞。为什么这个调解会没有召开呢？我不知道。是不是人力资源主管担心没有能力解决这一冲突？是不是这件事在他看来不重要？埃米尔始终感到自己被出卖了，于是向劳资纠纷调解委员会提起诉讼。

人力资源主管本应怎么做呢？他本应尽早介入，使两位当事人安心，尤其是要消除双方的疑虑。处罚埃米尔因工会事务缺席部门会议是雷蒙的错，这有损于他的上司身份。为了帮助埃米尔恢复自信并避免冲突加剧，人力资源主管本应以上级的身份安慰他。

侵犯者有什么特征吗？

在写《骚扰，无法回避的痛》时，我问自己是否有机会在一本面向大众的作品中使用“自恋变态”一词。这样会不会与性变态混淆？收到的许多来信向我表明，“变态”一词非常清楚地反映了一种拐弯抹角地操纵别人的沟通方式，目的是瞒着别人从他那里得到某样东西。然而，我已经说过，不应将世界一分为二，一边是变态的坏人，另一边是无辜的受害者。即使没有恶意，我们所有人都可能在某些背景下，面对某些有邪恶态度的人。而造成问题的，不是个人本身，而是应被揭露的某种行为。

而且，我有时也听说，如果人们在职场中遇到自恋变态狂，这也只是一种例外情况，而一般来讲，骚扰者们也只是一种驱使他们虐待他人的体制的受害者。在某种程度上，他们虐待他人，是因为他们曾经被这个体制虐待过。在我看来，现实更加复杂，不能仅从企业范围来研究。

在前一章中，我们已经看到，精神骚扰的特点是一种侵犯，而不是一种冲突。冲突是各种相反的因素或情感的汇聚，而在精神骚扰中，正如在一切侵犯中，体现的是伤害他人的意愿。骚扰的目的是控制和支配他人，同时侵犯他人的精神领地。这并非一个人在过大的精神压力或恶劣的工作条件下的好斗性的释放。这不是一种自控力的丧失，相反，这是一种控制他人的意愿。

某些社会学家滥用了汉娜 · 阿伦特（Hannah Arendt）关于“平庸的恶”的论文，提出新的职业组织的心理压力可以将任何普通人转变成施虐者。我在这方面的经验使我不得不说，尽管某些环境可能令所有人不安，但不是任何人都会变成骚扰者。某些心理特征在这方面更加具有决定性。另一些人懂得如何抵抗，可能因为他们的精神价值观更加坚定。

我的读者中有一些人承认自己曾做出我所描述的行为，但不承认这是组织的邪恶所致。他们将自己的行为归咎于个人需要处理的困境。在这这种情况下，我们将看到，领导完全可以既处于严峻的管理对抗中，同时又能尊重、倾听员工，接受他们的批评并质疑自己。

为了避免滥用“骚扰”这一词语和将某些侵犯者妖魔化，我认为有必要区分与骚扰相似但却不是骚扰的情形（没有害人的意愿）和包含恶意的情形。在这两者之间，有不同的程度，我们可以逐个分析。

为了使事情更明确，我自行划分了等级，从最轻微的情形到最恶劣的情形：

◎ 不是骚扰的情形，即使表面上具有迷惑性；

◎ 破坏性的情形，但不一定是恶意的；

◎ 恶意的情形，但不一定是有意识的；

◎ 真正的骚扰情形。

当然，事情不是一成不变的，从一种情形到另一种情形之间可能会有一些过渡阶段。这些区别决定了应采取的惩罚和预防行动，我们会在后面看到。

看似骚扰却非骚扰的情形

管理上的误解与差错

我们可以把管理上的笨拙或差错归入这一类。这种情形的形成源自不懂得如何领导一个团队的人，无论其职业技能如何。某些人因其脆弱性或缺乏自信等弱点，需要使员工们顺服；另一些人不敢面对问题和指出错误。因此他们被迫说谎和操纵。当一个人在下属面前缺乏自信时，他会试图把自己掩藏在管理技术背后。但是这些被冠以“说服艺术”或“管理冲突”等美名的方法就算再好，如果在应用时缺乏情感和良知，都起不到任何效果。

领导他人不是一件简单的事：如果领导过于自信，则显得傲慢，但如果领导不够自信，则有可能因为过度防御而导致对他人的侵犯。某些人披着干部的外衣就像躲在盔甲中，他们在管理中毫无顾忌，从不自省。

还有一些负责人，在达到他们的能力极限时，试图通过专制或操纵行为掩盖这一点。要想做好领导，还应该具备更多的东西（例如，一种附加的能力或一种更强的个性），从而获得尊重。那些既没有意志力又没有能力的人可能会企图通过威胁的方式来领导他人。

还有一些领导因其性格或教育背景而不懂得沟通。他们从未说过一句和蔼的话，也不懂任何处世之道。他们没有学会那些可以促进关系的礼仪，没有学会如何尊重别人，以及考虑他人可能的脆弱性或反应。这令人不快，但并非出于恶意，其他人也没有深受其害。然而，企业有责任介入，督促他们学习如何使自己的行为更温和，从而避免可能伤害比较脆弱的下属的行为。

此外，一些管理上的误解或差错也有可能逐渐转变为骚扰的情形。

当朱迪斯来到新的岗位后，她感觉她的主管并不赏识她。主管和她一起工作好像很不舒服，从不同她讲话，每次她向主管咨询她所执行的项目的信息时，主管都会溜走。一位资历较老的同事告诉她，很明显，主管不喜欢她。

那天，很偶然地，部门里只剩下他俩，他们终于有机会谈一谈了。朱迪斯发现，事实上，主管对她所执行的项目知之甚少。主管刚刚接替一个自认为不可替代的人来到这个部门，那个人临走前故意没有向他移交任何信息，还继续在他的旧下属面前说继任者的坏话，使旧下属们在与新主管一起工作时处处有所顾忌。正因如此，他被公司中资历较老的下属们排除在有利的项目之外。刚刚被招进来的朱迪斯终于理解了主管的态度。

在这个例子中，感觉到被拒绝并来咨询的是朱迪斯，但实际上的操纵受害者却是她的主管。主管妨碍了前任，前任虽然不认识他，却想方设法诋毁他，一方面不向他传达他需要的信息，另一方面使他的团队不信任他。这也解释了朱迪斯同事们的态度。

不　和

是什么使我们无法忍受某人？或者是什么使我们无法再忍受曾经有一段时间相处不错的某人？

我觉得应把个人之间的不和与工作中的不和区分开来。毋庸置疑，与关系默契的人一起工作更令人愉快，但如果管理方式是健康的，如果大家就一个共同的目标达成一致，那么个人之间可能的亲密关系则可以放在一边。我们可以对某人无感，甚至不欣赏他，但能够与他一起工作。

工作中的不和往往是对完成一项任务的方式有分歧。在这种情况下，不和可能会危及目标。而且，企业完全有责任帮助员工解决他们的不和，使他们能够继续一起工作。工作上的任何观点差异，尤其是价值观的冲突，或者任何从属关系范围内的不和，都应由上级来解决。

有时候，一起工作的人对他们的工作关系的期待也会不同，例如，一个人希望更亲近，而另一个人希望保持距离。这可能是个人之间不和的根源。

无论不和是个人之间的还是工作中的，如果它持续存在，则往往源于个人经历。如果当事人有机会谈一谈或正面交锋，或者有人帮助他们这样做，这些状况可能会得到改善。使事情回到原位是干部们的责任。但如果不和被一个操纵团体或一个心术不正的人利用，就很有可能变质为精神骚扰，因为当事人都在各自的立场上僵持不下。以下是吉莱纳写给我的信：

34岁时，我在一家保险事务所找到了一份秘书的工作。在试用期内，我的两位老板（一对夫妻）非常有魅力、平易近人，对我的工作没有任何指责。可是，试用期过后，他们要求我不要把水瓶放在抽屉里，也不要再带饼干；之后，他们又指责我不懂得如何接待客户。这种意见每隔两周发生一次，其间一切顺利。后来，我的男老板要求我戴眼镜，借口说我犯了错误。当我要求他拿出证据时，他对我说："戴上您的眼镜吧，我们不会在这件事上浪费生命！"而他不知道，我的眼镜只是一副平光镜。几周以后，他们又告诉我不该移动电脑键盘。因此我不得不伸着胳膊工作。我忍气吞声，心想我可以在周末松一口气。

但我的老板应该是觉得我不够顺从，因为接下来发生了最恶劣的事情。

一天，当办公室只剩下我俩时，他问我用了什么香水。我问他为什么这样问。他对我说："您的味道很难闻！"您可以想象他把我置于怎样的境地。

随后，大概每月两次，我被叫到他的办公室，他从心理上打击我。最后，我失眠了，去办公室时就会哭。

我丈夫敦促我去谈判解雇条件。我同意了脾性不和的理由，但寄来的信上却说是个人卫生问题。我提起了诉讼并打赢了官司，得到了6个月的薪水作为赔偿。从那以后，我没有再去上班。我不能忍受和一个我对其诚信有所质疑的人一起工作。劳资纠纷调解委员会的判决使我可以在我居住的小城里昂首挺胸地做人，但在我内心深处却始终留着一道深深的伤痕。

吉莱纳的老板因为一些"不可言明"的原因而无法忍受她，然而，难以启口的事往往会通过可憎的行为表现出来。所有人都有可能会无法忍受另一个人的某个性格特征或某种特性，但在最终嫌弃对方之前，应该学会了解他，试着让他明白问题的根源。

当一个老板不能忍受他所聘用的一名员工时，他往往无法埋怨自己并承受解雇的成本。这是一次招聘失误，而那个除了他的自身特点外没有任何地方可以指责的人应该得到赔偿。在吉莱纳的案例中，因脾性不和而迅速解雇是最简单的解决方法。在这个过程中，如果使用了尊重性的字眼，双方就都保留了面子。但这位老板却想在争论中获胜，或许他也想找到吉莱纳的一个过错而少付些钱，而这样做则侮辱了吉莱纳。吉莱纳有理由去劳资纠纷调解委员会告老板，即使如她所说，创伤是难以愈合的。

在不和的情形中，很少能够公开说明理由。人们通过缄默不语、言下之意或斤斤计较来使对方明白自己不喜欢他。人们以行动代替语言。当我们询问一些人是什么使他们受不了某人时，回答往往是些鸡毛蒜皮的小事，我们能辨认出的导火线也只是某个小细节。

让-皮埃尔、托马斯和朱莉三人刚刚毕业于建筑专业，同时被一家大型事务所聘用。最初，他们三人都是朋友，但很快，让-皮埃尔和托马斯就受不了朱莉了。他们对她的所有行为感到恼火，但最主要的是她的手镯发出的叮当声。这种噪声变成了一种消极的条件反射：任何手镯的叮当声都让他们想起朱莉并感到恼火。然而，他们从未跟朱莉谈过这个问题。他们只是排斥她，并时不时给她使点儿坏。但更主要的是，她一离开，他们就批评她的所有行为和动作。

多年后，让-皮埃尔和托马斯是怎样谈论这个问题的呢？“应该承认我们当时对她挺无情的，因为除了她的手镯外，她是一个非常讨人喜欢的女孩，而且她的工作能力不错！”这似乎是因为他们当时是快乐的夜店单身汉，而朱莉已经嫁给一个年纪较大的男人并计划要孩子。尽管他们是同事，却属于不同的世界。

在电影《玩偶》（*Le jouet*）中，皮埃尔·理查德突然被他的老板解雇了。老板给他的解释是：“我解雇您是因为您的手潮乎乎的……”

对方吸引我们的或将我们推向对方的总是完全主观的东西：一种能使我们想起自己经历过却想要忘记的某事的存在方式（如我们的母亲在想要惩罚我们时使用的语调），或者我们自身具有但不喜欢的一种性格特征。

恶劣的工作条件（如狭小办公室内的拥挤）会加剧这些细节，导致性格上的反应，例如，某人可能因为办公室里某个同事发出极小的清喉咙的声音而紧张，或者另一个人会在每次同事未征求他的意见而打开窗户时感受到侵犯。然而，这不是精神骚扰。

过渡性的精神障碍

某些精神障碍在危急时刻可能表现为一些与骚扰相似的行为。我在这里谈论的是过渡性破坏状态，如果职业保健医生辨别出了这些状态，就可以治疗它们。

例如，在狂躁型抑郁精神病中，患者交替出现各个抑郁阶段和狂躁症发作的表现。狂躁症发作时，患者自尊心增强，出现一种伴有欣快感或易怒性的激动状态，并伴有一种以某一目的（性、职业、社会等）为导向的想法的流露和活动性的提高。进入这种全能状态时，狂躁之人不再受任何控制，可能会无意识地虐待其他人。并不是所有的狂躁抑郁发作状态都如此富有戏剧性，也不一定会导致患者住进医院。抑郁者的情形只有通过健康状况下降才能发现。相反，轻度狂躁的情形（即缓和的狂躁状态）是作为一种最终恢复的健康状况被人们发现的。然而，在不了解这种情绪爆发的根源的周围人看来，这些人并不是特别难相处。

几年前，丹尼尔因重度抑郁状态而住院。在接受了医生规定的抗抑郁治疗后，他突然从抑郁转为狂躁。他现在担任干部的银行正在经历合并，50岁的丹尼尔为自己的工作担心。

然而，几个星期以来，他自我感觉比所有人更聪明、更勇敢，他甚至确信，如果大家愿意听从他的主意，他就有能力迅速解决本部门的所有问题。他每天早早来到办公室，提前完成大量工作，当他的下属跟不上他的节奏时，他会感到紧张。当他心情好时，一向与人疏远的他用亲密的方式称呼他的助理，亲切地叫她的小名；而当他对她不满时，他会粗鲁地辱骂她。他傲慢的态度激怒了同事们，他们认为受到了轻视。在企业的餐厅里，当一位女同事出现时，他会忍不住兴高采烈地讲一些荤段子，直至她脸红或不快地离开餐桌。

丹尼尔的妻子为他的这种长期兴奋状态而担心，催促他去看精神科医生。丹尼尔似乎在用这种轻度狂躁状态来抵抗一种潜在的抑郁状态。他认为，领导层在宣布有20%的冗员后，会想方设法让那些年纪最大的、绩效最差的员工离开。基于这个信念，不再年轻的他更加努力地做好工作。接受了几天的抗抑郁和抗焦虑治疗后，丹尼尔平静了下来，不再纠缠他的助理和同事们了。

这一案例也不属于精神骚扰。这只是一种可以治疗的精神障碍，只需要有一位医生诊断出来即可。

破坏性的但不一定有恶意的情形

我们可以将我在第一部分简略谈到的粗暴管理的情形全部归入这一类别。一个人由于病态的性格，对他周围的人都不好。如果他处于掌权位置，可能因此压迫他的下属，而后者很难自卫。这是一种集体性的虐待，原则上，它对所有人都一视同仁。这是一些不加掩饰的、所有人都能察觉到的行为。

当然，应找出这一切的细微差别并逐个研究，因为粗暴管理有时会发展为精神骚扰。

精神压力的传递

一些小领导们仅仅是将他们所承受的压力转嫁给他们的下属。需要完成的任务之多使他们如此焦虑，以致他们惊慌失措，斥责其他人。他们自我辩护说他们力不从心，因为他们担心无法达到目标，因此，他们不能额外考虑每个人的精神状态。只要员工们只字不提，这种不是出于恶意但却是破坏性的行为就会悄悄地进行，因为上级只关心结果。压力因此自上而下逐级传递，每个人都把自己的精神压力传递给他的下属，也传递给他的同事。由于每个人都躲在自己所承受的压力背后，没有人感觉自己真正有责任。“这是体制的过错！我只是执行命令而已！”自然，这样一种环境，尤其当它含有敌意时，会使人对别人的错误或脆弱性反应更强烈，因此更难以容忍。

有时候，一名职员被他的上司虐待却不敢声张，又找不到其他摆脱困境的方法，只能将他所承受的压力转嫁到下一级职员身上。在暴力传递过程中，有些不受我们意志控制的东西固定在身体的记忆中，就像一种反射现象。因为我们曾经被侮辱，我们就会反过来去侮辱他人。发现我们在重复他人迫使我们承受的行为，或者在我们自己身上发现我们所厌恶的旁人的缺点，并不是一件容易的事。

但应该注意不要使暴力常态化。不能因为我们曾经历过困境，就有正当理由使别人受苦。这相当于自然而然地接受那种受虐者虐人的连锁反应。

的确，我干了一些很可怕的事，但我一点儿也不后悔。事实上，我还没说出我想说的第十句坏话！人有一种傲慢，认为他们不需要为别人努力，好吧，我会像他们那样做！没有人信守承诺，人们说一套做一套。我只是会做大部分人在做的事。从我童年时起，他们就指责我好斗，但我只是对成年人施加给我的暴力进行自卫。现在，我在继续自卫。就这样。我不会改变！

工作压力或恶劣的氛围不是借口，每个员工，无论他处于哪个级别，都应该反抗，从这种恶性循环中走出来。

我仍然认为有必要把精神压力与冷酷无情的邪恶暴力的反应性侵犯区分开来，即使这种邪恶行为的根源是从前遭受的一次暴力。

神经过敏性的焦虑

应该看到，人类的反应并不总是符合逻辑的。如果一个人的行为与他的工作不一致，不能总是从企业一方寻找原因，这可能是他的情感作用导致的。

焦虑或神经过敏症可能导致一些令其他人难以忍受的行

为。一个神经过敏者往往情绪不稳定、气量小、爱反驳别人；他可能像人们所说的那样“性格差”。如果他害怕自己的暴力和欲望，他的情感纠葛可能使他做出复杂的、虚伪的攻击行为。

那些神经过敏者经常在他们与别人的关系中重复扮演他们儿时未完成的角色。一位“难相处”的同事可能只是一个曾受过伤的人，他在将自己儿时经历过的恐惧和羞辱传递出去。

神经过敏者的攻击性往往是无意识的，自动表现在讽刺、挖苦、戏弄、拒绝等间接行为，或者弗洛伊德式错误（动作倒错）、无动于衷、软弱无力、无所事事、优柔寡断等行为中。没有焦虑就没有攻击性。这种神经过敏者的攻击性，其起点来自主体的个人经历，之后可能转移，并在职场中表现出来。例如，针对母亲的攻击性可能投射到所有女性身上，这也解释了某些马赫主义或性别歧视的行为。

同样的攻击性也可能倒置，感觉像恐惧，这解释了为什么当一个人侵犯他人时，自己会感觉受到了侵犯。一般说来，通过投射现象，我们倾向于将我们拒绝承认自己拥有的感情归咎于别人，因为我们讨厌在同类人身上看到我们拒绝在自己身上看到的缺点。是自我憎恨导致了憎恨他人。

当然，一个人应该自爱，才能好好与他人相处，当你没有自信心时，你可能会一直以防守的方式与人相处。你怀疑别人，认为他们判断你，并随时准备批评你。你变得暴力，因为你感到自己危机重重。另外，如果一个人不能承受自己的暴力，他可能会采取邪恶的行为来掩盖它。这是一个恶性循环：为了保护自己，就要一直不停地攻击，“不停地确认这一普遍规则，即曾经求助于暴力的人应继续使用暴力”[1]。

性格有缺陷的领导

有比我们想象中更多的领导表现得像个暴君。他们谩骂员工、嘲笑员工、羞辱员工，就像他们有这个权力，可以不受惩罚地这么做。这些令人难以忍受的性格有缺陷的领导，在别的环境中，对权力不如他们的人，也会做同样的事。这是些小主管们，他们侮辱所有人，尤其是女性，而且完全是有意识的。

骚扰行为是隐蔽的，而这些性格有缺陷的暴君却是他们周围所有人所公认的，但人们只能忍受，不敢反抗。

这家广告公司的总裁被他的全体员工称为“上帝”。这是一个专横的变态狂，他以公开斥责经理们为乐，而他们不能反抗，因为担心被下属们轻视。他的口头禅是：“那些螃蟹，我不用开水煮，我会先把他们压碎！”他的员工感觉踩在鸡蛋上，因为他会毫无理由地在某一天赞美某个人，而在第二天把他摧毁。当

1　斯蒂芬·茨威格（Stefan Zweig），《良知对抗暴力：卡斯特里奥对抗加尔文》（*Science contre conscience, ou Castellin contre Calvin*），Castor Astral出版社，1997年。（该书中文版于2012年由生活·读书·新知三联书店出版。——编者注）

有人反对他时，他会绕圈子或说谎。他知道，无论如何，不管谎说得多大，都不会有人对他说：“您说谎了！”有时，他开起会来没完没了。员工们于是不得不听他们的“主子老爷”谈天说地，却不涉及会议的主题。如果他不得不缺席会议，当他回来时，即使过了一小时，他仍会要求大家从头开始。

他对经理们宣扬一些暴力的管理方法，鼓励他们采取镇压和寄挂号信等行为。他告诉干部们可以自己做主，但却介入否决他们刚刚与客户或供应商谈好的条件。于是，为了避免麻烦，人们推卸责任，用公函来掩护自己。尽管如此，他还坚持一种家长作风的讲话：“我的办公室是敞开的！我在那里为你们提供帮助！”而且，他一边以卖弄的方式炫耀他的财富，一边却坚持训诫他的员工关于金钱的危害。

战略岗位上的人员流动很频繁，因为干部们都坚持不了一年。当最近一次有一个被公开诽谤的人斗胆反驳时，那些曾经逃过了侵犯的人开始在他们的纸上乱涂乱画或者盯着天花板看。这一次，游戏持续的时间比以往要长，但像每一次一样，最终仍然以解雇收场。当然，被解雇的人可以向劳资纠纷调解委员会提起诉讼并可能打赢官司；但如有必要，这位总裁也会上诉，直至撤销原判为止。企业支付解雇赔偿金显然比较简单，花费也较少，但对于这位总裁而言，重要的是在争论中获胜，是能够说：“他反抗了我，我打垮了他！”

在这个企业中，目前不可能发生员工的群体行动，因为人们害怕，而且有几位老员工受到操纵，反对新员工。

这个人的病症是如此明显，以至于他的员工们对他的那些令人难以容忍的行为袖手旁观，并私下互相安慰。以下是他们中的一位干部所说的话：

他的行为并没有使我不安，因为我知道他是个疯子，而且所有人都知道。这没有那么严重，因为我喜欢我的工作，我喜欢同我一起工作的人们。如果我决定离开，那是因为跟着这样一位老板，我们早晚会失败。营业额已经开始下降，我的奖金也是。

这位总裁并没能破坏员工之间私下的团结，这已经不错了，但还应该更进一步，使员工们能够公开地把这种团结用作武器，来反抗暴君领导。

然而，单独一个人对老板什么也做不了，只有全体员工的共同行动才能成事。整个团体应以集体的方式行动起来，让他知道这种行为是不被允许的。这就是在蒙托邦发生的事，宝雅公司的员工们经过一场艰苦的罢工，逼走了他们的总经理，所有人长期以来都了解他那些性格有缺陷的行为。

这些所有人都看得见的行为，往往更多地出现在雇主身上，而不是在下属身上。当一个人与一位性格有缺陷的员工之间出现问题时，应该由上级介入，因为上级应该对此负责并应惩罚过错方。

妄想狂领导

这类人的特点是他们自认为掌握了不可辩驳的事实。他们永远比所有人知道得多，而且从不质疑自己。他们想占有一切需求，使自己在权力职位上心花怒放。他们要掌控一切，统治一切。

当我们谈到精神骚扰时，为什么我们只提出了关于受害者妄想狂的问题，而没有探询侵犯者的妄想狂问题呢？当然，我们有时会看到，被下属们控告实施精神骚扰的某位领导表现出一种难以相处的性格，如果精神科医生有机会见到他们，会把他们定义为妄想狂。但在最常见的情况下，我们只在抱怨者身上辨认出妄想狂的症状。

然而，两者中受迫害最深的不总是受害者。有一些多疑的经理，他们看谁都像间谍，不信任任何人，除了自己认定的真相外看不到其他真相。也有一些同事，他们操纵一切，带着别人一定有什么可以指责之处的观点侵犯其他人。妄想狂个性的特点之一就是多疑。在精神骚扰初期，往往出现准妄想恐惧，担心别人（将要被骚扰的人）伤害他。这些妄想狂领导可能满脑子都是一些基于假定损害的烦扰想法，而事实本身却与这一感觉相反。例如，他们可能害怕一名员工怀有恶意，于是，无论这名员工做什么，都会被怀疑：如果他天赋过高，他可能会抢风头；如果他过于诚实，这也令人担心，等等。

泽维尔是一个专横的老板，所有员工都害怕他。他不信任任何人，甚至会偷看放在员工办公桌上的文件，偷听下属们的电话语音留言。

每次当他遇到糟糕的处境或没有如自己所愿签订一份合同时，他都相信这是因为某人在他的外部合作伙伴面前说了他的坏话。

一次展会结束后，全体员工自发写了一封信，要求支付加班工资。结果，他非常暴力地攻击了他的副手，指责是他挑起了这次反叛。

在这种环境中，每个人都会不由自主地怀疑所有人。适应得最好的则是那些懂得唯唯诺诺和伪善的人。

由于妄想狂往往也是专横的，其他人，包括同事和上下级，有时不能将他们与性格有缺陷的人区分开来，只有职业保健医生能做出诊断。但就算某人真是妄想狂，如果他不愿意治疗，除非采取司法措施，否则我们不能强迫他接受治疗。

强迫症人格

谈到骚扰，我就不得不说说执念和强迫症。执念是一种固定不变的念头，它以纠缠的、令人痛苦的方式强加于一个主体，使他不能借助自己的意志来消除它。如果说在一次恶意侵犯后，被骚扰者的脑海中充满被侵犯者的形象和所遭受的暴力的记忆，那么不容置疑，侵犯者在侵犯过程中以及之后，头脑中也会充斥着被他所侵犯的人的形象。

从词源学上看，“烦扰”和“骚扰”这两个词非常接近。在旧的释义中，“烦扰”的引申义是指“不停纠缠的某些念头”(《利特雷法语词典》)。直到1799年才出现如今心理学上的“烦扰”的定义，即以反复的、抑制不住的方式强加于精神的念头或形象。这些强加的思想构成了一种让烦扰者很想摆脱的内心干扰。

除了执念外，强迫症人格还表现为一种特别的抑郁基础，被20世纪初的精神病专家让内称为“神经衰弱”。[1]这就使它与其他人的忧虑拉开了距离，退回到了抽象概念或伟大的理论中。由于这些人的举止或谈话中表现出某种冷漠，而且缺乏感情，同事们或合作伙伴们可能感到自己被拒绝了。让内谈到他

1 参见皮埃尔·让内（Pierre Janet),《癔症的心理状态》(*Les obsessions et la psychasthénie*),Flammarion出版社，1903年。

们时，用了“不完整的感觉”这一措辞，这种感觉使强迫症患者们处于始终不满意的状态，对自己、对别人永远都不满意。

具有强迫症性格的人有很强的控制欲，因为他们害怕一切流动的、移动的或自发的东西。他们想要把生活凝固住，以便控制它。他们需要整理、组织、支配和控制。他们过分注重细节，常常因此损害了最终结果。他们希望所有事情都按照某一种而不是其他的方式发展，只要一切没有完全符合他们的期望，他们就不会放过对方。他们往往有一种固执的、顽固的性格和一种刻板的专制，这会刺激同事或下属。他们认为自己在以善的名义行事，不能忍受别人的失职。别人的失误、迟到和意外就如同对他们的真正侵犯，这种想法进而转化为执念和反复思考。

人们越催促他们，他们就变得越僵化。强迫症患者不放过他人，他们不停地出现在他人的面前，不停地打电话，从而阻止他人的进展。他们的性生活充满了侵略性，他们反抗，同时又想努力表现得有礼貌、令人愉快和舒服，因为他们喜欢被欣赏。

在企事业单位中，这些强迫症患者们在二把手和第二负责人的职位上做得很好，只要他们上面是一位他们钦佩的并信任他们的领导。他们因此能够行使专权，但要经过授权，也就是说可以不用对他们的行为负责。

他们因为能够在服从的同时指挥一切而感到放心，因为他们可以因此在他们的服从需求与他们的侵犯性之间找到一种恰当的平衡。

职场——以及漫画中的行政机关——就是以一种强迫症的方式在运转。其程序非常严格，人们制定标准并进行考评，以便得到数字、统计数据和数字化的方案。职员们必须严格遵守礼仪。在一个如此校准过的世界中，没有强迫症的人会感到自己受到限制，因不能创造、即兴发挥而痛苦，感觉像被关进了笼子。但是，从另一方面来看，过于强迫症的人也很难适应组织变化和时间压力，容易把自己的不适应性导致的约束转嫁给别人。

妄想狂和强迫症人格障碍都是一些结构僵化的精神组织。如果他们被理想化和当作楷模的那个人抛弃了的话，这两种病的症状就会加重。于是，那个人就会被妄想狂或强迫症患者看作一个迫害者。他们会盯住他不放，直到他败下阵来为止。

任何感觉被执念烦扰的人都会有一种找不到自己的表达方式的想法或一种满脑子充斥着另一个人的想法，但这不是一种病。因此，我们每个人都有必要学会在这些心理活动变质为真正的骚扰之前发现它们。在以下皮埃尔的例子中我们会看到，强迫症个性完全有能力自我质疑。

在一家大型集团工作多年后，身为普通职员的皮埃尔被提升为一个小部门的部门主管，这个部门中包括正处于试用期的年轻人和一些长期合同职员。作为该部门唯一的专业人士，他是无可争议的头儿。

一段时间过后，皮埃尔意识到自己无法再忍受阿梅莉。她做什么、说什么都会激怒他，尤其是当她要求早退时。皮埃尔感觉阿梅莉对自己的工作（或者对他！）失去了兴趣。他开始窥探她的来去时间，监视她，以便在她尾巴翘起来时给她安排额外的工作。只要她一犯错，他就会对她大吼大叫。他想让她难受。皮埃尔意识到，从严格的工作意义上，骚扰她并不是最有效的方法，但他已经被潜意识中的恶性循环控制住了：这个女人让他烦扰。就像是一种颠倒的因爱生妒，她占据了他全部的思想。他相信她也想离开。

这种境况一下子让皮埃尔回想起他在别的环境中作为侵犯者或被侵犯者所经历过的所有类似的事情。他以为自己已经忘记了那些痛苦，但它们再次汹涌而至。他知道，每次当他选择以暴力来解决问题时，他就已经输了。他回忆起自己有意识地表现出轻视或存心使坏的所有情形，反复考虑这种憎恨……

在心理治疗过程中长时间讨论这一问题后，他决定与阿梅莉共进午餐，将自己对她的不满和盘托出。阿梅莉承认她的确对工作心不在焉，因为她认为这个岗位不能让自己进步。她更希望做具有自主性并能体现她的责任担当的工作。皮埃尔听了她的倾诉，承认她的合同不是很令人满意，同时和她一起分析了利弊。然而，皮埃尔决定保持自己关于责任分配的立场，但他明确解释了这样做的原因。会谈结束后，阿梅莉很满意。

后来，皮埃尔又有了斥责阿梅莉的欲望，但他每次都控制住了自己。阿梅莉也不再是他的执念对象了。

对于强迫症患者来说，被另一个人侵占头脑是他们极力想摆脱的症状。他们不是想把自己的快乐建立在别人的痛苦之上，如果他们能够求得帮助，他们就会改变自己的行为。但有时这种行为也会发展为施虐癖和以折磨他人为乐。

贝尔纳是一个明智的年轻人，外表无可指摘：熨烫平整的长裤、海蓝色的套头衫、锃亮的皮鞋。他刚刚通过竞争得到一个会计主管的岗位，负责一个全是女性员工的部门。这使他很高兴，因为他感觉女性不会挑战他的权威。他说他是因为强迫症的性格才选择了这个职业，因为他非常喜欢做账。他的业余时间基本都用于创建一个电气列车网站了。列车井井有条的特点令他安心。他小时候腼腆、容易冲动，曾好几次虐待动物。现在有时候，当一个流浪汉挡了他的路或当工作中某人指出了他的错误时，他还会有一些暴力冲动。贝尔纳承认自己只有在支配关系中才感到舒服，无论是工作上还是个人生活中，但奇怪的是，他完全受控于他的妻子，妻子是一个强势的女人，公开欺骗他。

后来来了一位新同事，与他同级，但更加出色，关键是更讨女性喜欢，贝尔纳感觉自己被抛弃了。他感觉他的上级们更喜欢这位新同事，而他的下属们也不再像以前那样关注他。于是他决定不让这个新同事好过。为此，贝尔纳不给同事提供他所需的信息，故意弄丢要传递给他的文件，更有甚者，贝尔纳还向上级汇报这位同事的极小的错误。他从不直接侵犯，但如果他偶尔有机会使这位同事犯错，他绝对会毫不犹豫地采取行动。

与许多强迫症患者一样，贝尔纳有强烈的控制他人的欲望。这在一个垂直等级体系中并不太难办到，只需顺从上级和控制下属即可。相反，控制一位同级的同事更难，尤其当此人似乎很出色或者平易近人时。

即使他们往往很难相处，但不是所有的强迫症患者都像贝尔纳这么夸张，还表现出一些邪恶的特征。对命令的担忧或某种专制，一般说来，都不是出于恶意。因此，在与他们相处时，重要的是使他们放心，同时尽可能地尊重他们的刻板。

恶意的但不一定是有意的情形

入侵式骚扰

被妄想狂患者骚扰的一种特殊情况是被一个被爱妄想症患者骚扰。被爱妄想症是一个人因妄想而确信自己被另一个人所爱，这个人一般是较高一级的。被爱妄想症患者被视为一些具有潜在危险的人，因为当此人明白了对方并不爱他时，爱情的希望破灭之后，往往会由爱生恨。

即使被爱妄想症被公认为是一种严重的心理障碍，但还有一些更具潜伏性的“被爱妄想反应”的形式极少被考虑到。我们可以将此定义为入侵式骚扰，与美国的“跟踪骚扰”相对应。

在美国和其他盎格鲁－撒克逊国家，已经通过了一些保护“跟踪骚扰”的受害者的法律。“跟踪骚扰”是指一种“以引发恐惧为意图，明示的或暗示的实施死亡威胁的行为”，目标人会合理地担心自己的生命安全或至少担心发生人身伤害。

在法国，只要没有证据或违法行为，警察就不能干预，这就是说目标对象生活在恐惧中，却无法求助于任何人。

这种特殊行为往往来自前恋爱伙伴。当一个人希望与某人建立更亲密的关系而带着怨恨入侵时，也会发生这种行为。

埃里克与让娜在一个信息部门一起工作了一年。他们时不时地共进午餐，因为他们对爵士乐有共同的兴趣。当让娜被调到郊区的一家子公司时，她还会时不时地回一趟旧部门，这种情况下，她还会和埃里克共进午餐。

当让娜告诉埃里克她爱上了他时，埃里克把话挑明了，说他已经结婚了。

一个月后，埃里克在他的办公室接到了让娜打来的一通电话。让娜在电话里指责他，认为他们在同一个部门工作时他利用了她。她向埃里克解释说，从此以后，他会成为她的仇恨对象，因为她不想忘记这个耻辱。

从那天起，匿名电话就没停过；当他拿起听筒后，只听到沉重的呼吸声。他还收到了一些令人担忧的信件，信中充满了言外之意和威胁："所有这一切都会以悲剧收场！"但这些都不够明确，使他无法提起诉讼。今年年初，让娜突然闯入他的办公室，面带微笑地祝福他新年交厄运。当埃里克发现自己车子的轮胎瘪了时，他无法将此想象为一个简单的巧合。

埃里克犹豫是否跟上司谈谈这个问题，因为他感觉自己害怕一个女人很可笑。然而，当他的部门主管收到一封举报埃里克猥亵他的女性同事们的匿名信时，埃里克试着解释这一处境，但主管什么也不愿意听，因为对他而言，这只是一件私事。

埃里克曾多次尝试自卫，但都徒劳无功。当他决定起诉时，他不得不自我辩护，因为他们曾经是关系不错的同事，法官质疑他自身也可能表现出了诱惑的态度。法院给出的解释概括为这是一种关系风险，埃里克的反应过度了。

遵从集团恶行的人

当人进入一个大集团时，也同时进入了一个已经定型的思想体系。遵从企业的命令、管理方法和思想体系可以避免他面对自己的脆弱性，同时避免思考和怀疑。当然，企业要求干部们全身心为企业奉献，但作为交换，企业也给了他们一种可增值的社会形象。当这个企业的价值观不符合个人的理想时，例如，当它采取了干部所谴责的不义之举时，事情就变得复杂了。

当一个人不得不违心加入某个邪恶的体系时，该怎么办呢?

在这种情况下，我们会遇到三类人对应的三种情况：纯洁的坚强者在受苦和反抗，因此会被排挤或骚扰；胆怯者因为害怕而顺从；同流合污者被召集参与集团的恶行。

顺从的羔羊

在集团中，个人有时会表现得像个不成熟的主体，需要依靠另一个人。他们缺乏勇气，不能摆脱其他人的影响，不能独立思考。

因此我们看到他们盲目地遵从上级，服从所有指令，甚至是最荒谬的指令，而不问问自己这样做有何意义。他们寄希望于如果达到预期的标准，自己就会得到保护。

吉赛尔是一名忠于职守的总经理助理。所有人都喜欢她，因为除了工作认真外，她还乐于关心每个人。

在她因失宠而与老板发生了一次冲突后，她发现其他经理们也利用这次机会，令她不愉快。他们不再跟她打招呼，不再看她，不给她准备会议所需的文件。

表面上，什么也没有改变，但因为她遭到了领导的排斥，她在其他人那里也变得不受欢迎了。

集团的文化越强，不遵从它的人就越感到不舒服。一个人有可能被排挤，甚至被骚扰，因此他宁愿像别人一样思考，或者更准确地说，像他自以为别人所想的那样思考。正如亚里士多德在《尼各马可伦理学》中所言："没有任何意见，无论它多么荒谬，会得不到人们的迅速接受，如果有人能说服他们，它通常会被接受。"

集团倾向于选择一个被推到前台以被动的方式顺从它的领导人，像羔羊一样，没有任何批判精神。"我们所谓的共同意见，如果仔细考虑，其实就是两三个人的意见。"叔本华告诉我们。这种羔羊综合征在所有级别上都能看到。企业领导们也不能幸免，他们也需要专家、顾问或古鲁[1]的建议。

恶行的传递

当一个员工团体看到自己被上级强加了难以实现的目标时，他们会试图赶走团体中那些表现最差的人。

1　古鲁，指印度教等宗教的宗师或领袖。——译者注

当一个领导层想要摆脱某个员工时，他们有时会暗示这个团体此人不受欢迎。出于服从精神或恐惧心理，同事们会纷纷疏远他、孤立他并骚扰他。

通过米尔格拉姆实验（Milgram experiment），我们了解到，当一个人进入一个等级体系结构中，如果他信任领导层，他就不会把自己看作自己行为的实施者而为它负责，而是把自己看作这个等级体系意愿的执行者，也因此推卸掉了一切责任。

斯坦利·米尔格拉姆曾经深受国防体系的打击，代表这一体系的纳粹官员们在纽伦堡诉讼中，援引职责的意义和服从命令来解释他们为何参与了野蛮行径。

于是，他在1960—1963年在耶鲁大学进行了一些实验，研究服从的动机。

他通过公告招募了一批大学生参加关于记忆的一些实验。在假装抽签后，每个人都做了一次班长，他的任务是把一张清单上的几对词告诉一名学生（此人实际上是实验员的托儿，而班长不知道）。这名同谋的学生坐在一张电椅上。为了研究惩罚对教学的效果，班长需要在这位学生每次说错时，对他实施电击，强度逐渐增大（从15伏到450伏）。班长们并不知道这位学生实际上没有遭到任何电击，尽管他从某个电压开始就假装忍受痛苦。

米尔格拉姆本以为，面对这位学生遭受的痛苦，班长们会相当迅速地停止这种“拷问”。然而，他们中65%的人一直把实验坚持到底，实施了最高等级的电击。

如果不是在享有盛誉的耶鲁大学的校园里，而是在一所破旧的房子里进行这个实验，服从率将降至48%。

米尔格拉姆认为，这种无条件服从权威命令的不正常嗜好始于儿童必须服从家长的命令，否则就无法生存，或被剥夺了爱。它在学校里继续发展，之后每当一个人进入一个权威结构中时，它都会被激发出来，而人事利益关系越重要，它就越强烈。

传递恶行的干部们并不是把自己的快乐建立在别人的痛苦之上，他们自己有时候也会因折磨别人而痛苦，但出于害怕或怯懦，他们闭口不言。就好像他们缺了一个器官，他们的道德观念不存在，他们既没有记忆也没有感情一样。他们在沉默中因不得不犯下自己所谴责的恶行而痛苦。他们于是建立了防守战略中的“男性犬儒主义”。[1]为了不被团体排斥在外，不被同事们视为懦夫，他们做了痛苦与不公的帮凶。

但是，在团体中，往往是邪恶的个人自荐为领导。无论在

1　参见克里斯托夫·德茹尔（Christophe Dejours），《法国之痛》（*Souffrance en France*），Seuil出版社，1998年。

哪一级别上，他们都会通过指定一个需要与之斗争的共同敌人来巩固自己的权力。犹豫不决的员工们，因为墨守成规或害怕看到团体转头攻击他们，于是便遵从破坏者并把自己也变成了破坏者。自恋变态狂非常享受操纵他人，并促使他人也去操纵别人。因此他们常常通过授权的方式实施精神骚扰：通过他们的意见和暗示，促使他人采取行动，然后他们会从这一状况中消失。

不要相信邪恶的人的劝诱。他们非常懂得如何诱惑、控制和促使他人丢掉自己的准则并颠覆自己的价值观。一个团体中只要有一个邪恶的人，整个团体就会丧失它的道德准则。但只要有一个人不服从并揭露不可接受的行为，这个团体就能睁开眼睛起来反抗。这就给了我们一些预防的线索。

自恋型人格

我们很难将自恋型人格与上一个类别区分开来，因为这些人为了取悦别人和符合要求，也会被迫顺从集团的恶行。

这是一些过分关注自我的人，他们必须不惜一切代价取得成功和受人赞赏，因为他们一直在意着自己在他人眼中的形象。为此，他们努力地掩饰自己所有的失败。事实上，这是一些脆弱的人，一旦他们不够健康、不够出色、不够能干时，他们就感觉自己不能达到他人的期望（更确切地说，过去不能达到父母对他们的期望，现在不能达到上司对他们的期望），不能达到要求的水平，因为是他们自己的理想形象在支撑着他们。因此，他们必须追逐成功和成就，他们嫉妒（或憎恨）那些平和的人，因为他们无须证明什么，能够平静地接受自己的弱点和可能的失败。

当看到他们在职场中如鱼得水时，我们可能会想，这些人得益于他们的自视甚高，但这只是表面现象。精神分析家们把他们这种情况称为“假我”，即虚假人格。这是一些始终在意别人目光的非常脆弱的人。对他们来说，重要的是制造错觉。事实上，他们并不爱自己：“如果没有我的业绩和成功，我一无是处。”为了与别人融洽相处，应该足够自爱。当一个人没有自信时，他会被迫一直处于防卫状态，因为他认为其他人都在评判他，并随时准备批评他。因为害怕被攻击，他会先出手侵犯。

这些人无止境地追求权力，因为对他们而言，看清世界的虚荣，等于冒抑郁的风险。为了避免遭遇这些不安的感情，他们焦躁不安，傲慢自负：他们有许多约会，耳朵不离手机，收几百封邮件，整夜上网……为了在竞争环境中脱颖而出，他们努力掩盖自己的弱点，把自己内心的活力和自发性放在一边。我们的社会想要的是没有棱角、没有缺陷的人吗？他们将会是那种人：无动于衷，愿意把自己的脆弱性和在建立可持续关系中的无能藏在傲慢和超强适应性的盔甲后面。对情感置之不理的他们有一种实用的、理性的、可操作的功能，这完全符合管理层目前的要求。

在一种自恋行为中，个人丧失了自由，剩下的只是他的业绩、他的职业或社会成就和他的权力属性：他所管辖的人数，他拥有私人秘书、职务用车、高背椅等的事实。如果失业或被辞退，这种虚假的认同感会随之倒塌。这些人会丧失自己的坐标，变得一无是处，立刻深陷抑郁。

起初，这些自恋者并不常有邪恶的行为，但他们如此在乎自我，以至于他们可能在环境合适时偏离轨道。如果他们感觉自己有危险，他们会变得暴力，但由于他们无法承受这一事实，他们必须以邪恶的行为来掩盖他们的暴力。这就会发展为自恋变态。

因为他们对自我价值有一种不安全感，他们可能通过摧毁他人来抬高自己（他们就是这样报复他们所没有的东西）或者自卫。因为对自己不满意并确信在自己身上找不到好的解决办法，他们利用别人来做替身，首先是借口“用一用”来夺取别人的想法，然后贬低别人，以便独占有利位置。

由于他们的脆弱性，他们很难承受批评，更难承受失败，他们必须始终处于上风。

克劳汀，50岁，在一家小型企业担任商务干部15年了。一天，她的老板决定只用同克劳汀的女儿年龄相仿的年轻人——刚从商业学校毕业的新手们。很快，老板就开始刁难克劳汀，使她最终崩溃了。老板拒绝解雇她：“如果您不高兴，您只要离开就好了！”她请了一位律师。于是律师们开始铁腕介入，诉讼将持续一年多。对于企业，从经济角度来看，谈判更加明智，但仅仅是为了在争执中获胜，为了显示自己有权力，即使以撤销原判的诉讼为代价，老板也要赢。

始终要保护自己形象的自恋者们避免与别人对抗并指出问题，因为他们害怕在一次公开的冲突中失败。于是，他们又采用了邪恶的行为来阻止他人思考和反抗。为了掩盖他们的不安全感，他们将自己的沮丧投射到另一个人身上，控制、贬低或压制他。为此，只需要找一个别无选择、只能接受的下属，一个脆弱的同事或一个过于谨慎或过于听话的人即可。

作为操纵者的企业正是通过这种自恋来控制员工的。自恋者们毫无批判精神地接受体系的逻辑，并变成企业想让他们变成的样子。只要领导要求，他时刻准备赴汤蹈火。这种“超强可塑性”使他们丧失了批判的眼光，而不服从那些违背他们个人道德观的命令，对他们来说是不可能的。他们自愿被权力的外表愚弄，过分适应企业的运转，即使它是邪恶的。

当然，为了在这个以欺诈为赌注的世界上存活，必须武装自己、使自己冷酷无情。因此，如果没有自信，也必须表现出一些确定性，给人以自信的错觉。当然，现实中存在许多具有自恋型人格的领导者，而且我们很可能看到他们发展为实施恶行的人。

恶意侵犯者：自恋变态狂

下面，我简要地重申一下自恋变态狂的心理特征，我在《骚扰，无法回避的痛》中已经对此做了详尽的描述。

自恋变态狂是一些与别人建立起以强迫、怀疑和操纵关系为基础关系的个人。他们不可能把别人视为一个来丰富他们差异性的人。相反，他们会先入为主地把别人视为需要抗击的对手。因此他们需要控制或摧毁所有可能威胁到他们权力的人。他们把他们内在的全部暴力投射到可能揭穿或指出他们弱点的任何人身上。这个“别人”就变成了坏人，对一切错误负责，并因此应被整垮。无疑，自恋变态狂以瞄准那个能最确定地摧毁受害者认同感的点为乐。

塞尔维，50岁，离异，独自抚养3个孩子。曾在工业领域工作的她因家庭原因被迫搬家，并决定进入咨询和职业介绍行业。她找到了第一份长期合同工作，这使她尝到了工作的滋味，后来，失业了一段时间后，她被在上一份工作中认识的泽维尔聘用。泽维尔创建了自己的企业，需要一个特别空闲的人。他承诺说，一旦企业投入生产而且塞维尔熟悉了业务后，她会成为股东。在上班的头几天，塞尔维就因为一个他们共用的秘书辩护而与泽维尔发生了冲突。这件事后来转而对她不利了，因为泽维尔想方设法在那个女秘书面前贬低塞尔维。

塞尔维辛勤工作，从不吝惜自己的时间。她利用自己在上一份工作中建立起的关系，很快就带来了新的客户，但泽维尔从来不祝贺她，而且由于她是新手，都是泽维尔用自己的名字签合同。塞尔维很快就发现自己要负责客户们的所有调查和评估谈话，每天晚上都要加班。就连周末，泽维尔也会给她打电话，甚至要求她回办公室解决一个问题，因为当时说好的，她要随叫随到。

当塞尔维抱怨工作超负荷时，泽维尔告诉她这是在学习业务，在她这个年纪，有一份如此令人满意的工作，她应该高兴。一旦塞尔维有一点儿反抗或者不同意他的观点，泽维尔就会大吼，并忘恩负义地对待她。她最终让步了，为了息事宁人，但也因为她钦佩他的智慧，并告诉自己他是对的。他监控她的邮件和电话，注意她是否没有直接答复重要客户。在塞尔维组织的一次会谈中，当最后时刻，她该发言时，泽维尔却代替她发了言，并重复了她的观点。

塞尔维工作了8个月，没休过一天假，当她要求在学校放假期间休假时，泽维尔拒绝了，并对她说，如果她有一天放下她负责的文件不管，他就视为这是放弃岗位。

当塞尔维在担心她状况的好友的建议下来见我时，她的体重又跌了好几斤。她睡不着，甚至吃安眠药也不行，并重新开始吸烟，当她感到过于焦虑时，会在白天喝一些开胃酒。她疲惫、困惑，对什么都丧失了兴趣。

即使是一种病态的行为方式，邪恶行为也不是一种精神疾病，只要治好了就可以解决精神骚扰的问题。我们生来就有邪恶的基因，如果一方面，我们所受的教育没有教给我们足够的道德价值观，而另一方面，社会或职业环境又对它有利，它就会不断地发展。一个自恋变态狂是一个被儿时经历过早引入歧途的人。他可能会复制他学会的不道德的关系体系，也可能会复制他自己曾遭受的精神暴力，从而防御他自己的痛苦，因为大部分自恋变态狂都曾在儿时遭受过暴力。有时候，他们曾是某一个家长的“坏东西”并曾被抛弃、贬低或虐待。有时候正相反，他们曾是一个具有操纵性的家长的利用或崇拜对象。为了在这些有侵犯性的家长面前保护自己，他们必须让理智战胜情感，变得冷漠、麻木、薄情。但这并不能为他们辩白。

他们是否意识到自己制造的痛苦？当我们询问他们时，他们总是予以否认。他们用别人的无能为自己的行为辩解，说别人只配得到这种对待。他们最多能承认自己的策略性错误。因为，如果他们的行为被发现了，他们认为那是因为自己不够精明，没有掩盖住。因此，他们需要改进自己的方法。

当一个自恋变态狂被揭穿时，他会狡猾地扮演受害者，哭诉这种阴谋，他会通过说服其他人他只是一场迫害运动的傀儡来翻转局面，可能的介入者应对此提高警惕。

即使他们非常清楚不能跨越界限，否则会惹麻烦，他们心中仍然存在无意识的恶意。当然，我们在治疗室里看不到他们，因为对他们来说，这种行为是“正常”的。另外，当他们咨询一位心理治疗师时，有时是毫不掩饰地要求“改进”他们的邪恶行为：“因为您更了解操纵，请告诉我，我该怎么做才能让某某人顺从我！”

在一个职场变得越来越冷酷无情的时代，会产生一种自然选择，即把自恋变态狂放在战略性的岗位上。正因为他们冷漠、算计、没有灵魂，他们才懂得优先考虑理性因素，而不会被人类的感情所动摇。通常，这是一些非常懂得如何在企业和行政机关中出人头地的人，因为他们精明而又有诱惑力。他们懂得利用从属关系来奴役他人，以牟取个人利益。企业，正如所有权力之地一样，倾向于吸引那些自恋变态狂，并给他们留出很大的施展空间。他们的危险性不仅仅在于他们的行为，还在于他们的诱惑力：他们懂得如何使企业变得邪恶。

第五部分

该做什么?

精神骚扰的状况或我们必须学会区分的与之相似的状况是多种多样的。我们需要用不同的方式来对待它们。因为，定义一种治疗策略的难处在于，员工之间可以互相支持的粗暴管理和更具潜伏性的个别骚扰（尽管有时两种行为有重叠）完全不是一回事。治疗方法将是不一样的，介入者也是如此。

面对一个主观请求："我感到被骚扰了！"我们该做什么呢？

很明显，一个人不能独自一人摆脱困境。他需要迅速找到一个对话者，正是因为缺少第三方，才导致诉诸法律。他还应该知道该向谁求助。

在第一时间，我们应建议他在不同的对话者之中进行选择，以便讨论他的痛苦。这个人会听他倾诉，然后帮他分析现状，最后评估这是否真的是精神骚扰。

如果是粗暴管理，即由一位性格有缺陷的领导对整个团体施加虐待，正如宝雅公司事件中的情况，企业从外部聘请了一名“清洁工”来迫使多余的员工们提出辞职时，除了集体行动外，别无他法。员工们应团结起来，阻止这种病态的行为，请求劳动监察委员会和工会的介入。在这种情况下，集体有责任采取行动，以避免这些个人继续受到伤害。

在现实状况下，如果是精神骚扰，被骚扰的一个或几个人事先被孤立了，那么，他们应自己寻求各种专家的帮助。

领导层换人和企业重组后，奥利维发现自己的工作动不动就受到妨碍。领导们不再通知他参加与他有关的会议，他的信件被擅自打开了，他的预算被削减了，他们未提前通知他就调走了他的下属，他们还散播谣言，说他无能，说他是通过与原先的经理是朋友才得到的这个职位。

当他要求得到关于这一切的解释时，他的上司说他是在胡思乱想，大家都对他很满意。

但是，暴力一点一点地变得更加直接，他的上司甚至不再听他讲话，并朝他摔门。当上司最终粗鲁地辱骂他时，奥利维感觉不适，被迫回家了。

于是他决定反抗并联系了一位律师。律师建议他向特派员提起诉讼并向雇主寄一封挂号信来揭发这些事实。从那以后，奥利维记下了一切并保留了所有书面证据，包括他打印下来的电子邮件。

与此同时，他的妻子鼓励他去咨询精神科医生，医生给他开了抗抑郁治疗的处方，并建议他跟踪进行心理治疗，以帮助他“挺住”。

但骚扰行为愈演愈烈。奥利维再也不能欺骗自己了：很明显，他的上司不能再忍受他，试图逼他辞职。但是，尽管他发现几乎所有旧团队的成员都被排挤了，这仍然不能阻止他自寻烦恼：“为什么是我？”“我做了什么错事？”他筋疲力尽，胃疼、肌肉痛，并想要放弃。

当奥利维谈到想辞职时，他的律师建议他坚持下去，并通过挂号信指出所有错误和侵犯行为。于是他给劳动监察委员会写了信，他们很重视他的情况，在和他长时间谈话并审核了他的卷宗后，他们给他的领导层寄了一封信。在这封信中，劳动监察员揭露了所有的辱骂、威胁、歧视，以及拒绝答复工作上的要求，使该员工无法在正常条件下履行其劳动合同的情况，并提醒雇主履行其义务。

于是，总经理召见了奥利维和骚扰他的上司。奥利维发现上司并没有把信息上传，总经理根本不知道卷宗的内容。尽管他的“骚扰者”否认了事实，但奥利维仍然希望事情得到解决，让这个上司受到处罚。但他收到一封信，信中通知他出席解雇前的面谈。他的领导层不想处理这个问题，而宁愿摆脱他。

然而，奥利维却因解雇而松了一口气。他在精神上已经筋疲力尽，感觉不能继续在这样一种氛围中工作了，他看不到其他的出路，只能提交辞呈。现在他可以拿到解雇赔偿金。奥利维承认，没有专家的帮助和他妻子的支持，他当时可能会做出傻事，比如反过来辱骂他的侵犯者或直接辞职。

当奥利维意识到他遭受了上司的精神骚扰时，他知道自己寻求帮助。但我们可以说，他很幸运地遇到了一位可以在他需要建议时随时打电话咨询的律师，以及一位能理解他的遭遇并化解问题的心理治疗师。这位心理治疗师还教他不要以极端的方式对抗——那样对他不利。更幸运的是，他还遇到了一位敢于向他的领导层揭露一名员工所遭受的不公待遇的劳动监察员。

但实际上并不是所有的被骚扰者都能找到这种依靠。

第十三章

介入者

LES INTERVENANTS

内 部

在我对自认为被骚扰的人进行调查的过程中，有一个问题涉及他们所寻求的帮助和他们实际得到的帮助。通过问卷调查结果，我很震惊地看到，这些职员很少在企业内部找到他们拼命寻求的帮助。

以下是对答复了问卷的人寻求帮助情况的调查（一个人可能向多个人寻求过帮助，这也解释了总数超过100%的原因）：

* 40%的人向工会代表寻求过帮助，但他们中只有10%得到了帮助；

* 39%的人向职业保健医生寻求过帮助，其中13%得到了帮助；

* 30%的人向同事寻求过帮助，其中20%得到了帮助；

* 37%的人向上级寻求过帮助，但他们中只有5%得到了帮助；

* 19%的人向人力资源主管寻求过帮助，但只有1%的人得到了帮助。

只有从多学科的角度才能给出一个精神骚扰问题的解决方案，而每位介入者都应发挥自己的作用：

* 工会和劳动监察委员会应介入明显的滥用职权和一切集体行为；

* 职业保健医生或社会医疗团队应介入员工的健康和保护问题。

学科间的合作是一件好事，条件是每个人都倾听他人的意见，随时准备自我质疑，并懂得如何交接棒。目前，人力资源主管与职业保健医生之间或者人力资源主管与工会之间的沟通有时不太顺畅。负责治疗的医生，无论是内科医生或是精神科医生，在向职业保健医生求助时往往过分犹豫。

为了能够彼此信任，被骚扰的员工应选择公司中的一个人作为内部调解员。这个人应得到他的信任，但他也应被假定“骚扰者”接受。当然，我们也可以合理地质疑在企业内部（即“体系内”）选定的调解员可能发挥的作用，但如果此人受人尊敬并了解他的介入权限，就不会有太大问题。

工 会

令人吃惊的是，社会合作方始终未能发现精神骚扰问题。在公共集体追索方面更擅长的他们对这一现象的心理层面感到为难，而且直到现在，他们中的某些人还只是从双筒望远镜的一头，即社会层面研究这一问题。然而，工会开始意识到精神骚扰的现状，并试图行动起来。法国劳工民主联盟因此在2000年3月30日组织了一次主题日活动，而法国总工会也在2001年就此主题组织了一次讨论会。但只有65%的企业有工会，而且有时还得不到员工们的信任。这些员工有时会担心他们所遭受的侵犯只是个例，不会引起足够的重视，而集体总是优先于个人。年轻员工们不相信工会，往往选择关系的个人化。至于干部们，他们则犹豫是否应寻求工会的帮助，因为他们担心自己的处境被利用来以更普遍的方式与资方算账。尽管如此，除非一个人想要离开，否则精神骚扰背景下的任何状况，如果没有集体行动和团结的关系网，都无法找到任何解决方案。

如果工会代表们想重新投入这一阵地，他们应接受培训，学会不否认心理因素，因为即使他们没有受过调解方面的培训，他们也往往会在组织内部被请求帮助解决个人冲突。他们应学会不要以集体利益优先的名义否定个人。然而，某些工会干部在被请求解决一个精神骚扰问题时，一上来就把它看作一次组织冲突。

工会的作用是发现可能发展为骚扰的精神压力管理的情况。他们可以通过企业委员会与领导层讨论生产力目标的问题。但更主要的是，他们应在粗暴管理和“野蛮”管理的情况下首先起来反抗。他们应质问领导层并迫使他们改变方法。

当一名员工代表了解到侵犯一名员工的尊严和自由的一些行为时，他可以质问雇主，紧急召开劳资纠纷调解会议。

在工会部门介入时，应注意不要过早地将骚扰状况“官方化”。首先，工会的行动应秘密进行，以尊重受害者，因为他可能不想让自己的处境曝光在其他人的眼中，同时也为了遵守对侵犯者的无罪推定。只有在第二步，如果领导层没有采取措施改变这一状况，才可以筹划公开措施，例如罢工或诉诸媒体。

警惕性高的知名工会代表的日常工作应该可以避免偏差的发生。应该由他们来“说话”。不要忘记，在员工权利或个人自由受到侵犯时，他们原则上拥有警告权。

CHSCT（卫生、安全与劳动条件委员会）

CHSCT由领导层成员与员工代表组成，其使命是为保护用人单位的员工的健康和安全做出贡献。他们应对员工可能遭受的职业风险进行分析，确保改善劳动条件，使这一领域的法律法规得到遵守。

在员工处于严重而紧迫的危险中时，他们拥有警告权，也可以在他们的议事日程中优先记录某种职业风险，比如有精神骚扰的情况，敦促用人单位采取措施。

不幸的是，CHSCT只存在于一些较大的（超过50名员工的）用人单位中，而原则上应设立CHSCT的用人单位却有超过30%没有设立。

职业保健医生

除了每年一次的员工体检外，职业保健医生还担负着预防的责任。他们的使命是采取措施，以防员工的健康状况因工作而变糟。他们可以向雇主预告职业卫生风险。正因如此，几年来，职业保健医生见证了与工作相关的精神痛苦的加剧，并且致力于揭露这一状况。在某些大区监察医生的倡议下，一些调查得以开展，以便更好地了解精神骚扰。[1]

职业保健科是企业中极少的可以说话的地方之一。不幸的是，跨企业医生们（即介入多家小企业的医生们）往往既无权力也无能力，因为他们用于每个员工的时间极少，有时不很了

1　参见卢瓦雷（Loiret）博士于1999年在普瓦图-夏朗德（Poitou-Charente）大区进行的Harmor研究和夏洛尼（Chiaroni）博士在PACA大区进行的研究，载J. 夏洛尼、P. 夏洛尼，《根据对PACA大区劳动保健医生进行的调查得到的“围攻”状况的流行病学数据——被骚扰职员的典型画像？》。

解他们所负责的企业，有时会遭遇巨大的压力，被迫不在他们的年度报告中揭发骚扰的事实。

足够深入企事业单位并得到员工信任的那些医生可以扮演内部调解员的角色。他们可以以非正式的形式来解决问题，包括与“骚扰者”谈话。这使他们有时需要应对本应属于领导层职责范围内的局面，因为他们在自己的位置上能比别人更早地发现员工内心不安的小迹象。

克劳迪在同一个部门工作了多年。她是一位坚强的女性，从不掩饰自己的同性恋取向。自从新技术出现后，工作变得复杂得多，一位“专家”，实际上是部门主管的朋友，被叫来增援。几个月来，克劳迪感觉自己被排斥和边缘化了。她的同性恋取向一直以来没有对她造成任何困扰，现在倒成了所有闲话的中心。人们嘲笑她的举止和说话方式，而部门主管却拒绝承认存在问题。克劳迪感到不安。她睡不好觉，患了大面积湿疹和消化障碍。因此，她咨询了职业保健医生。

取得了克劳迪的同意后，职业保健医生与她的部门领导和同事们讨论了她的情况。职业保健医生了解到，克劳迪的真正问题在于她不会使用某些软件和她较差的英语能力。她的上司没有同她谈过这个问题，因为上司自己的英语水平也很低。于是，职业保健医生要求这位上司向克劳迪清楚地解释存在的问题，并与她一起讨论哪些培训可以弥补她的缺点。克劳迪感到宽慰，因为批评重新聚焦于工作问题。几个月后，她的身心失调障碍消失了。然而，她还是想换个岗位。

职业保健医生如果能够跳出他们严格的职责范围，也可以与领导层谈一谈，告诉一个干部他虐待下属的方式对所有人都是有害的。他们有时可以告诉一个变态的负责人，他的破坏性行为已经被发现了。有时候，一个自恋变态狂发现自己被揭穿后，会收敛他的行为。

在巴黎的一家大型企业中，所有人都很清楚，在罗伯特领导的部门中，员工们很难反抗。罗伯特不停地监视员工，给他们的工间休息计时，责骂他们，用恶意的评论攻击他们，为了鸡毛蒜皮的小错冲他们大吼。他有自己的宠臣，但也有嘲笑对象，他以可憎的方式对待他们。尽管收到了多次投诉，上级仍然没有介入。职业保健医生经常看到员工们到他的办公室来哭诉，并发现有人经常缺勤，于是决定跟罗伯特谈谈："很奇怪，在您的部门里，有很多人生病，员工们情绪沮丧。您怎么看这个问题？您是不是采取了一些措施？如果这种情况继续下去，我将不得不向领导层汇报。"

罗伯特没有真正改变，但他的行为有所收敛，员工们也表示痛苦减轻了。

适合或不适合工作

职业保健医生遇到的最主要的困难是如何撰写适合性意见。的确，如果一名员工的健康因精神骚扰状况而处于危机中，那么该怎么做呢？判定他不适合工作来保护他，这同时又会把他排除在职场之外，有时会使他陷入严重的经济困境。因为，如果因不适合工作而被解雇，这个人就只能领到法定赔偿金，而且不需要被提前告知。之后，这个人也很难向劳资纠纷调解委员会解释这一不适合性是与某种非常特殊的背景相关。然而，职业保健医生们有时不得不宣布这一不适合的意见属实，以便使被骚扰的员工重新调整自己。在这种情况下，他们可以宣称这名员工“因现实骚扰环境的原因而不适合这个岗位”，同时说明这个员工适合于其他部门的任何其他岗位。无论如何，在一名员工遭遇精神骚扰后，宣布他不适合工作，其实是承认了失败，因为这意味着企业中没有人足够早地介入。

职业保健医生自己有时候也会被利用和被操纵，进而判定一名碍事的员工有精神病。这可能是由领导层直接指示的，他们提醒这位医生，他也是企业的员工，而他的职业前途也面临挑战。而对于跨企业医生，这种行为是间接实施的。实际上，由于他们属于一家雇用了多名医生的诊所，如果其中一名医生太碍事，企业主就会到诊所进行干预，从而换掉这名医生。尽管职业保健医生的独立性原则上得到保障，但他们经常会遭到恐吓。

DRH（人力资源主管）

即使人力资源主管们意识到了问题所在，他们也会在否认、普遍化和困惑之间摇摆不定。应该说处于菜刀与砧板之间的他们，立场是模棱两可的。

原则上，人力资源主管应是最适合劝诫“骚扰者”悬崖勒马的人，因为他们是员工与管理层的中间人。但在现实中，他们却只会以中立的方式传达领导层的指令，在应该介入时犹豫不决。

当他们试图充当调解人时，他们承认自己理解不了正在发生的行为的利害关系。一方面，受害者们犹豫是否要吐露心声（通过调查我们看到，只有19%自认为被骚扰的员工求助于人力资源主管）；另一方面，侵犯者们否认事实。

人力资源主管们经常说：“我倾听，我做记录，但当我分析这一状况时，没有任何具体的内容。如果我询问周围的相关人员，他要么知道但什么也不说，要么什么也不知道！”

当他们感觉到一种状况不正常，但没有任何人肯说话时，该做什么呢？如果一个人没有对您提出任何要求，您又怎能闯入他的生活呢？一个企业在一名员工的私生活方面提供帮助时该如何掌握分寸呢？如何区分工作引起的不良状况和与个人困境相关的不良状况呢？是不是一名员工的所有困难或痛苦都与企业相关呢？很难回答所有这些问题，但人力资源主管不能不作为。

从时间角度，当一名员工直接或间接抱怨他受到骚扰时，人力资源主管能做些什么呢?

◎ 首先观察这一状况，注意不要过早表态。

◎ 然后试着辨认出利益关系：是不是其中一名员工妨碍了另一名员工，为什么？是不是一个人嫉妒另一个人，为什么?

◎ 还应试着理解每一方当事人的感受，注意不要把主观印象掺杂其中。

◎ 在这一分析中，应考虑每一方的脆弱性。

◎ 之后，应寻找一种缓解局面的方法，同时保护每一方的敏感性。

◎ 不应成为过度的保护者，但应考虑被骚扰者的脆弱性。

◎ 当然还有处罚的问题。当侵犯或缺乏尊重的行为很明显时，应毫不犹豫地进行处罚。问题是很少有证据。人力资源主管应开展调查，想法确定责任。即使不能确定事件的起因，这也不是浪费时间，因为这对他们而言，是通过向员工们表明他们的确在倾听员工们的心声而重新获得员工们信任的一种方法。

◎ 处在人力资源主管的位置上，的确很难评价这些状况。因此，一旦状况没有好转，应把接力棒迅速传递给另一个介入者。

◎ 为了保护受害者，应毫不犹豫地通过调离其中一方来把对抗双方分开，即使精神骚扰的起因尚不明确。

一般来说，应对可能导致骚扰的管理事件和事故进行集体分析：应召集当事人、企业领导和同事一起开会讨论这个问题。

人力资源主管应学会发现紧张关系，应能感觉到有人越界或有人遭到打击，应学会发现各种预警指标：

◎ 这可能是特殊的缺勤——

一个干部发现，在一个夜班小组里，当帕斯卡与另一个同事被安排在一个班次时，他总是请假。在询问了帕斯卡更详细的原因后，干部了解到这个同事粗暴地对待全组人，而对帕斯卡更甚，经常贬低和侮辱他。其他人则因为自己也并不好过，都害怕他，不敢声张。

◎ 这也可能是一个部门解释不清的不良运转，一种整个集团面临危机却没有任何错误被指出来的趋势。

◎ 这可能是同一部门内部的一种迅速的人事变动，要么是员工们纷纷病倒或病假增多，要么是多人同时要求调动。

临时顾问

我特意将临时顾问归入内部介入者类别中，因为他们是被雇主请来并支付报酬的。企业可以说这是它的顾问，因为是企业倡议并启动了这一方法。

一个企业可以请人从内部对某些员工的投诉进行社会审计，尽管如此，“这些旨在了解行为以便采取行动的社会审计并不是调解，更准确地说，是企业发展部门的一些管理工具，为了发展，企业需要考虑人的因素”[1]。某些领导开始理解精神骚扰的状况有害于企业的良好运转和形象，更愿意迅速解决他们发现的冲突局面。当我们求助于一家私人事务所时，应特别确保它的能力，核实它在这个领域的经验。因为，基于强烈的市场需求，许多顾问打着精神骚扰领域专家的旗号，实则企图进入这一能带来收益的市场空隙中为自己牟利。为了使一个顾问能起到调解者的作用，他应是自主的，不受企业控制，或者有足够的操作空间。

一名临时顾问的介入也可能是应CHSCT的要求进行外部审计。

在公共部门中

在公共部门中，由于缺少日常预防手段，只有公开的冲突可以带来一些改变。然而，在某些行政机关中，内部设置了一种调解机制来帮助解决员工之间的分歧和机构内的日常困难。我通过患者的讲述而获得的经验是，这个调解人是很难发挥作用的。当他介入时，自认为是受害者的员工已经蒙上了污名，

1　让－弗朗索瓦·希克斯，《调解的动力》。

甚至往往已经休了病假。

我们希望所有行政机关可以为非正式求助提供便利。为此，可以指定一些志愿的且不属于等级体系的“信任人”充当员工投诉的中继站。我会在后面谈到这一点。

外 部

在调查中，我还想知道受害者在外部曾经求助过谁，又得到过谁的帮助：

* 35%的人曾求助过律师，而其中只有18%的人得到了帮助；

* 32%的人曾求助过劳动监察委员会，而其中只有10%的人得到了帮助；

* 65%的人曾与内科医生谈过，其中42%的人得到了帮助；

* 52%的人曾咨询过精神科医生，其中42%的人得到了帮助。

咨询精神科医生的人的比例之高清楚地表明精神骚扰在心理上造成的影响。当一个与工作相关的问题没有被企业解决时，它就会转移到一个被放弃和“牺牲”的员工身上。这个问题于是变成了医疗方面的问题，有时甚至转给精神科医生。一个社会问题就是这样被精神病化了。直到现在，正如米歇尔·福柯为我们描述的，社会通过把带来问题的人变成精神病患者来摆脱他们。[1]

无论他们是什么人，外部介入者都应非常谨慎，守住受害者的一边。经验告诉我，一个受害者可能会因那些被认为是来帮助他们的人——律师、医生、协会，受到第二次伤害。

当让-米歇尔在工作中忍无可忍，感觉自己不能再回到岗位上去时，他咨询了一位律师，希望律师为自己建议一个解决方案，以便自己既能辞职，又能保住相应的利益。让-米歇尔所咨询的这位律师不仅没给他任何建议，还对他的焦虑和提问表现得很恼火。让-米歇尔于是咨询了另一位律师，这位律师一上来就说没法帮助他。第三位律师也说他无能为力，但仍然建议让-米歇尔出席员工代表选举。

当卡罗琳娜被她的上司公开骚扰时，她咨询了她所居住的小城里唯一的一位精神科医生，而这位医生却说她胡思乱想，并说这是一种歇斯底里，她想要借此解决儿时的神经官能症。

所有介入者都必须在倾听人们倾诉时尊重他们，而不是不惜一切代价给他们强加任何他们不愿接受的解决方案。

---

1 参见米歇尔·福柯（Michel Foucault），《古典时代疯狂史》（*Histoire de la folie à l'âge classique*），Gallimard出版社，1976年。（该书中文版于2005年由生活·读书·新知三联书店出版。——编者注）

内科医生

在现实中，由于没有预防工具和适用的司法保护，精神骚扰的受害者们往往被判定为病人。保护他们本应是企业的责任，结果也由社会借助医生和社会保障部门来实施保护措施，我们在前一章中已经看到，精神骚扰对受害者的健康有多么严重的影响。在症状治疗无效后，内科医生们被迫通过暂停工作的建议从社会层面介入。当然，如果他们要求被骚扰的员工暂停工作，员工的状态会明显好转，但只要一提起重回岗位，他们又会旧病复发。

在《与医生职业道德相关的病假的处方与控制》报告中，医师公会委员会重申，医生应控制他们的处方和证明，不要忽视他们的精神协助职责。公会的报告员认为："不应把没生病的人说成病人。"而且，"如果一名员工没有任何病症，因医疗以外的原因（如精神骚扰或性骚扰）不想去上班，精神协助职责在于一方面要在患者同意后联系职业保健医生，另一方面要向患者解释他应把遇到的困境向其他人倾诉（员工代表组织、劳动监察委员会等）。"[1]

在现实中，事情要复杂得多，因为要求暂停工作的被骚扰

---

1 参见《与医生职业道德相关的病假的处方与控制》（"Prescription et contrôle des arrêts de travail pour cause de maladie au regard de la déontologie médicale"），《医生日报》（*Le Quotidien du Médecin*）第6730期，2000年6月20日。

者实际上已经濒临绝望。暂停工作可以使他们重新获得力量，而如果工作并不是这些麻烦的真正根源，这则可以使他们重新回去工作。很明显，在这样一种背景下，重回岗位会导致旧病复发，而主治医生不得不保护此人的健康。

这可能会导致与咨询医生之间的意见不合，因为当主治医生或职业保健医生判定员工适合重回岗位时，咨询医生原则上只考虑员工是否适合重新工作，而不考虑岗位的具体情况。幸运的是，很多咨询医生会分析状况并决定保护受害员工。为了避免与社保局发生麻烦，我建议我的同行们，既然他们从今往后需要证明其病假处方的合理性，就明确指出精神骚扰引起的抑郁状态（或慢性焦虑状态，或恐惧症症状……）。这可以使CNAM（法国国立工艺学院）开展一些统计研究，从而在更大范围内得出精神骚扰成本的数据，这对于迫使企业采取更好的预防措施非常有益。

精神科医生和心理治疗师

尽管律师和内科医生很快就意识到了精神骚扰问题的严重性，但极少有精神科医生、精神分析师或心理治疗师行动起来。

是我们的患者促使我们行动起来。他们要求我们帮助他们：回答我问卷的人中有52%自认被骚扰的人都曾咨询过精神科医生。这是一个惊人的数字，远远超过普通大众接受心理咨询的常规比例。在现实中，只要精神骚扰还没有在司法和社会层面得到承认，寻求心理治疗就是打破禁锢被骚扰员工的沉默的唯一方法。

他们该做些什么？

◎ 他们首先应倾听。了解痛苦，即使他们感觉这不是真正意义上的骚扰，而是另一种职场痛苦的形式。

◎ 他们应鼓励患者向劳动监察委员会或律师寻求司法意见。

◎ 他们应毫不犹豫地给患者提一些自我保护的建议，教患者面对侮辱时要冷静，什么也不说，但要记录下伤害性的评论、侮辱和对工作权利的侵犯行为。

◎ 如有必要——例如，当此人表现出明显的焦虑或抑郁状态时，可能需要抗抑郁或抗焦虑治疗。药物不应用于掩盖困境，相反，应使人有足够的能量来清醒地斗争。

◎ 当此人的健康状况过于明显地处于危险中时，则需要休病假。我们已经看到目前内科医生开出这一处方的难度。

正确使用医疗证明

在自己的诊室接待一位自认为受到精神骚扰的员工的精神科医生们的职责不是判断骚扰是否属实，而是倾听此人的倾诉，分析他的感觉。当然，如果病人同意，他们可以联系职业保健医生，但无论如何，他们不会得到所有的信息。（我重申，所有医生都必须保守职业秘密。）即使精神科医生不了解职业背景，他们也可以测量骚扰对员工健康的影响。因此他们可以开出一份详细的医疗证明，明确指出此人的身体状况和他们看到的问题。他们也可以根据病人的陈述，在证明上明确指出，这些问题可能归因于他的职业状况。

他们不应满足于开抗抑郁药和抗焦虑药，他们还应表态，因为他们有需要承担的社会责任。当人们向他们讲述自己在职场所遭受的暴力时，他们有义务做出反应，正如当他们了解到一个脆弱的人所遭受的暴力后有义务做出反应一样。他们可以与职业保健医生共同采取行动，但他们也可以多关注一下职场的整体情况。目前，精神科医生很少了解企业界，而职场痛苦是某些专家的专属领域；然而，它经由患者与每个治疗师相关。

如果精神科医生不行动起来，他们的沉默可能类似于对我在本书中揭露的行为的一种包庇。不指出外部侵犯会使这些员工独自面对自己的无能为力，这也加强了他们的负罪感。因为，许多受害者感觉自己有罪，并不知道如何自卫。

当然，这也提出了治疗师的职业道德问题。一名治疗师是否应允许一个人更好地适应某种具有限制性的环境或者他是否应调动起病人的反抗能力？这也许只能逐案判断。

在我刚刚接触这个问题时，当遭受精神骚扰的患者拒绝顺从并想要斗争，以恢复自己的名誉和尊严时，我都会鼓励他们。

然而，多年之后，这些曾经获胜的人重新回到他们的部门，却在精神上被“打垮”时，我却产生了怀疑。有时候是不是鼓励他们默不作声以保护他们的精神平衡更好一些呢？

一般来说，我们应向患者们建议一些解决方案，提醒他们，让他们自己选择。无论如何，我们的职责是告知他们。

心理治疗师有一个基本的作用，就是个别帮助和陪伴受害者。我们已经说过，受害者处于一种极度混乱状态，常常感到自己对所受的侵犯负有责任。因此，治疗师应帮助他们摆脱负罪感。他应辨认外部侵犯，并帮助患者分析邪恶的策略。他看到的当然是一个处于痛苦中的个人，但他不应忘记使这个人不安的背景。太多的心理治疗师或心理分析师仍坚持只看到内心和性的方面，始终禁锢在他们的理论参考系内。然而，他们遇到的精神骚扰案例已超出了日常咨询的范围，应促使他们质疑自己的习惯性思维体系。面对一个新问题，他们应自学并创造一些新的工作方式。

劳动监察委员会

自1998年以来，劳动监察委员会收到的关于精神骚扰的投诉日益增多。应该说，自从我的书《精神骚扰》（*Le harcèlement moral*）出版之后，医生们揭露了一些此前一直不为人所知的精神骚扰的情况。不幸的是，由于缺乏法律条文，劳动监察员们至今仍无法可依。因为，他们负责“监督《劳动法》的规定和与劳动制度相关的法律法规以及集体劳动协定和协议的实施”。

即使大部分情况下骚扰事实都是主观性的、难以证明的，他们仍然可以聚焦于工作条件方面，分析可能允许骚扰发生的背景。

劳动监察员们越来越多地在给雇主的信中重申《劳动法》第L.230-2款[1]，迫使雇主采取必要措施，以确保员工的安全，保护他们的健康。如果雇主本身不是骚扰的来源，这些简单的警告信可以鼓励雇主采取预防措施。

员工顾问

员工顾问是一些志愿者，通常是企业外部的工会干部或退休的活动分子，我们可以在市政府或省政府得到他们的名单。他们的作用是保护没有员工代表的小企事业单位的员工们。

目前，他们的介入仅限于陪伴员工参加解雇前面谈。但既然他们通常被视为空闲的而且令人放心的人，为什么不培训他们，并扩大他们的权力，从而使他们能陪伴小单位里感觉自己被骚扰的员工采取行动呢？

1 该条款规定雇主有确保劳动者的健康和安全、预防职业风险、进行风险评估，以及实施预防行动的义务。——译者注

律 师

精神骚扰的概念出现后，社会权利律师是第一个行动起来的人。他们已经受理过不少认为自己在职场被轻视或被虐待的员工投诉，但由于没有描述他们所受痛苦的词语，所以无法从刑法上来界定它。目前，很少有律师仍在关注这一问题，但是，我们可以假设，这种状况将随着这一概念纳入工作权利中而有所改变。

大多数时候，律师介入得太晚，即在劳动合同中断后，当被骚扰者试图从所遭受的损失中得到补偿时才介入。然而，他们可以起到一个预防的作用，从员工们第一次反击时就引导他们，从而尝试制止精神骚扰。他们需要花一些时间来倾听并提供建议，以便解释如何通过一封邮件揭发一次不被允许的行为或一次对劳动合同的侵犯，如何搜集证据或如何准备卷宗，促使雇主担心，从而采取一些措施。

只要仍身处企业中，员工就会犹豫是否咨询一位律师，因为他们担心直接进攻可能会加速他们的离职，并犹豫是否值得投入一些花费大又不确定的诉讼中。

员工们常说，他们从律师那里得不到可以帮助他们不犯错误并阻止他们名誉受损更严重的日常建议。正因如此，协会担负起了首要的职能。

协　会

有两种类型的协会。

◎ 专业人士协会：其成员由职业保健医生、社会心理学家、心理治疗师和法官组成。他们自愿接待那些在职场中感到痛苦的人，以便告知他们、支持他们。

◎ 受害者或前受害者的协会：其成员因为自身经历过精神骚扰，因此了解被骚扰者所受的痛苦，并知道他们很难走出阴影。他们努力支持受害者，在受害者的求助过程中引导他们。

协会的角色是最重要的，因为精神骚扰的受害者需要在平日得到帮助，而这类流程的专家，无论是精神科医生还是律师，却为数不多，很快就不够用了。我们已经说过，精神骚扰是一种孤独病，协会可以使受害者表达自己、得到倾听，并在法律程序中引导他们，因此对他们是一个很大的帮助。

ARACT（国家改善工作条件总署）和ARACTs（大区改善工作条件署）

他们根据企业各方的要求进行诊断和介入。他们的目标是同时改进组织效率和完成工作的条件。提交给他们的申请大部分是与其目标相关的方面（工作空间的布置、工作时间的组织、风险预防等），但他们越来越多地面对一些与员工痛苦相关的主观因素。

要想使他们介入，应由企业领导层与员工代表联合提出申请。

借助他们的日常预防职责，ARACTs处于有利的地位，可以对精神骚扰背景进行功能分析。他们能帮助理解为什么在某个部门中，没有任何人看到一个同事受到了侵犯。他们能分析一个企业在管控每个人的缺点方面的特点。

他们的背景分析可能是对相关员工的更偏向于精神方面的个别倾听的补充。

第十四章

预防

LA PRÉVENTION

社会已经开始意识到精神骚扰引发的问题，两年来，一些受害者鼓起勇气把这些纠纷告上了法庭。现在，应更进一步。即使需要一项法律来提醒人们哪些行为是被禁止的，并使每个人为自己对待他人的行为负责，但法律并不能解决所有问题，总有一些人有一种邪恶的乐趣来歪曲法律或知道如何利用法律为自己牟利。因此应从上游入手，迫使企业和公共权力机关实施有效的预防政策。

我们不应该等到受害者为数众多时才开始行动。当我们意识到一个案例时，对这个受害者来说已经太晚了，他已经首先需要接受治疗了。我们应该在出现迹象时介入，从这种情况可能被掩盖或可能存在的原则出发。

当一个人成为精神骚扰的受害者，而这种状况持续性地影响他的健康时，医生往往别无选择，只能缓解他的这种病症。

使受害者远离侵犯者是一种保护他的方式，但同时这也是一种失败，因为这表明我们不知道如何及时行动，这也不会避免精神骚扰在同一背景下重新发生。大多数时候，受害者别无选择，只能离开侵犯者所在的地方。

精神骚扰行为会损害人的身心健康。为了避免走到这一步，应该在我们谈到的只是一个“问题”而不是一次“侵犯”时尽早介入。因此，预防和管理比解决问题更重要。

正如我们所见，只有当我们对精神骚扰这个概念的定义以及它与其他形式的职场痛苦之间的区别非常留意时，才能有效地预防。

这是一些难以解决的处境，因为我们总是从个人过渡到集体。一次有效的预防将作用于不同的因素，既包括人的层面，也包括管理方法和有利于骚扰滋生的环境。没有唯一的解决方案；有效的预防应该作用于这一体系的所有关键因素。

精神骚扰的预防通常应归入职业风险预防的范畴，因为维护职业健康，包括心理健康，是员工的基本权利。

企业层面

通过采取预防措施，我们丝毫不能改变自恋变态狂伤害他人的意愿，但我们至少可以阻止他，并限制他的破坏性。至于倾向于顺从集团的员工，如果集团健康运转，他们出偏差的风险会更小。

思考企业或行政机关中可能的预防措施意味着应理解这一现象的社会心理含义、制度含义，甚至社会含义。

当我们在一种职业背景下研究一种精神骚扰行为的起因时，我们会发现员工们的全部问题和偏差，但组织始终应承担一部分责任。

企业的责任

今后，领导们不能再压制这一问题了。他们应表现出在企业各个层级上实施预防计划的意愿，因为当我们发现骚扰时，无论是水平骚扰（同事之间），还是垂直骚扰（来自上级），企业都对此负有责任，因为他们任其发展或者没有采取措施来避免骚扰的发生。他们应停止对某些干部或小主管以企业的良好运转为借口而实施的破坏性行为视而不见。他们还应质疑自己，并重新审视自己的管理方法，清除其中可见的或隐藏的暴力。当然，领导们被多种逻辑（行政的、管理的、财务的）所左右，但他们仍然应与各种形式的暴力做斗争，对其采取惩罚措施。

不幸的是，当我们就一个精神骚扰问题警示领导层时，他们首先会否认。在一所商业名校组织的一次研讨会上，被公开提问的领导们给了我这样含糊其词的回答:“是的，精神骚扰是存在的，但我们企业没有！您知道的，我们有一套公司政策，我们尊重员工。”同样是这些领导们，随后却私下里找到我，咨询与他们直接相关的骚扰问题。如果承认自己在解决内部公认的问题时无能为力，又如何能保住自己的面子呢？采取否认的态度似乎是最简单的解决办法，但它却妨碍了我们去解决遇到的问题，并妨碍我们找到预防的方案。

就像人们可以通过个人分析来寻找他们无意识的动机一样，企业领导或机关负责人也可以分析他们的无意识行为。

上级领导们应停止出于团队精神而一味地维护被指控精神骚扰的高级干部们。实际上，有时候无论侵犯的严重程度如何，所有人都会合伙拒绝承认他们中的一人或多人所做的不公正的事，这只是因为他们认为，如果他们承认了，这也会波及他们自身，最后甚至殃及企业本身。这样一来，他们就被驱使着延续并加剧了这些侵犯行为。

我们已经看到，新型职业组织中的一些因素能够助长骚扰行为，因此应注意纠正它们。预防措施首先是给员工们提供良好的工作条件，同时注意预防精神压力。我们在前一章中看到，精神压力会引起一些促使骚扰状况滋生的条件。例如，在推行35小时工作制过程中加剧的时间压力，是感到不安的受害者们经常提到的一个因素。瑞典的一项研究表明，如果我们改进了工作条件，我们就会减轻员工们的失望，避免他们把这种失望转嫁到一个替罪羔羊身上。[1]从那以后，德国和一些北欧国家实施了一些预防计划。[2]

当然，一些企业领导开始对预防精神压力和冲突管理感兴趣，但他们往往是加重了员工们的负担，而丝毫没有重新审视一下自己的管理方法。而只有所有人都质疑自己，包括领导们，我们才能有效地预防精神骚扰。

然而，毋庸置疑，企业都想要身体健康的、有积极性的员工。在一个组织中，管理目标是使员工们好好工作，尤其是及时调解可能变质的纠纷或关系不和。原则上，这一角色应由干部们承担，因为他们的职责就是帮助员工，但我们已经看到他们自己是如何被组织所控制，只为了自己的存活而斗争。

精神骚扰的实施与普通冲突不同，因为无论是骚扰者还是被骚扰者都不容易察觉到它，一切都未言明。因此，有必要及早发现一个人被孤立的过程，注意频繁发生的“无关紧要”的小恶行，不再保持沉默，寻求重新建立对话，从而凝聚和调动团队的积极性。

大部分毕业于名校的年轻人实际上都是后来在工作中通过一些管理研修班或冲突管理实践，才学会了如何管理人。在此期间，他们尽自己所能设法应付。为了帮助他们，采取

---

1 参见马尔瑟利桑（Marcelissen）、温纳布斯特（Winnubst）、邦克（Buunck）、德·沃尔夫（De Wolff），《社会支持与职业精神压力：因果分析》（“Social support and occupational stress: a causal analysis”），《社会科学与医学》（*Social Science and Medecine*）第26期，1988年。

2 参见斯塔尔·艾纳森、安德斯·斯高斯达，《公共与私营组织中的职场霸凌流行病学调查结果》。

了一些“教练”方法。教练是一个干部的个人导师，帮助他思考他的目标，使他在人际关系中采用更加个性化的方法，但这只是为领导和高级干部们准备的。较低级别的人则一无所有，他们至多可以寻求社会帮助或职业保健医生的帮助，但这往往为时已晚。

心怀尊重地去领导员工可以避免企业中的不少不良问题，从而也可以提高生产力。与其增加使员工们绩效更高的培训，为什么不敢重新引入人性化管理，考虑每个人的性格特征和脆弱性，并将员工的感情或情感成分考虑在内呢？应加强职业关系中的对话与倾听。这种倾听应该是富有同情心的，无论对方是哪个级别的。如果我们懂得倾听，对方总有一些值得我们了解的东西。应该关注员工们的阻挠或沉默态度，猜测导致他们反对的困难所在。应该在员工被迫进入恶性循环前，辨明他们是处于困难，还是失败了。

与某些厚颜无耻的领导企图让人相信的相反，关注员工福利的企业比那些用精神压力和恐惧来管理人的企业获得了更好的效益。他们的人员流动率更低，员工积极性更高，生产力也不断提高。一个企业的良好运转，不仅在于经济效益，还在于它的氛围。当企业只考虑他们能从员工身上榨取多少利润时，他们必定会遭遇困境，并眼看着员工们忠诚度下降和人才流失。相反，那些正确对待员工的公司收到了巨大的红利：高效的生产力和较低的人员流动率。

杰克·韦尔奇（Jack Welch），通用电气的总裁，因其创新的管理方法而闻名，这些方法使一家百年老店转变成一个组织典范。以下是2000年6月20日《世界报》上刊登的对他的采访中他说的一段话："在我们公司，每个人都有机会表达自己的意见。我们给员工尊严和话语权。这是我们的价值观。我们实行坦诚反馈：您可以直接、清楚地告诉员工他们工作得如何……我认识的人中没有不想要话语权和尊严的。我建议经理们不要太自以为是，不要把自己看作掌握权力的人。在所有级别上，企业都应保持非正式的气氛，信息应自由流通。……如果您的上司对您不好，那就挑战他或者迫使他辞职。"他认为，官僚主义始终是企业效率的主要敌人，应在平日与之斗争："我们为什么会有这么多的官僚主义？每个人都认为自己的要求是合理的，而别人的要求是荒谬的。"

通用电气寻求优化个性管理。干部们要接受360度的评估：与他们一起工作的所有人（上下级）都会被问到对这些干部工作的看法。每位极具潜力的年轻干部都会由一位较年长的导师跟踪，帮助他在集团中前进。当发现问题时，所有相关人员会被召集开会，由一位与此问题无关的受过此类任务培训的员工来主持会议。为了使发言更自由，上级不会出席这一会议。

所有的管理研究都证明：每个员工都是他所供职的企业的潜在财富，如果他的个性得到尊重的话。在一个工作团体中，不仅有能力共存，还有差异和特性共存。为什么不利用员工们的差异性呢?

在一个健康平衡的环境中,人们不必担心评估。所有人都以这种或那种、明的或暗的方式被评估,因此这最好是有组织的评估。这可能是一次确定某位员工的岗位和表达他对某些问题的看法的机会。

避免骚扰的策略

在管理层面,有哪些可以避免精神骚扰滋生的策略呢?

在“有利于精神骚扰滋生的环境”一章中,我们已经看到了良好沟通的重要性。然而,在建议一些沟通平台的同时,企业却不让言论传播。如何使员工们真实地表达自己的观点呢?即使对于外部介入者,这种谈话也非易事。大多数为了使企业更高效而介入的顾问,只是使现有体制更确定而已。当一个人暂时处于脆弱状态时,心怀尊重的倾听对他来说尤为重要。

说出实情,这可能仅仅是说出一些使员工们彼此走近的话语而已。

当斯特凡来到这个女性占多数的部门时,朱莉对他非常冷淡,因为她不能忍受一个男人侵入自己的领地。她对他表现得非常高傲,并为自己留下了所有能出成绩的工作。而斯特凡害怕她,不知道如何接近她。斯特凡退缩的态度更加刺激了朱莉,她越来越不能忍受斯特凡，并时刻让他感受到这一点。他们最终妨碍了彼此的工作。斯特凡变得压抑，失去了主动性；朱莉则停滞不前，认为一切不顺的事都是斯特凡的错。

上级介入了两位当事人的不和，帮助他们沟通。只需几句话，斯特凡就与朱莉和好了，而朱莉实际上非常缺乏自信，斯特凡努力使她放心，朱莉也不再把他看作一个竞争对手了。

不幸的是，这些非常简单的话语却很少有人说出口，因为许多负责人认为这并不重要。然而，他们有责任重新建立起同事之间的对话，而不只是让他们在咖啡机旁闲聊。

说出实情，也意味着不害怕冲突。这是解决正面对抗、可能的冲突和矛盾的有效方法。当局面受阻、不可能有任何进展时，冲突就有利于为过于静止的环境带来一丝灵活性。当然，面对问题并尝试解决问题需要勇气，因为每一个决定都会给某些人带来积极的影响，也会给另一些人带来消极的后果。一位以人为本的领导通常会重视调解员的角色，并为了集体的利益担此重任。

精神骚扰的问题首先是限制和规则的问题。负责的干部，如有必要，应通过辨认和惩罚不尊重人的行为来确认并恢复秩序。他们有责任指明什么是允许的、什么是禁止的，但是，他们需要领导层的支持。领导层应像关注数字那样关注人，不能对那些性格有缺陷的或患有妄想狂的病态负责人的恶行放任自流，应采取措施迫使他们控制自己的行为。如果一位干部的业绩不错，领导们往往不愿对其行为做出裁决。

为了实施预防政策，企业领导们应做出明确的选择。他们应在企业内部规章中指明，他们不接受精神骚扰，并且会惩罚这种行为。然后他们应督促高级干部负起责任，以便上行下效。之后，他们还应教育员工，从而使各种形式的骚扰预防工作不只是几位专家的研究领域，也不只是一些虔诚的愿望，而是每个人的责任。这一切应在内部规章中明确指出。

预防的首要举措是教育人们正确地对待他们的工作伙伴。为此，企业应向员工反复灌输正确的行为准则，确定什么是企业接受的，什么是企业不接受的。企业不应将一种道德观强加给员工，而只应设置一些限制。企业尤其应使每个人预见到自己的行为对他人可能产生的后果。

因此应重新审视从属关系的概念，以便明确在上下级关系中什么是允许的、什么是禁止的。实际上，纪律惩戒权使企业领导们可以惩戒不服从他们指挥权的员工。如果是由雇主自己来确定过错和惩罚措施，人们总是会担心这种纪律惩戒权被滥用。

企业的伦理

当然，企业通过其管理方法给出明确的行为模式范例，使每个人能够健康地行使职能，这也很重要。在稳固而健康的组织中，精神骚扰“无立足之地”。如果一个企业真正尊重员工，这对企业中的个人行为将会产生一种积极的作用。然而，即使越来越多的领导在谈论伦理，但在职场中，员工却越来越少地得到尊重。不要上当，虽然某些领导在谈到他们的道德价值观或伦理观时是真诚的，而对于另一些领导来说，这只是使他们表现得有良知或保全良好形象的一些说辞而已。当他们同时宣布利益和解雇时，从经济上讲，两者可能是一致的，但从伦理上讲，两者却不那么一致。然而，企业负有决定性的社会责任。

要促使领导们采取预防措施，以避免某些员工的痛苦和毁灭，仅谈论伦理就够了吗？我对此不抱有太多的幻想。如果从社会和伦理责任的角度向他们提出问题，未必行之有效。为了说服实用主义的企业领导们，应该优先采用理性的数字论据，淡化人文和伦理因素，并应向他们证明精神骚扰的代价是高昂的，而采取预防措施是一种明智的投资。精神骚扰对一个企业来说代价高昂，是由员工经常缺勤或企业有时应支付给被解雇员工的赔偿金直接引起的，也是由员工丧失了信任和动力而导致重要的人员流失间接造成的。在美国进行的一项研究表明，85%的职员说，如果他们的企业是人性化的，他们便不想离开它。尊重员工的企业会吸引最好的员工并赢得他们的忠心，生产力也由此提高。

对精神骚扰和各种形式的关系偏差的有效预防可以产生附加值和效益。当领导刁难一名员工时，也就浪费了他的潜力。

一方面，他们摧毁了一个人的健康；另一方面，他们使经济效益下降。借口一名员工不够能干而逼迫他辞职，对企业来说，短期内可能是算了一笔好账，但从长远来看也是如此吗？

此外，对精神骚扰采取预防措施还能塑造良好的企业形象，或至少可以避免负面形象在媒体上的曝光引起的股东们的负面情绪。受害者协会、职业协会和工会的压力可能会促使政府和企业主们做出反应。必须有一本指出问题的书引起巨大反响，才能使受害者们吐露心声；而不幸的是，必须通过一些严重的案例，如职场自杀，才能使这一现象得到重视。

社会和人的层面

精神骚扰事实的增多应促使我们自问，我们的社会出了什么问题？如果我们不改变那些允许侵犯者那样做的精神状态，我们就没有任何方法来惩罚那些侵犯者。应该从整个社会层面行动起来，而不是躲在企业责任的背后。

我们有一个在政府保护下运作的国家伦理委员会，但它主要聚焦于生物伦理，而不涉及经济和社会问题，也不涉及人际关系。为什么不利用这个协会呢？

独自行动是无法对抗暴力的，让我们团结起来一起行动。解决问题的不是法律或条文，而是男人们和女人们。

团结起来，这是人们正在通过创建协会和智囊团开始做的事。为了迫使公共权力部门和企业领导层行动起来，应该有一些压力集团：公共舆论、工会、社会服务部门等。媒体也应发挥重要的作用。他们可以通过一些描述受害者状况的报道来教育读者或观众，使他们更好地辨别这种状况，并及早反抗。他们也可以传递专家的意见，指出应该采取的反抗行动。

但是，无论在什么背景下，我们都对自己的行为和态度负有责任。我们不能只依靠集体责任。每个人都应时刻扪心自问，不要一味地服从统治体系。我们应该意识到自己的矛盾情绪，接受自己的差异性和别人的差异性，反抗社会强加的格式化，从而使自己进步。要想预见到邪恶的暴力，我们应该从扪心自问和尝试了解他人开始：他是谁？他是怎么做的？我们的人际关系困境并非都归咎于他人的病态。但是，要尊重他人的差异性，应该首先尊重自己并足够自爱。

预防工作应从学校开始。“孩子们学习榜样。当我们打他们、侮辱他们时，我们正是在教会他们我们不想教给他们的东西。我们教给他们暴力、愚昧和虚伪。我们借口教给他们如何在生活中自卫，而实际上只是在为他们打造一副防护盔甲。当他们成年后，我们宁可压制他人，也不愿信任他们、帮助他们改变，这是因为我们没有把他们看作一个负责任的、值得尊重的成年人，而是看作一个需要矫正的小孩子。然而，当一个人害怕或受到压制时，他不可能学会任何东西。”[1]如果您尊重他人，他也完全可能反过来尊重您。

邪恶的个人从来不质疑自己，遭受他们侵犯的受害者和目击者揭露他们的破坏性行为是很重要的。受害者应该证明，专业人士应该解释，从而使整个社会，而不仅仅是企业，能够改变。

我们首先应该学会说“不”。不要接受一切，这也是尊重自己。辨别什么对自己是好的，对违背自己道德价值观的事情说“不”，这十分重要。良心是人类最宝贵的财富，它构成了人类的道德健康。道德健康的人会反抗被认为不尊重别人的状况，敢于揭露它们，这样就可以降低对暴力的容忍限度。

预防计划

即使现在许多咨询师自称为“精神骚扰方面的专家”，但实际上很少有介入者能够建议一些具体的预防措施。与其让他们像消防员一样介入，我觉得更明智的做法是要求他们在企业内部培养一些能够进行日常预防的专家，而这些专家又可以成为企业内部其他人的培训师。只有在处境艰难、无法从内部解决问题的情况下，才应求助于外部专家。当然，自认为是受害

1 A. 米勒（A. Miller），《给政治负责人们的公开信》（*Lettre ouverte aux responsables politiques*），作者口述。

者的人还是可以随时要求外部调解。在企业内部培训一些人，是要就地创造一种避免受害者被孤立的方法。这一方法已经成功地用于解决法国邮政的外部暴力（来自客户的侵犯或持械攻击）。[1]一些外部咨询师来培训了职业保健医生和预防医生，而这些医生随后又组织了对所有可能受侵害的员工的培训。

谈论在某一组织内部预防精神骚扰可能被某些人解释为对人事管理的一种质疑，然而，没有各方合作者的参与，就不可能实施任何预防措施。当企业设有CHSCT（卫生、安全与劳动条件委员会）时，最简单的方法是由CHSCT组织对这些预防行动进行投票表决。无论如何，应该准备好这个阵地，同时找到好的项目代言人。例如，我们可以创建一个包含领导层成员、社会医疗机构人员和员工代表的监察机构。这一机构的结构应该足够稳固，才能承受住反攻和层出不穷的进攻。

我们看到，骚扰会引起受害者内心的混乱、怀疑和耻辱。他们没有能力自卫，不能采取正确的行动，甚至也不敢说出来。因此他们需要一个在等级体系之外、企业之内的代言人。为了确保揭发问题不会反过来有损于受害者，也不会加重受害状况，作为受害者倾诉对象的人必须要保密。社会医疗机构人员应保守职业机密，这样才有资格帮助受害者。我们可以给受

1 根据法国邮政的预防医生布里吉塔·邦赛尔-加比亚克（Brigitte Bancel-Cabiac）博士的口述。

害者配备“信任人”，正如比利时在倾听性骚扰受害者倾诉方面所做的。

作为比利时的劳动和机会平等部部长，米耶·斯迈女士促使通过了两项关于性骚扰的皇家法令，一项针对公共部门，一项针对私营部门。通过这些法令，他们实施了一种比司法更简单的方法，在绝对保密的状态下帮助性骚扰受害者。比利时的所有企业和所有行政机关，都指定了一名信任人。他们是一些不属于等级体系的独立的人，受过培训，负责倾听和帮助精神骚扰的受害者。在任何企业的内部规章制度中，都应列上他们的联系方式。同时，法令还规定了一个能够在投诉情况下全面保障受害者的程序。

信任人是根据人品从各个职级选出的一些志愿者。他们的作用是为寻求帮助的员工提供支持，告知他们可用的程序，并陪他们采取行动。

以下介绍了如何在一个企业中进行干预：

第一阶段

通过一场大型讲座告知所有员工精神骚扰的现状，并引起他们的关注。开展一次说明活动，教给员工辨认一个人如何发展为精神骚扰受害者，告知他们的权利和可能的求助途径。强制性张贴海报，概括员工在企业内的权利。如果员工愿意，可以为他们提供更详细的宣传册。

第二阶段

培训内部专家，培训对象包括社会医疗小组、工会代表或想要成为“信任人”的志愿者。这一培训可持续几天，应配有教材，教材内容包括当前对骚扰状况的研究，以便使受训者能够自己或分组进行讨论和思考。

与他们一起创建一个常设讨论小组，可以有介入者参加，也可以没有。小组的目标可以是在等级体系之外创建一些绝对保密的员工倾诉室。

第三阶段

培训人力资源主管，并形成预防和辨别精神骚扰或解决已经存在状况的环境。这一培训可以进行一整天，有理论学习，还有角色扮演的游戏，使他们能够在员工投诉自己被骚扰时有分寸地应对。其目标是改善企业面对非典型状况时的倾听水平。

这一培训将通过与外部培训师的面谈定期深入，培训师会分析负责人遇到的状况。

第四阶段

编制“公司宪章”。某些行政机关和某些国际企业，在美国管理制度的影响下，已经制定了关于性骚扰和歧视（种族、肤色、宗教、性别、年龄、社会地位、残疾等）的某种宪章。我觉得将有关精神骚扰、性骚扰和歧视的规定合并到同一份文件中是有益的。这份文件将分发给每一名员工并让他们签字确认。

这对企业来说是一次机会，以唤醒它所坚持的基本价值观，明确指出对违反者的处罚。

为了使事情更清楚，应给出精神骚扰（以及性骚扰和歧视）的定义。

该文件还应明确指出当员工自认为受害时可以联系哪些人。求助步骤应该是简单的、保密的，并提供多种替代方案。

建议一些分两个阶段的求助行动是比较合理的。首先是非正式的、保密的行动，使投诉者得到社会医疗机构人员或信任人的帮助；随后，如果问题没有解决，再采取更加正式的、牵涉等级体系的行动。

当然还应明确指出，谎称被骚扰将受到严厉处罚。

对于小企业，可以由职业保健医生组织一次类似的培训，用一天时间把各个企业的员工集中起来进行宣讲。

举个例子，以下是斯伦贝谢公司建议的针对性骚扰情况的程序范例。

任何自认为遭到上司、经理、同事、客户或供应商性骚扰的员工均可遵照以下程序执行:

1. 礼貌并坚决地联系实施骚扰的人。让他知道您对他的态度的感觉。礼貌地要求他停止这种侵犯您、使您不舒服或使您害怕的行为。如有必要，邀请一个证人协助您进行这一谈判。

2. 做记录。写下发生的事，写明日期，并概括您与骚扰您的人的谈话。明确指出他对你们谈话的反应。保留这些记录。

3. 如果骚扰持续，或者如果您害怕与此人对质，请与您的上司或经理联系。口头或书面向他说明这个问题。

4. 如果您无法联系到这些人，或者如果您的投诉涉及他们，请向更高一级领导或其他负责人投诉。

5. 如果问题始终没有解决，或者如果您害怕遭到报复，请与人事主管联系。

6. 所有投诉均应做保密处理。我们将会开展适当的调查，斯伦贝谢公司不会将任何信息提供给第三方或调查组成员以外的任何人。

7. 如果调查显示投诉成立，我们将会采取一些纪律惩戒措施，使这种骚扰行为立即停止，并避免它再次发生。

8. 您将被告知这一调查的结果。

这家企业承认很难区分什么是骚扰、什么是无歧视目的的关系，但它担负起了对员工的责任，从而维持了一种令人愉快的工作环境。

我们看到只需要改变这一关于性骚扰文件的题目，就可以使其同时适用于精神骚扰。

欧洲委员会也进行了类似的培训，并最终制定了一份有关保护员工尊严的指令。在这一指令中，秘书长首先介绍了旨在消除本机关精神骚扰和性骚扰的政策；随后，在定义了精神骚扰和性骚扰后，介绍了一项分三步走的预防计划（告知、引起关注、培训）；之后，告知了员工可能的求助程序和决策机关。

如何处理一种精神骚扰状况？

在处理一种精神骚扰状况前，重要的是区分什么是与人及其可能的病症或失职相关的，什么是与关系不和及职业组织相关的。应与领导团队一起分析与管理相关的一切因素，职业保健医生应分析能表现一方当事人病症的因素，他最终可能建议当事人去咨询一位专家。

显而易见，并非所有情况都需要个别对待，也并非所有人都应该被送去看心理治疗师。

应区分倾听与调解。应首先接待受害者，并倾听他的倾诉；接下来，如果确认受害者遭受的是精神骚扰，应建议他申请调解。

澄清每位介入者的工作是很有必要的：

◎ 劳动监察员可以处理组织滥用职权的问题；

◎ 调解员负责介入员工之间的问题。

行动前，应明确骚扰处于哪个阶段。我们不能以同样的方式来处理刚刚发生的精神骚扰状况和几年前就存在的精神骚扰状况。

当骚扰是水平方向的，那么首先需要倾听与对话的工作。当骚扰来自一位上司时，应该分析这位上司本身受到权力体系的影响程度有多大。如果是这种情况，应由上级介入。如果这是作为操纵者和破坏者的管理层本身的行为，则更适合采取集体行动。

然后，应尝试尽可能追溯问题的源头，以理解问题。我认为重要的是不要过早地给一种状况贴标签。至少在开始时，从关系的角度来陈述事实，同时考虑各方当事人表现出来的痛苦，这样做要明智得多。

还应考虑整个企业层面的互动。如果人们对受害者漠不关心，不把团体内的事情拉回正轨，整个团体的平衡可能被颠覆。为了不使角色翻转，应注意不要把侵犯者限定在一个陷入有组织的阴谋中的受害者角色中。

被骚扰的员工能够做什么?

一个被孤立的人想自卫并不容易，因为一种被控制的状态会妨碍人的理解并因此阻止他自卫。当一个人意识到他所遭受的攻击的恶意时，他会根据环境，尤其是根据自己的性格，做出反应，也就是说，他不一定会选择最合适的反应。正因如此，外部的帮助才十分重要。

在第一时间，他应提高警惕，以避免自己出错，因为这只会令“骚扰者”高兴。

他首先应尽可能地在企业中寻找一个对话者，此人因其所处职位，可能会在一定程度上改变他的处境。这个人可以是领导层的某个人或人力资源主管。通常，被骚扰者不敢说出他们的遭遇，因为他们害怕会加剧这一状况或者遭到报复。然而有时候（我们希望这种情况越来越多），如果受害者能清楚地解释事实，并注意区分客观因素和自己的感觉，人力资源主管就会了解并缓和这一局面。

一名遭受精神骚扰的员工应首先努力维护健康的自尊。为了不使别人蔑视和贬低他，他应向同事们说出他的遭遇，以增强团结，并尝试建立互助和同盟关系。如果他感觉不知所措和抑郁，他应毫不犹豫地咨询医生或心理治疗师。如果他不能使人力资源主管或上级听到他的意见，他应进入防御或反击阶段。为此，他应搜集证据。

由于搜集精神骚扰的证据并不容易，他们可以等待更易受到惩处的侵犯工作权利的行为出现。如果没有确实的证据，最好是保留一个日记本，如有可能，编上页码，每天、每小时记录下发生的骚扰事件，内容具体到话语和行为，以及目击者的名字。假设进入诉讼程序，这可以为法庭提供一系列线索。这些记录也可以使受害者意识到侵犯的现状或严重程度。

直到利娅为劳资纠纷调解委员会准备她的卷宗时，她才意识到她曾经遭遇的敌意。她重新阅读了她在事件过程中所做的记录，试图理解她的遭遇并为此找到一个理由。正是在这个时候，痛苦真切地出现了："无法想象你是怎么熬过这一切的！"她意识到自己当时有多么难过。尽管她性格坚强，但她那时已不再反抗。她只是窥伺着人们看她的眼神、和她打招呼的方式。她转过身去，等待着下一次恶毒的言行或侮辱。

但在走向法庭之前，应该先尝试调解。

第十五章

调解

LES MÉDIATIONS

什么时候应把接力棒递给外部？

我们已经看到，在精神骚扰状况中，时间越长，被骚扰人背负的污名越重，处境越难过，他们的抱怨也越大。如果问题解决得太迟，这一状态就会凝固，人也会变得僵化。过了某个阶段之后，他们会与雇主发生公开的战争，有时会固守受害者的立场；而雇主则不想再放过这个员工，因为他想挽回自己的形象，希望打赢这场战争。漫长的程序过后，谈判的不平等性加剧，员工越来越受伤，最终变得抑郁，而对企业来说，这个冲突只是一个细节，只是浪费时间而已。

为了避免这种情况发生，企业外部的专家们应该来指出企业内部听不到的事实。

每次诉讼都可能存在风险，最终可能以怨恨和失望收场。

我们也不应该忘记，一次诉讼意味着要支付一笔可观的法律费用，这对已经处境艰难的员工而言是雪上加霜。对于企业，诉讼往往是一次负面广告，可能因此丧失客户甚至股东的信任。

因此我们应考虑调解，如果受害者得到承认和尊重，谈判得到的解决方案要比司法解决方案更可取。

调解是解决冲突的一种替代方式，它可以重新引入对话，使处于主观或感情问题中的人头脑更清醒。有一个中立的、独立的、除了当事人承认的授权外无其他任何权力的第三方在场，将有助于谈判的进行。当然，这只能是一种自愿的行动，需要各方当事人自愿接受。

此外，在公众的思想中，对谈判、协定、仲裁和调停存在某种混淆。

◎ 谈判是寻求一种妥协的解决方案，不一定有中立的第三方的介入。谈判可能直接在员工和雇主之间进行，或者通过律师或任何其他代表进行。

◎ 协定是一种陈述争端和应对它的协议条款的书面文件。协定中必然包含每一方做出的让步。

◎ 在仲裁中，双方求助于第三方，由第三方来裁决争端，指出谁对谁错。

◎ 调停是由劳资纠纷调解委员会建议的，但这绝不是调解，因为双方会面对面，并且要在不到10分钟内完成这一手续。

近几年来，人们经常谈到调解，但主要是指离婚案中的家庭调解或为了解决僵持的冲突的社会调解。

格勒诺布尔上诉法院大法官碧雅翠丝·布劳豪恩－布勒纳尔有长期调解经验，她说："调解主要是在有某个情感问题需要解决时才发挥作用。"[1]据她透露，12%的劳资纠纷诉讼采用了这种措施，调解成功率为67%。

司法调解可以在诉讼程序的任何时刻安排，甚至可以根据双方或其代理的要求进行庭前调解。外部调解可以委托给一家双方同意的调解协会，该协会由专业调解员组成，可以是公立的（人权委员会），也可以是私立的，还可以委托给双方信任的某个部门或某个人。

调解更多地需要妥协，而不是强制，它迫使双方走出一种一方将自己的意愿强加给另一方的恶意过程。正因如此，对于那些看似精神骚扰，但实际只是焦虑的人或被团体驱使的人做出的笨拙或错误的行为的情形，调解给了侵犯者一个解释他的态度，甚至为此道歉的可能性。这对于每一方当事人来说，都意味着把自己的经历摆到桌面上，消除误解，并最终承认自己的错误。尽管这个方法绝不是心理治疗，但它迫使双方走出他们僵持的局面。一次调解可以使当事人说出自己的感受和对另

1 碧雅翠丝·布劳豪恩－布勒纳尔（Béatrice Blohorn-Brenneur），《职场个人冲突中的司法调解》（*La médiation judiciaire dans les conflits individuels du travail*），格勒诺布尔上诉法院研讨会议事录，1999年2月5日。

一方的不满，它与精神骚扰行为恰恰相反，在精神骚扰中，人们不告诉被骚扰者他们对他哪里不满。

精神骚扰受害者们首先要求得到倾听和承认，并想让别人理解他们的遭遇。如果另一方当事人愿意质疑自己，一次调解就可以使他们避免漫长的令人不安的司法诉讼过程。当他们要求赔偿时，赔偿金额是重要的但不是必须的，他们主要想通过这种象征性的举动使人们承认他们受到了不公对待。在一份和解协定中，赔偿是对侵犯行为的默认。

外部介入者无论是谁，都应保持谦逊。他不应显得过于强加于人，想尽一切办法证明自己有理。他可能了解不到问题的隐情，尤其是心理方面的因果关系。我们只有在辨别出各种合法性之后，才能着手解决冲突。

介入者应只是给予当事人自我调整的方法，教会他们灵活处事。为此，应该通过更好的倾听和谈话分享来重新建立起信任。

当雇主不是恶意侵犯的实施方时，调解就特别可贵。在这种情况下，雇主只了解官方版本的事实。侵犯者可能企图把责任推到受害者身上来开脱自己的罪责，而受害者可能也“控诉”了那个他认为对自己的痛苦负有责任的人。雇主最好能够在中立的背景下给出意见，从而使当事人的反应不那么强烈，也因此可以保密。这可能促使雇主以后采取一些预防措施。

当员工与其雇主之间存在一种从属关系以外的人际关系时，也会用到调解。例如，当员工是雇主的配偶或家庭成员之一时，或者当他们相识多年时。在这种情况下，私人经历和工作经历会掺杂在一起，每个人都可能感觉对方背叛了自己。

但是，如果被认为是侵害者的一方不承认他的行为给对方当事人造成了问题，那绝对不能考虑调解了，这正是从不承认事实的自恋变态狂的情况。他们丝毫不想质疑自己。他们通常拒绝一切调解，或者即使他们接受了，也是企图利用它，通过诱惑和操纵调解员来为自己牟利。通常，如果认为自己面对的是一个自恋变态狂，调解员应十分谨慎。他应该避免表态，避免被一方当事人拉入其同盟中，这样可能会使另一方当事人感觉自己重新被孤立和操纵了。

有时候，之前过于不安的受害者因害怕遇到侵犯者，会拒绝调解。我们应该尊重他的决定。

虽然调解因简单和保密而成为一种有益的方法，但是只有当双方接受会谈并能够脱离他们各自的角色和等级地位时，才可能进行调解。双方当事人还应诚心诚意地准备接受妥协，但这不包括与变态狂的任何和解安排。通常，除非侵犯者表现得像一个自恋变态狂，否则即使调解失败了，它也是有用的，因为至少曾经尝试过对话，而双方也由此确定了他们无法达成和解方案。

复职带来的问题

不要以为我们找到了一种和解的或司法的解决方案，所有问题就会迎刃而解。

经过行政法庭三年的诉讼程序，法庭裁决赛丽娅胜诉，指出她的遭遇是不正常的、令人恼火的。他们建议她到原部门复职。她不知所措，因为她已经三年没有工作，没有见过同事们，他们中有些人曾经还做证反对她。

在她离职期间，同事中形成了新的帮派，也实施了新的工作程序。另外，赛丽娅还对自己受排挤的遭遇心有余悸，包括非常严重的恐惧症。

她宁愿拒绝复职，即使这会使她面临一次随机调动。

安妮的这封来信很好地揭示了复职过程中遇到的困难：

我在复职过程中遭受的精神骚扰比我此前的遭遇还要恶劣。复职的第一天，我求一个同事帮我证明我没有办公桌。而我等了三天（在人力资源主管的命令下）才要回一张办公桌，这张桌子被一个休假的同事占用，自然，这个同事休假回来后对我心生怨恨。

帮我证明的那个同事也目击了人力资源主管在我领导的团

队面前放了一句狠话："X女士将重新接受纪律委员会的调查！"一个新的纪律委员会意味着，这个曾在领导层的要求下做证反对我的团队必须确认他们的证词。

自从他说了这句狠话之后，我就请病假了。我的心碎了。我总是害怕一切，不再出门，逃避外面的世界。我满心焦虑。我感觉自己变成了一个装满痛苦的球。

我申请长期病假的文件提交到了委员会。给我咨询的心理专家给出了不赞成的意见："申请无正当理由。"他评价我不适合工作，因此应该停薪留职。预防医学医生说他支持我的申请。我不知道如果我的申请被拒绝，我的生活费该从何而来，因为我是单身母亲，还要抚养两个孩子。

我不想再回到这样一种暴力环境中去工作。

第十六章

为什么需要一条法律？

POURQUOI FAUT-IL UNE LOI ?

两年来，公共舆论和媒体时常谈论精神骚扰，许多专业人士（律师、劳动监察员等）也抱怨无论在新刑法还是在劳动法中都没有一个条款来定义这个词。事情从2001年1月11日起有了转机，因为在修订社会现代化法草案时，在劳动法中引入了精神骚扰的概念，这一修订首次审议即被通过了。在第二次审议时，在总理要求下，由经济社会理事会提交了一份关于这一主题的报告，进一步补充了这一条款。

即使许多男性和女性政治家们同意有必要将精神骚扰的概念引入劳动法，但我们已经看到，还很难找到一个贴切的定义，既不过于宽泛，也不会导致滥用。

我们看到，目前，国民议会坚持将尊严和工作条件受到侮辱和贬低的概念纳入精神骚扰的定义，同时指出精神骚扰和精神压力的区别，正如我在本书中自始至终力图论证的。

如果我们从受害员工的痛苦，即行为的后果出发，为了使侵犯行为具有一种法律意义，一个法官应能比照一个标准将其辨认出来。碧雅翠丝·拉贝鲁建议将这些侵犯行为定义如下："被揭露的压力，要定性为精神骚扰，应被一个具有正常感性的人感到它是无法忍受或至少是令人痛苦的。"[1]这就排除了神经过敏症和被迫害妄想症。在这种情况下，只能由法官来斟酌裁定。

如果我们通过已经采用的方法和研究过的影响来定义精神骚扰，无论这些影响是否已产生，我们都会把受害员工的感觉和仅凭主观判断的情景放在一边。

欧洲其他国家已对这一问题立法，如葡萄牙于2001年1月通过了一项法律。别的国家正计划这样做。在比利时，最近提交的一项法律提案对精神骚扰采用了以下定义："企业外部人员或企业员工做出的针对一名或多名劳动者的有意破坏的行为。"长远来看，我们可以想象，所有欧洲国家通用的一些法律规定将会制止精神骚扰。

某些法学家认为，劳动法中没有必要给出精神骚扰的确切定义。巴黎律师公会律师、社会法专家保尔·布瓦兹认为，尽管刑法中的定义是必不可少的，因为不严格定义一项指控，就无法进行任何量刑，但劳动法中的定义是有用的却不是必要

1　碧雅翠丝·拉贝鲁，《工作关系中的精神骚扰的概念》。

的。[1]同样，严重过错的概念也没有定义，但这没有引起司法问题。另外，他还提出了一种与员工严重过错平行的理论：雇主的过错使员工无法维持劳动合同。这相当于一种归咎于雇主的无真实性、无正当理由的解雇，或者把辞职重新认定为无真实性、无正当理由的解雇。

大部分法学家提出，在法国司法体系内，已经存在一定数量的工具用于帮助理解这类行为。我不是法学家，我将只列出这些保护性的标准：

◎ 首先是诚信地履行劳动合同的义务："雇主在行使其权力时，应履行忠诚和正直的义务。……他应尊重劳动者的道德和尊严。"[2]

◎ 雇主有保护员工健康的义务。让我们明确一下，世界卫生组织将健康定义为一种身体、精神和社会安康的完整状态，不只是没有疾病。

◎ 尊重人的尊严，这是宪法规定的通用的基本原则。由于尊严是人类固有的，所以应该在所有情形下，尤其是在工作关系范围内确保它得到保护。自1948年12月10日《世界人权宣言》发表后，人的尊严成为所有决策机关的主要关注点，直至1996年5月3日在斯特拉斯堡通过了《欧洲社会宪章》，

1 参见保尔·布瓦兹（Paul Bouaziz），《工作关系中的精神骚扰》（"Harcèlement moral dans les relations de travail"），《工人权利》第621期，2000年5月。
2 《民法》第1134款第3行，转引自保尔·布瓦兹，《工作关系中的精神骚扰》。

指出:“(应)促进对在工作场所或与工作有关的场所重复性地针对任一员工的应谴责的或具有明显敌意或侵犯性的行为方面的宣传、告知和预防,采取一切合适的措施保护劳动者不受这些行为的侵害。”

引起受害者内心严重不安,甚至身体受损的精神骚扰,无可否认地构成一种应承担“骚扰”责任性质的过错。根据《民法》第1382款规定,任何过错,即使是无意的,过错方都应承担责任。因此,还应该证明骚扰的存在及其造成的损害!

另外,法官可以重新认定事实。例如,如果能够证明员工因其所受的来自雇主的精神骚扰而提出辞职,则这一辞职可以认定为无真实性、无正当理由的解雇。

判　例

在立法之前,司法界已经开始考虑到在工作场所重复性地针对某一员工的敌意或侵犯性行为。碧雅翠丝·拉贝鲁在一篇分析接近职场精神骚扰行为的法国判例的文章中,研究了采用“精神骚扰”一词的最近的判决,同时也研究了比较老的判例,从而发现司法机关已经向这一新词迈出了接纳性的第一步。[1]

1　参见碧雅翠丝·拉贝鲁,《工作关系中的精神骚扰的概念》。

虽然精神骚扰可能存在于不同层面，如客户与用户之间、同事之间、下级与上级之间，但作为法学研究对象的最常见的压力是由雇主施加给下属的。很明显，权力关系提供了便于施加压力的场所。“被研究的争议的利害关系往往表现在赔偿方面。实际上，大多数时候，当司法机关受理了精神骚扰状况的起诉时，这种骚扰行为已结束，也就是说被骚扰者已辞职、已被解雇或更有甚者，已经抑郁或自杀。”

目前，大部分判例都是关于受害员工与侵犯他的雇主之间的纠纷。（需要注意的是，判例有时采用“精神骚扰”一词，但往往指的是雇主的“过错”或“滥用职权”行为。）

精神骚扰被认定为工伤

一些司法判决将由精神骚扰状况导致的自杀或自杀企图认定为工伤。当一名员工在其工作场所发生一起事故，该事故即被推定为工伤，除非有证据表明，这是一次自愿行为，因此属于受害者的有意过错。原则上，在工作场所的自杀或自杀企图不属于工伤，除非能够证明这一绝望行为是企业过错行为的后果。

1996年8月，尚达尔·卢梭，孚日省埃皮纳勒一所学校的保洁女工，因自认遭到其部门主管的精神骚扰而企图自杀，结果导致截瘫。

因为有许多同事、常住学校的职业保健医生和签字确认受害者遭到精神骚扰的主治医生所做的证词，FNATH（国家工伤与残疾人联合会）于2000年2月从埃皮纳勒社会保障事务法庭获得了认定尚达尔·卢梭的自杀企图为工伤的结果，这使得受害者得到了社会保险的保障。

现在，FNATH希望埃皮纳勒社会保障事务法庭判决该雇主犯有不可原谅的过错，因为他们认为有证据表明，“该校校长知悉这一骚扰状况，并了解这一部门主管的行为，但没有采取任何行动来制止这一行为”。通常，不可原谅的过错是指，例如，不符合安全标准的运转不良的机器所导致的事故。

水平骚扰

当精神骚扰行为来自受害者的一名同事或与其同一级别的其他人时，如果事实严重，则有必要直接控告实施者，并控告雇主。

目前，即使雇主的纪律惩戒权使他能够惩戒骚扰实施者，但没有任何一条法律规定强制他介入。因此应该把雇主纳入其中，使其有义务制止他下属员工的伤害行为，并采取措施阻止同样的行为再次发生。雇主应从他得知或应该知悉但未采取必要措施制止这种行为时起承担责任。企业应对他们的员工负责，因此当他们的一名员工做出了不可接受的行为时，企业接受法律审判是完全正常的。

刑事处罚的效用

刑法上是否需要立法呢？首先应该注意，议员们通过的法律条款只涉及劳动法，因此并不涉及公务员，所以有必要为公共职务规定一个不同的管辖范围。

既然精神骚扰不只涉及企业界，那么，当我们谈到刑法立法时，是应只涉及职场，还是应扩大范围？

从心理学角度来看，承认侵犯事实的有利判决是受害者治愈过程的一个基本阶段。在象征意义上，重要的是承认和赔偿，哪怕是最低限度的，它也意味着造成了损害，即使任何物质赔偿都无法抹去损害的阴影。受害者常说："我得到了钱，但没得到道歉！"

我们看到，侵犯的意图性加重了其影响。对于受害者而言，提起诉讼并看到侵犯者受到惩罚的事实是一种宽慰。

通常，必须有一条法律来表明，我们的社会在关注它的公民不受虐待，从而使雇主们承担责任。桑迪·利卡里说："规定新的刑事罪行并非灵丹妙药，镇压也不总是根除某些行为的最好方案。……然而，刑事处罚仍然具有无可争议的威慑效果，把某种行为视为刑事犯罪的事实最终表明，这种行为是世人眼中不可容忍的。"[1]

---

1 桑迪·利卡里（Sandy Licari），《关于为职场精神骚扰专门立法的必要性》（"De la nécessité d'une législation spécifique au harcèlement moral au travail"），《社会权利》（*Revue de droit social*）第5期，2000年5月。

尽管目前法国刑法还不存在任何预防和防止精神骚扰的专门条文，但已经考虑到其他近似的罪行：整蛊、性骚扰、敲诈、电话骚扰或邮政骚扰、教唆自杀，这些都是违法行为。对于整蛊，国会议员们将其定义为“一个人引导他人，无论是否出于本意，忍受或实施侮辱性或贬低性的行为”[1]。

在性骚扰方面，立法者采用了局限性的概念，只在从属关系和解雇要挟的范围内考虑它。对精神骚扰的同样局限性的概念可能会严重降低罪行的分量。

在英国，1997年3月21日颁布的一条法律（第40号骚扰法）把所有与骚扰类似的行为视为轻罪。尽管这条法律不是特别针对职场精神骚扰的，但它的适用范围足够广泛，可以覆盖职场和其他场所的骚扰罪行。[2]

证据的问题

由于精神骚扰的性质非常微妙和隐秘，提供证据并非易事。员工意识到自己的处境时往往已经太晚，此时他已深受其害，并暂停了工作。于是必须重现骚扰过程，事后搜集证据。因此，有必要及早寻求司法协助，以便准备卷宗，至少要保留与雇主的往来信函。

1　1998年6月17日颁布的关于预防和制止性犯罪及保护未成年人的第98–468号法令。

2　参见邓肯·夏贝尔、维多利奥·迪·马蒂诺，《职场暴力》。

保护证人

当然，要想获得证据，应该使证人能够没有风险地做证。议员们对此已做出规定，明确指出任何职员不得因做证而被处罚或解雇（应该再加上：或被骚扰）。

法律不能解决一切

过于确切地定义什么是允许的、什么是禁止的，可能会给一些心术不正的人一种许可，“允许”他们去做没有严格禁止的任何事情，并给一些善于操纵的企业一些规避法律的钥匙。过度立法可能使人错误地放心，因为无论法律如何规定，总有一些人会歪曲它们。即使通过了一条法律，每个人还是应提高警惕，保持个人的道德判断。另外，如果需要一些司法措施，不应该忘记它们也可能导致过度和虚假的控告。例如，一个心术不正的人可能控告他想污蔑的某人的莫须有的行为。即使此人随后被平反了，但他可能因此丧失了名誉，甚至可能丢掉了工作。必须遵守无罪推定，从而不会仅凭一个人的单方面指控而摧毁另一个人。

然而，法律是一个栅栏，它告诉人们这些态度存在，而且是不可接受的。它可以设置双重禁止：对于侵犯者，禁止其逍遥法外；对于受害者，禁止其私自报复。惩罚侵犯者是以一种方式指出人们的遭遇是根本不公正的，即使永远不可能完全纠正或完全补偿一种不公正。在任何情况下，这都不是一种廉价的宽恕。

无论如何，法律永远无法弥补受害者的痛苦。因此重要的是不要局限于规则和法律条文，从而落入司法权的窠臼之中；应强调预防。

结 论

概 要

应强调预防，这包括：

◎ 职业组织应承担责任。政府应颁布一些指令，要求制定专门针对精神骚扰的规章制度。

◎ 干部们应接受培训。

◎ 员工们应通过其代表参与其中。

应考虑人的个性特点，因为精神骚扰是一个主观概念。

当精神骚扰现象初露端倪时，一经发现，应尽可能采取调解方案。

如果精神骚扰对健康的负面影响足够严重，应被认定为工伤。在这种情况下，应采取倾听和医疗方案。

立法应提醒每个人这是一种不可接受的暴力。

要制止精神骚扰，企业方面必须有的确想改变的意愿，每个员工也是如此，无论他们在企业中的职位如何。我们应睁开眼睛，揭露各种形式的滥用权力、歧视和骚扰。员工们行动起来，这对企业来说是一件好事，因为这给了企业改变管理方法、改善内部人际沟通的机会。

尤其应该使政府部门意识到这一问题，从而超越针对个人的医疗方法，甚至是精神病治疗方法（如果人们对精神骚扰放任自流——这是不可避免的），采取集体预防方案。政府应强制性地要求实施有效的预防措施，但这也是所有人的责任。对于来自上级或有时来自下级的精神骚扰，我们所有人都既是潜在的“骚扰者”，也可能是未来的受害者。

我想用安妮的这封信作为结尾，奏出一个希望的音符：

我只想对您说，今天我在精神方面已经完全恢复了，因为没有什么比人的尊严更重要，它超越了经济方面或者公众对事实的承认。我很快就意识到，在不健康的职场环境之外，我重新找到了自己的平衡、人格和一种安逸状态。重要的不是我们在工作单位中所承担的职位，而是我们是什么样的人。而且，我把这件事理解为使我在另一个领域绽放的途径。最近我重新开始了学业。

知书 心 第四辑

《窥视职场中的冷暴力》

《醒醒吧，老好人！》

[法]托马斯·德·昂桑布尔 著 祝华 译

与其做一个终日和颜悦色、唯唯诺诺的老好人，不如深入自己的内心，找到说真话的方式。你将获得找回自我的喜悦和向他人敞开心扉的乐趣。

《超越自恋》

[法]让—夏尔·布舒 著 梅涛 译

神话中的美少年那耳喀索斯因过分眷恋自身倒影而溺亡，而现实中的我们若能理性地感知自我，或许能以更加平和自爱的方式，过好自己的生活。

《非暴力沟通的觉醒》

[法]托马斯·德·昂桑布尔 著 曹淑娟 译 郑园园 审读

我们与快乐失之交臂，有时或许是因为落入了思维和行为习惯的陷阱。不如让非暴力沟通来解围，开启一场觉醒之旅！